唐德剛
作品集

唐德剛作品集

史學與紅學

作　　者——唐德剛
主　　編——游奇惠
特約編輯——趙曼如
發 行 人——王榮文
出版發行——遠流出版事業股份有限公司
臺北市 100 南昌路 2 段 81 號 6 樓
電話／2392-6899　　傳真／2392-6658
郵撥／0189456-1
法律顧問——董安丹律師
著作權顧問——蕭雄淋律師
2013 年 1 月 1 日　二版一刷
行政院新聞局局版臺業字第 1295 號
售價新台幣 300 元　（缺頁或破損的書，請寄回更換）

ISBN 978-957-32-7129-1

YLib 遠流博識網
http://www.ylib.com　　e-mail: ylib@ylib.com

序

胡菊人

唐德剛先生把他的文章交遠流出版，承出版社的游奇惠小姐叫我寫序，我答應了。此次出版一共兩部，就是《史學與紅學》與《書緣與人緣》。猶記得在二十多年前，我為唐先生的《五十年代底塵埃》寫序，那是他的散文集，我還在《明報月刊》工作，正是精力最旺盛的壯年時期，此後歷經《中報》和《中報月刊》，再經《百姓半月刊》，至今退休在溫哥華，真是歲月滄桑。如今讀唐德剛先生這些文章，感到像是讀歷史一樣，然而又不像是在讀歷史，卻是像觀劇一樣，慨作者唐德剛先生，寫歷史猶如重現人物和事件，使讀者讀來有如親身目擊。

這是很不容易的，這種成就，來自於作者也喜歡文學，並且也曾從事文學創作，像他早期所寫的散文，也就是《海外論壇》上的文章，便是他的文學創作，收在《五十年代底塵埃》一書裏。現在這本《史學與紅學》則是學術著作，談的是重大的歷史事件，由於作者唐德剛的文筆有文學筆底，寫得靈活，因而讓讀者不忍停下來，這就是文學筆法的功勞。

作者在本書裏特別有〈文學與口述歷史〉的文章以及〈小說和歷史〉的講稿，據作者的見解，歷史和小說是很難分別的，以魯迅所創造的阿Q為例，社會上本來並無阿Q其人，可是又似乎是實有其人，每個中國人都有阿Q的特性，所以作者說「歷史是根據實人實事所寫的社會現象，小說則是根據實有的社會現象而創造出的虛人虛事，二者是一個銅元的兩面。」

作者創作了一部六十萬字的長篇小說《戰爭與愛情》，那是記述他的友人所說的大陸見聞，都是實人實事，祇是格於這位友人的要求，不能用真名和實地，在一九八五年六月一日開始，在紐約《北美日報》連載。這是作者所言歷史與小說有時候不可分的證明，因為除了人名和地名之外，所說的都是事實，完全符合作者所說「小說則是根據實有的社會現象而創造出的虛人虛事」的通則。

《戰爭與愛情》這部小說，是說中國大陸上的人和事的，是從事實來反映中共的治國之道，充滿辛酸與離奇，而本書卻不是小說，而是論述，但論述當中卻可讀性甚高。其中〈「惑」在哪裏？——簡論中共政權四十年〉及〈論中國大陸落後問題底秦漢根源——一九八七年在西安「周秦漢唐史學研討會」宣讀之論文〉，難得的是，雖然是在西安，唐先生仍照直講話，批評馬克思主義及中共之史學觀，是極為難得的。例如說：「馬克思主義歷史學中有許多概念，例如『階級鬥爭』，便是中世紀『上帝』這一絕對真理的延續。概念既然絕對化，祇容『信仰』，不許『探索』，則科學就變成了神學。」這樣大膽的說話，是要有學術求真的勇氣的。

唐先生雖然在美國紐約居住了數十年，然而對於中國卻是一刻也不能忘情，這固然是生為中國人的應有之義，然而如果中國不能興盛，沒有民主和自由，於海外的中國人也是心裏不安的。因此，在中共政權四十年的日子，便不得不發而為文，寫成〈「惑」在哪裏？——簡論中共政權四十年〉的文章。在這篇文章裏，作者直斥毛澤東個人崇拜之不是。

海外的知識分子、能文之士，應該對國事坦率直言，不害怕、不諂媚，因為這是在言論自由的地方，可以秉筆直書，不會遭遇清算鬥爭。但是海外不少知識分子，卻對中共做諂媚的工作，特別在毛澤東文革時期，往北京「朝聖」，說些中共及毛澤東喜歡聽的話，這是知識分子的墮落，然而這樣做的知識分子卻不在少數。對於像唐德剛先生那樣直言的人，竟不知欣賞，反而奚落，實在是是非顛倒的時代。所以在那個時代，那些正直敢言的人，是必須特別有勇氣的。

唐先生指出毛澤東剽竊艾思奇所著《大眾哲學》和所譯《新哲學大綱》。作者唐先生於五十年代初期在海外讀到大陸發行的新版《毛澤東選集》第一卷，整段整段的抄自上述著述，毛澤東竟然鵲巢鳩佔，發表為自己的著作，這已是駭人聽聞，然更為荒謬者，卻是艾思奇銷行三十二版的《大眾哲學》和一版再版的《新哲學大綱》，於一九四九年解放後竟在市面上絕跡，毛澤東的霸道於此可見一斑。而艾思奇對「自己的門人」毛氏，俯首稱臣，在全國一致學習「毛澤東思想」的氣候之下，艾思奇祇有做「毛主席的小學生」，寫了些讀毛主席的著作的報告。這位艾思奇於五十六歲便抑鬱而逝，竟然對自己著作和譯作之被剽竊不敢置一詞。

作者是歷史學家，在美國哥倫比亞大學及紐約市立大學教書，而在哥大之時就負責口述歷史的工作，曾獲胡適、李宗仁、顧維鈞等親自口述其生平，這是非常有價值的。本書收輯有〈撰寫《李宗仁回憶錄》的滄桑——一篇迄未發表的《李宗仁回憶錄》中文版代序〉，撰述《李宗仁回憶錄》事成及出版的經過。李宗仁能有機會暢談他的歷史故事，成為他晚年最重視並快樂的事件。如果不是唐德剛先生主其事，李宗仁能夠暢所欲言、深自欣慰的機會就沒有了，李宗仁與中國有非常密切的關係，唐先生是做了很有意義的工作。

《李宗仁回憶錄》是唯一有中文稿的，其他的哥大口述自傳，包括胡適、孔祥熙、陳立夫、顧維鈞、張發奎、蔣廷黻、陳光甫、蔣彝、吳國楨、李漢魂、何廉等人，均無中文稿，這是唐德剛先生個人循李宗仁之請，在正常英文撰述工作之外的「額外工作」。然而，無論英文稿及中文稿之出版，都經過相當的周折，作者在文中已經詳細的說明經過，在此就不複述了。

不過，有一點卻不能不敘述的，卻是李宗仁的口述跟胡適的絕不相同。胡適是一位「無徵不信」、「九分證據不講十分話」的大學者、考據家，所以他向唐先生所講的話，絕大部分是可信的，可以照錄的。但李宗仁的口述卻不然，他「信口開河，不能入書」，但他有堅強的信心，認為他所講的，無一不可以寫下。這就要唐先生先做說服的工作。唐先生是用了極大的耐性，心平氣和，轉彎抹角，慢慢解釋。把與史實不符的地方，全給他「篩」掉了，再就可靠的史料，改寫而補充之。最初因為篩得太多，他老人家有點怏怏然，但是經過唐先生的耐心解釋，李宗仁後來也接受了。我們可以想想，這一定費了唐先生的許多功夫，而像唐先生這樣精通近代史、而又有資料可以稽查的人，才能勝任，否則，口述歷史的人又怎能心服口服呢？

李宗仁是不應回到中國的，在毛澤東治下的歲月返回中國，實是愚蠢之極，然而李宗仁畢竟於一九六五年七月間回去了，回去的那一天及其後的數天，當然熱鬧，成為世界性的轟動新聞，北京方面亦由毛、周歡讌並妥為照顧。然而這是文化大革命的前夕，中共內部是非常緊張的，而李宗仁夫婦完全不知。及至幾個月之後文革發生，李宗仁就被利用了。

據說，文革一起，李宗仁被迫交出「名單」，劉少奇的夫人王光美竟被稱為「國特」，一度被判「死刑」，而李宗仁本人竟是被慢性毒藥毒死的。此說如果屬實，真是千古奇冤。因此，李宗仁夫婦如果留在美國，或再等遲至文革發生之後，看中共更能清楚一些，當不至蒙此不白之冤。不幸李宗仁以為毛澤東的世界是新世界，他回去以後又可能有高職位，可以貽養天年，結果卒成悲劇。

除了《李宗仁回憶錄》的成書過程做了清楚的交代以外，有篇文章也值得一提，這便是〈殺一個文明容易建一個文明很難——對漢字拉丁化的意見〉一文，這是唐先生的講演，由湯晏先生整理的。在這篇講演中，唐先生是反對漢字拉丁化的，認為是「這是大膽假設，但沒有小心求證，太誇大了，太渲染了。這種說法，我以前相信，但自從哥倫比亞大學轉來紐約市立大學教書後，就不再相信了。」

作者舉出了很有說服力的例證，是令人欽佩的。其中以羊字為例，英語裏羊總稱為sheep，公羊叫ram，母羊叫ewe，山羊叫goat，羔羊叫lamb，羊毛叫wool，羊肉叫mutton，中文我們一看字組便知字義，但在拼音文字裏便各個字不同，令人難以記認。而且主張漢字拉丁化的理由是方塊字不能搞電腦，作者認為似是而非。唐先生這篇演講作於一九八一年的年末，電腦之漢字化已經實現。唐先生以幽默的口吻說：「如果一定要廢漢字，則辦法很多，但漢字拉丁化或拼音化方案是最不足取的一種辦法，是最壞的一種途徑。因為創造一個拼音文字很難，不如來學一種現成的拼音語言，來得更方便。」這最後一點意見是消滅中文、否棄中文了，當然為唐先生所不取。

本書還有多篇文章未及一一介紹，如論述《紅樓夢》的著作，如論讀《資治通鑑》，以及論《中國時報》「人間」副刊，及桃園縣的「下中農」的生活，等等，都是極可一讀的文章。前面說過，唐先生文筆好，極枯躁的題目也寫得十分動人，容易閱讀，這種優點是極難得的，而每篇每個問題都是為人關心的，足以為我們解惑，這是作者的高明之處。

二〇〇三年八月二十五日溫哥華

自序

記得胡適之先生以前告訴我他讀書和作文的要訣。他說讀書有心得，一定要寫下來。寫下來之後，才能變成你自己的知識。

胡老師這句話，真是深得我心。因為我自己很早便有相同的體驗。回憶自己的青少年期，我識字不久，便由雙親和塾師的引導，養成了寫日記的習慣，寫日常見聞和讀書札記很自然的就會變成「日記」的一部分。真的，寫日記、札記最能幫助記憶。縱是忘記了，也能一索即得。

寫讀書心得的小品，其內容有的是選自人家的著作，有的則是自己的意見。世態所見既多，書又讀得五花八門，札記也就寫得七零八落。長的札記往往變成一篇小論文，乃至自我欣賞的小創作；最短的則可能只是一兩句雋語名言。閱讀的範圍漸次擴大到古今中外、文法理工，那末下筆的興趣也就隨遇而安了。

抗戰期間讀大學，害了「發表慾」，每把這些小札記，分類編纂，然後按其性質，分別向有不同好惡的報刊上去投稿。這些小稿件，往往也被一些有好心腸而又有相同好惡底編輯們採納了，並寄來少許稿費。在那一碗豬肝麵便立刻可以減輕夜盲的歲月裏，小小的稿酬，實在是大大的鼓勵——漂母一飯，終生難忘。

大學畢業後，在海內外也做過一陣子期刊編輯什麼的。助編、合編、輪編、主編都幹過。值得一提的是五十年代之末，在民主聖人胡適之的策動之下，我們十來個碩士博士者流，為著宣揚民主、提倡新學，曾在美國紐約辦了三年的中文月刊叫做《海外論壇》，由大家「輪編」。那時海外作家既少，又發不起稿費、本社社員停筆不寫，外界就拉不到稿子。為趕印刷限期，輪編者就只好自己動筆了。最糟的稿荒時期，有時甚至從頭到尾，從社論到副刊，往往出於一人手筆。在這一窘迫情況之下，有寫雜文習慣的人就可大派用場了。

我們籌辦《海外論壇》的原始目的，本是針對時艱，提倡民主。這家小刊物，雖然胡適之、雷儆寰諸前輩對它都呵護備至——雷先生竟把它列為《自由中國》的海外姊妹刊，但是《論壇》的本身卻是一樁很痛苦、很深刻的失敗經驗——它失敗的基本原因是起於中國知識分子不能民主合作的傳統劣根性。古人說，既不能令，又不受命，是絕物也。事實上正相反。中國知識分子之「絕」，是我們對下既能發「令」，對上也善於「受命」。可是我們彼此之間卻不能「平等合作」。我們平等合作的結果必然落得個「拳腳交加」（像台灣今日的立法院）或「按鈴控告」。所謂「中國知識分子」，事實上個個都是「單幹戶」。單幹戶找不到「伙伴」（company），組織不了「公司」（company），《海外論壇》也就關門了。

「提倡民主政治？」我們生為「中國知識分子」，「我們配嗎？」——這問題太大了，學問太深了。哪是「全盤西化」這四個字可以解決得了的?個人自慚不學，自慚淺薄，也就不再造次以漢語來寫「時文」了。是「失敗主義」在作祟吧，一停筆便幾乎停了二十年!

二十年不是個短時間。任何一種文字，你如丟下二十年，重提筆桿你會覺得這枝筆其重無比，用這枝重筆你也會寫得別字連篇。

既然拋荒二十年，為什麼又重董舊業、再作馮婦呢?這就不能不感激劉紹唐、胡菊人這兩位與我有「相同好惡」的大編輯了。

紹唐最初派給我的是一項中文翻譯工作。他要我把早期用英文寫的《胡適自傳》翻譯成漢語。這項翻譯工作，我原先是不想幹的。但是這位長於辭令、善於派工作的劉傳記卻說，胡適是位歷史人物啊!也是你的老師，別人如把他的英文自傳譯糟了，你不好說，同時對你也不太好。我仔細想想紹唐之言實在大有道理，心裏一直很矛盾(我不想把時間浪費在翻譯自己的著作上)，最後還是承擔下來了。一翻兩年，竟然變成劉傳記「野史館」內的「野史作家」了。「野史」原是寫不盡的。在紹唐兄不斷的鼓勵和領導之下，胡適傳記之外，歷年治史心得，想到適之老師「寫下來」之遺訓，一時亦竟如脫韁野馬，一發難收，十餘年來又寫了數十萬言。

這些不成系統的隨筆札記之作，值不值得選輯成書、保留下來?我自己一直也是很矛盾的。個人數十年之所學，不及先師適之先生之什一。胡適二十來歲便暴得大名，思想已成定型，從心所欲不逾矩，一輩子沒有變動，死而後已。然而我這個不爭氣的學生，雖已年逾古稀，而思想卻時時「逾矩」。個人學殖淺薄，固然是主要原因，然數十年來歷經憂患，國破家亡，閱歷之多也一言難盡，而古今中外，名儒碩彥又插架琳瑯，做到老、學到老，我掌握過幾家學說呢？值此諸子　起、百家爭鳴的開放時代，余小子如不知輕重，自覺對國事民生已掌握到答案，自己思想已有定型，豈非妄自尊大？

我個人雖不敢說像梁任公「今日之我與昨日之我挑戰」，然在此十年千變的大時代中，不斷觀察、不斷思考、不斷摸索、不斷讀書的求答案心情，則數十年未稍輟也。既然尚在摸索，難成一家之言，則「藏之名山」亦且大可不必，自出選集就更是犯不著了。此吾心理之所以矛盾也。

但是「人」畢竟是社會動物。你自己個人之外，還有家庭、親友和社會大眾對你的影響。劉紹唐先生是我的摯友、編者和發行人。多少年來，他一直要為我出本「唐氏四書」（因為他已替我出了三本書）；而我個人則因為事忙人懶，始終把好友諍言當成耳邊風，沒有抽出時間，和他認真合作。

最近我的另一位老友陳宏正先生也要替我「出書」。他這出書的行動，比我這位疏懶的作者本人，更要認真十倍。宏正是一位有至高成就的企業家，而近年來在海峽兩岸的文化界卻是無人不知的怪傑和「文化大護法」。他把他辛勤得來的企業利潤，不用之於吃喝玩樂（他個人生活實在儉樸不堪），而用之於文化事業——尤其是推動「胡適學」的研究。近年來海峽兩岸所召開大型的有關胡適的「國際學術研討會」、「講演會」、「論文競賽」和「胡適百歲紀念郵票」之發行等等，幾乎都是陳君一手推動的。在這「七十子亡而大義乖」的沉悶時代，胡老師地下有知，對這位與他毫無關係的小崇拜者的義舉，該會由衷的感激吧。宏正知道我是一個頗招物議的「胡適小門生」，因而他也就極力勸我把零星舊作，拼起來「出書」。他甚至主動地把拙作搜出若干篇，編好目錄，弄到「萬事俱備」的程度，真令我惶愧不盡。我的這些不成系統的舊作，泰半都是在《傳記文學》上發表的，《傳記文學》享有版權；劉紹唐兄乃請該社執事先生再事搜羅，由紹唐親自主持，分編為兩卷。有關史學與紅學者，編入《史學與紅學》；有關傳記、書評諸類，則編入《書緣與人緣》。這兩卷書名也是紹唐代取的。

傳記文學社諸執事都是當今最有效率的出版工作者，他們不但把拙著雜文編排妥當，並打出清樣，三校竣事，登出預告。如撳動電鈕，則旦夕之間便已書在坊間矣。然社長先生客氣，純為禮貌問題，他要我這位作者於出版前看一下大樣。孰知他卻高看我這個馬虎文人。我把這萬事俱備的出版樣品帶回了美國。一旦走入課堂，教起書來，便把我自己的書稿擱下了，一誤經年。

紹唐知我拖拉的個性。倒未迫催，而宏正則是個著重效率的現代企業家，他對我催書則函電交馳。有些對我過譽的讀者，看見預告之後，也寫了些熱情洋溢的催書信函，讀之令我臉紅。本年十月，我又攜眷返台。自知實在不能再拖，乃把沉重的樣稿揹到北京、揹到瀋陽和避暑山莊，最後又揹回台北，原封未動的還了劉紹唐。

紹唐沒有責我。然我自己卻每好事後自悔自責。承兩位老友及讀者如此高看，而我個人則「不識抬舉」一至於此。因此寫這篇小序算是向老友磕頭賠罪。並向愛護我的讀者們報告這兩本拙著遲遲出版的來龍去脈，敬祈海涵，並請嚴厲指教。

至於胡菊人先生替我在香港出版的那本小書《中國之惑》，那就更說來話長了。

我認識菊人三十多年了。在五十年代末期，他還是個青年。那時他和他那位美麗而甜蜜多才的女友，原是我們「海外論壇社」在香港編輯發行的總代理。我和他二人真是魚雁常通，情同手足。菊人「妻宮」極好。後來他和另一位甜蜜美麗而多才的劉美美嫂結婚，他以前的女友也嫁了我的一位極好的朋友，我們三家仍保持著通家之好，直至今天。

《海外論壇》之後，當菊人接編《明報月刊》時，不久我們又有了職業上的聯繫。原來我在五十年代末期曾寫了一部《李宗仁回憶錄》的中文底稿（是專給李宗仁看的）。這一底稿後來由於李宗仁自美「潛逃」而被哥倫比亞大學所「查封」。一封十餘年。至七十年代中期哥大當局恩高德厚，竟將原稿發還予我，並允許我「覓商出版」。這一下我同菊人才又搭線了。

菊人這時正主編《明報月刊》而譽滿海外。他得到有關李稿的消息，乃爭取該稿的首印權和連載權。我們雙方都安排好了，可是哥大當局則因此稿部頭太大、複印困難而遲遲未能交出。在我二人都有點失望的情況之下，我們也時時提起了《海外論壇》的往事。菊人說，暫時拿不到李稿，你也可單獨替《明月》寫寫稿子嘛。

這是一九七六年的春末。也真是「無巧不成書」，我這時剛有位搞圖書館的朋友，送我一本大陸上（文革時代）官方出版、「內部發行」、每本書都編有特別號碼的「秘籍」，叫《毛澤東思想萬歲》，分上下兩卷，都百餘萬言。

這本大書太精采了。它所記載的才是貨真價實的「毛澤東思想」，它所規劃的才是具有原來面目、亂頭粗服的土老兒毛澤東。這本「禁書」太可愛了，以它和坊間精裝的《毛澤東選集》相比，則《毛選》只是一部裝模作樣令人作嘔的偽書。

愛不忍釋之餘，這年暑假我攜妻女去加拿大度假，乃攜此書為唯一「度假書」。當妻女去市場購物、樂園玩耍或夜晚就寢之後，我就陪「毛主席」娓娓傾談了。這本書是毛皇帝晚年的「實錄」。毛氏晚年被人捧昏了，不知自己多麼睿智偉大。信心大了，嘴巴也大了。原先作詩還怕人笑話。作起來講四聲、工對仗，不敢馬虎。現在「放屁」也可入詩了。以前談馬列、攻胡適還吞吞吐吐，怕露出馬腳來，現在胡說亂語，也自覺無傷大雅了。總之，這本書展示出真正的毛澤東。它也幫助了我們更深的去探索「中南海」的真相。文革初期，毛公口口聲聲的說，文革只預備搞半年就結束。但是文革終於演變成「十年浩劫」。何以由「半年」延長到「十年」

呢？讀實錄之後才恍然大悟——噢！原來是毛氏膽大妄為，發得出，收不了。「十年浩劫」是「收不了場的結果！」嗚呼！

搞歷史的人，抓到一本「奇書」或「秘籍」、「禁書」，是放不下去的。我把這百萬言鉅著細細的咀嚼了。從紐約咀嚼到渥太華；再從渥太華咀嚼到紐約。習慣支配我寫點「札記」。一動筆，不得了，也變成了老毛的文革——「收不了場」，一下便寫了六萬五千字。

「寫了這大堆垃圾幹嘛呢？」靈機一動，小胡不是要我寫稿子嗎？這不是稿子嗎？——其中或有可用之材。這樣我一古腦便把這大紙口袋寄給菊人了。並抱歉的告訴菊人，這是一包大垃圾，但其中或有點可用的材料——有「新聞價值」嘛。足下可選用則選用之，不可用則拿去抹抹桌子，丟掉它。

函去不久，我就收到菊人的回信。菊人說，他把這包稿子和「他的老闆」一道看了。他二人決定「全部採用」。菊人的來信使我感到驚奇，也感到尷尬。驚奇的是編者和作者臭味相投到如此程度。尷尬的則是，哪有這樣長的「書評」呢？縱使是評「毛主席的書」。再者，我評了些啥子，自己也糊塗地記不清了。

我這篇書評後來在《明報月刊》竟然連載了半年，才由《李宗仁回憶錄》出來接班。還有，當我撰此稿時，毛澤東還健在，四人幫的鋒頭正健。到《明月》刊載時，毛氏已短命而死，四人幫也已鋃鐺入獄。因此在行文口氣上，就要煩編者酌量修正了。

在編排次序上，菊人也做了新安排，以配合每期的文氣而避免「連載」的枯燥。至於作者姓名，我們也同意保密。因為我的「八十老母」還健在故鄉。在海外亂評「毛主席的書」，不是鬧著玩的。

一轉眼十來年過去了。國事滄桑幾變，而菊人亦自明報轉中報，後來自辦《百姓半月刊》。在「六・四」的前一年，菊人兄忽然提議要把我當年那篇「書評」配上若干近作來出個單行本。說做就做，他編排、打字、校樣，一切也都弄到「萬事俱備」的程度。也是為著循例送作者一觀，把校樣寄給了我，而我事忙人懶，竟至一拖兩年。最後還是原封未動送給了菊人。其後由陸鏗兄寫了篇序，並代取書名《中國之惑》，兩個禮拜就出版了，但是這部校樣在我的辦公房卻躺了兩年，為此我自己也無法原諒我自己。真也要向菊人伉儷磕頭才對。書此以誌吾過，並感激老朋友們的好意。

以上便是這三本小書《史學與紅學》、《書緣與人緣》及《中國之惑》從撰稿、發表到編印成書的大略。它們都是作者平時意到筆隨、札記性的零星作品之彙積。沒有顯明的系統，也談不到深度。不過筆者漸入老境之時，數十年國仇家難的煎熬，和千百卷中西典籍的浸潤；半輩子教讀異邦、心懷故國的感慨，發而為文，也不能說沒有發憤之作。只是我祖國文明深厚，當前世界學問無邊。老驥伏櫪，志在千里。終日栖栖遑遑，追隨群賢，日夜進修之不暇，何敢以愚者點滴之得，故步自封？賢達讀者批覽我書，如不遺在遠，隨時惠函辱教，則企拜不盡矣。是為序。

一九九一年十月十三日於台北南港

目錄

史學與紅學

當代中國史學的三大主流

——在「中國留學生歷史學會」成立會講辭原稿

在六十年代裏，我個人在美國的哥倫比亞大學的研究院教了將近十年的「中國目錄學」（Chinese Bibligraphy）。在史學這一部門之內，我把當今國內外學術界對中國歷史的研究，大致分為三大派：一，中國傳統史學派；二，中國馬克思史學派；三，現代西方中國史學派。

史學裏本有「史實」（factual history）和「釋史」（interpretation of history）兩個重要部門。史學家治學的目的第一便是在追求真實的歷史；第二步便是把可靠的歷史事實「概念化」（conceptualize），以期逐漸摸索出歷史事實演變中可能存在的「客觀規律」（objective reality），或可能不存在的客觀規律。「不存在」的本身也是一種「存在」、一種「規律」。事實上，楊振寧、李政道兩教授就是研究宇宙中的一種客觀不存在而獲得諾貝爾獎金的，這對我們學歷史的也應該有所啟發。

學術本是天下之公器。治學之人不應對任何一種學說，未加深入研究，便囫圇吞棗地對它存有成見。各派學者之間應異中求同，同中存異；相互觀摩，相互學習。絕對無法協調的理論也可和平共存，彼此尊重；是則是之，非則非之。學術不是政治，無相互排斥之必要。學術也不是軍事，兩軍對陣，一定要以勝利第一的心情，不擇語言，不擇手段，非打個你死我活不可。

做為一個目錄學教師，我個人當年便認為我的任務只是對受教諸生把各學派做個客觀、平實而詳盡的介紹，不以私見去妄事臧否。同樣的，做為一個名大學的研究生，學生本身也已經是個學者。學者便應有為學的獨立見解。授課者只是把知識傳播給他們，是非之間讓他們自己去選擇。大學教授不應自貶身份，降志辱身去替任何學派做言不由衷的喇叭筒。

但是在我那十年教學期間，細翻手頭教材，我對上述三派之間的「壁壘森嚴」和「老死不相往來」，甚至偶爾的隔洋對罵、口不擇言的情況不能不感到震驚，甚至恐懼。我那時在哥大是兼任中文圖書部主任，上課堂往往是推著一兩部書車一道去的。現炒現賣，任何佐證，一索即得，資料是異常豐富的。

且看「中國傳統史學」

就談談「中國傳統史學」罷。

我國傳統史學家自左丘明、孔丘、司馬遷而下，實是舉世無匹的。我們試翻「四庫總目」

裏的史部目錄，看看那五百六十五種史學名著的「提要」（那一千五百八十七種「存目」就不必談了）；再去翻翻歐洲史學同一時期類似的書目，一比便知高下。「四庫」（全書修於兩百年前美國獨立戰爭期間）而後，由乾嘉而清末而民初，由戴震、章學誠而羅振玉、章太炎、王國維、柳詒徵到繆鳳林……，這近兩百年來的成就，也是驚人的。所以許多對中國傳統文明有自卑感的朋友們，也實在大可不必。

但是史學——縱使是只研究中國歷史的史學——畢竟有中西之分、有古今之別。上述的數百種名著，雖是舉世無雙，在類別上說則只佔四分之一。他們都屬於「中國傳統史學」這一範疇之內，屬於「線裝書」之列。「線裝書」也是這一學派的最適當的代名詞。可是線裝書在世界傳統史學上，雖具有最崇高的學術地位，線裝書也有線裝書的局限性。這兒我不是說，這些寫線裝書底傳統史學的收山大師們的傳世鉅著之內，沒有「西方史學」和「現代史學」的「法則」和「觀點」。只是他們著作內的「現代法則」和「現代觀點」，卻為他們底「傳統光芒」所掩蓋。使有心讀者感到兩者之間的份量，不成比例。

筆者不揣淺陋，曾試把當代傳統史學這一派做了幾項概括的敘述：第一是為「五經作註」，作者們完全接受傳統儒教的「意蒂牢結」；第二是「人治」史學，把歷史發展看成是君子和小人之爭，英雄造時勢，遠大於時勢造英雄；第三，它是社會科學發展之前，或早期發展的產品；第四是以通史為主的泛論史學，除小考據之外，不著重專題研究。

筆者做此概括之論，絕無小視傳統史學之意。相反的，上舉的幾位史學家，都可說是我的前輩老師。他們底白首窮經的功力，是我輩後學高山仰止的，也是後學輩所望塵莫及的。筆者曾另有拙作評大千張爰之畫，認為大千之作是「宋元之下、明清之上」的。但是大千之作終係略帶「現代新意」的「傳統國畫」，基本上是和梅蘭芳的京戲一樣還是傳統藝術。他們都是「傳統藝術」底「收山大師」。筆者做此持平之論，急於文藝現代化的朋友們，還認為我對上述大師們有「過譽」之辭呢。

總之，我國文明的傳統是太光輝了；百年動亂，現代化的步調走得也太慢了。因此深植於「傳統」之內的老輩學人（包括胡適之先生），是擺脫不掉傳統的。事實上也不應擺脫——我們的傳統，也沒有什麼真正害人的「毒素」嘛。有些真能大幅度擺脫傳統的學人，卻往往由於傳統訓練不足，而流於淺薄皮相。這真是我們學術現代化過程中的待解之結。在文藝上如此，在史學上更是如此。

再看「中國馬克思史學」

中國傳統史學既有其崇高的成就，亦有其局限性已如上述。「中國馬克思主義歷史學」亦有其兩面性。一面是它原也是一種學術性的「突破」（breakthrough）；另一面則是它底填表式的自我束縛，認為人類歷史的發展，有其「客觀實在」的公式可循，其他一切皆是「上層建築」，英雄是時勢造的，聖賢豪傑也都是上層建築，孔子只是個奴隸主的發言人。

我把上述兩派史學都加上「中國」二字，顯示其特有的「中國性」（Chineseness）。馬克思主義原是洋貨。但是筆者這兒所特別提出的則只限於二十年代以後，尤其是大陸政權易手以後，大陸上一術獨崇的中國馬克思主義歷史學派。

馬克思是位有極深厚功力的歐洲史學家。但是他出生的日爾曼文化背景使他習染於「絕對主義」（absolutism）。絕對主義很接近日爾曼民族，尤其是普魯士人的民族性，因而它也是日爾曼學派的整個風氣。絕對主義是一種極有說服力而也相當霸道的哲學法則，但它很難讓社會主義國家以外的史學家所接受。性喜「實用」而討厭「抽象」的美國哲學家約翰・杜威（John Dewey）則把他們概括為「普魯士絕對主義者」（Prussian Absolutists）。所以馬克思歷史學在國際史學界一直未造成氣候，可是在今日中國大陸上卻一枝獨秀，已為大陸一般史學家所服膺。習慣成自然，今日已造成「罷黜百家、獨崇馬術」的局面。這一學術風氣之形成，不能不說是五四前後新文化運動所促成的。新文化運動者，在打倒「孔家店」以後，無以善其後。因此那已有二千年習於「獨崇」一術的中國學術界，乃另覓皈依，實在也是時勢使然。再者，那些倒孔人士，在孔倒以後所提倡的「科學、民主」的口號，原是一灘混沌水。在社會科學的法則上說，這個口號本身就不科學，因為它語意不清，在治學上令人無所適從。

舉個例子來說吧，胡適的「大膽假設，小心求證」這一標語的本身，最多只能說是一條「科學法則」，白馬非馬，科學法則，並不是科學。或以這法則來向胡氏問道，中國古代的社會形態，封建社會乎？奴隸社會乎，胡適派的新文化主義者，則對這一問題既無「假設」，也未「求證」。他們的態度是置之不理。

胡適的學生、筆者的老師顧頡剛先生，曾用胡適的法則，大膽假設出大禹是一條蟲。設問顧老師禹是一條蟲，或是個大王爺，對中國古代社會的發展，究有什麼重要分別。顧師亦未加說明。顧氏之說，為考據而考據也。禹是一條蟲，略帶新意則有之，談起「社會科學處理」（social science approach）來，那就沒有太大關係了。

可是對這一問題的解答，馬克思主義史學派就不同了。他們既假設、又求證，並說出一個「絕對真理」來——他們認為人類的社會發展是分為五個階段——原始公社、奴隸社會、封建社會、資本主義、社會主義（包括共產主義）——向前邁進的。這是個「放諸四海而皆準」的普遍真理和客觀實在。因此在這派史學家看來，歷史工作者的任務，便是對這項「五段」發展的繼續肯定，剩下的細枝末節的爭辯和考證，都只是圍繞這項真理打轉的上層建築。

因此從整體上看，「中國馬克思主義史學派」和「中國傳統史學派」頗有其相似之處。後者的主旨是為「五經作註」，前者則為「五段作註」。「五經」和「五段」都是各該派完全肯定、不容絲毫懷疑的絕對真理。

所以中國馬克思主義派的歷史學，實是一種「填表」的歷史學。怎樣把中國五千年的史實，填進這個五段論式的表裏去。但是顯而易見的，中國歷史上未嘗發生過「資本主義」，而「原始公社」又因混沌初開，文獻無徵，因此中華四千年史就變成「奴隸」和「封建」的二段論了。這二段如何分期，曾引起大陸上史學界一度熱烈的爭辯。最後總算是主將郭沫若、毛澤東親自出馬，才算得出個粗可服眾的結論——郭氏把「奴隸」和「封建」兩段的分期，安排在春秋戰國之交。至於「封建時代」的下限呢，那就因毛氏曾說過「解放前的中國社會基本上是封建社會」，郭氏乃把封建下限拉長到一九四九年。

「中國馬克思主義史學派」無庸諱言的是相當武斷的學術宗派。它底信徒們數十年來在社會改革中追求解放，而在學術研究中卻作繭自縛，造成反解放的罷黜百家的局面，在社會主義國家的圈圈之外，言難服眾，造不出氣候來，都是顯而易見的。

但是不論怎樣，這一派的結論是出於社會科學研究的成果。中國之外，站在它背後的所謂「普遍真理」，還有千百萬言頗足譁眾的詮釋；比起那缺少科學論證的「中國傳統史學」，和空喊「科學」而不見科學研究成果的新文化主義者們，它就要實際得多了。所以在「孔家店」既倒之後，它能乘虛而入，取而代之，實在不是沒有原因的。在意識型態上站穩了陣地，再有武力做後盾，那麼槍桿就要出政權了。

「中國馬克思主義史學派」大致說來功力不足以罷黜百家，學理可能極其脆弱，但是除非中國史學界也出了一批楊振寧、李政道、吳健雄，能以科學實驗室的方法，把它這個「客觀實在」，反證出既不「客觀」，也不「實在」，否則他這套學理，就要繼續客觀、繼續實在了。但是今日專研中國歷史的史學界，還未出過楊、李、吳。有之，則是一些吹鬍子、瞪眼睛，或是些充耳不聞之士，大家老死不相往來，那就只有各是其是了。

「現代西方中國史學派」

至於筆者所說的第三派「現代西方中國史學派」，這一派到目前為止，其主要根據地似乎還紮在北美、西歐和日本。他族研究員之外，也包括大批外籍華裔學者。這批華裔學人在祖國由於學術宗派和職業容量關係，近三十年來被迫寄跡異邦，鍥而不舍，今日與他裔學者相結合，竟亦蔚成（海外）大國，成為治中國史的一股洪流——少數學者返回臺灣與本省史學家相互交流融合，亦頗足稱頌。所以今日在臺史學界的主流也屬於這一派，雖然難免有少許政治干擾，尤其是在近代史方面。

筆者之所以把這派史學加一個「現代西方」這頂帽子的另一原因，便是這派史學原從「比較史學」開始，而發源於海外；更確切一點的說，發源於明末清初的「耶穌會士」（Jesuits）。這些傳教士原都是飽學之士，但是他們底飽學卻是以基督教文明為主體，一旦碰到能與他們並駕齊驅、甚或猶有過之的非基督教文明，他們就難免發生「文化震撼」（cultural shock）。這種文化震撼形之於傳教士書簡，在歐洲也發生了餘震，這樣便引發了早期的「漢學」（Sinology）。

學術文化之演進原如長江大河，是綿延不絕的。這些早期的天主教徒所奠的基礎，便由十九世紀的基督教傳教士嬗遞了下去，結出了十九世紀末至二十世紀初豐盛的漢學果實。在此同一時期，西方社會科學的進步是一日千里的。荀子說：「蓬生麻中不扶而直。」二十世紀在西方發生的「漢學」，也是當時社會科學裏的「麻」中之「蓬」。社會科學的發展帶動了漢學的發展，至二次大戰後乃發展出今日幾乎喧賓奪主的「中國學」（或譯「華學」Chinese Studies）來。「漢學」本是白種學者的專業，「中國學」中，華裔學者也逐漸變成其中的主力部隊了。

這宗由「漢學」底社會科學的發展而逐漸導引出來的中國史學現代化，在五四時代本已開始滋長，並發生了左右分流的現象。北伐以後的「社會史論戰」，便是場美不勝收的中國馬克思主義史學派裏早期的「百花齊放」，而所謂「三十年代」也是「現代西方中國史學派」收穫最豐盛的季節。

「三十年代」在中國文藝史上和學術史上都是個里程碑，那是五四時代新文化運動所播下的種籽，至此剛有幼苗滋長，繼續下去必然會有個「百家爭鳴」的成熟時期。可是這個光輝的三十年代剛過一半，便被日本侵華的戰火所摧毀了。

抗戰時期的艱苦是筆者這一輩中國同胞所親身體驗的。抗戰之後，大陸政權易手，中共的文化政策是「罷黜百家，獨崇馬列」，在歷史研究上說就只剩上述的「中國馬克思史學派」一家了。

但是學術是人類智慧的結晶，是政治力量禁止不了的。禮失求諸野，這一宗受西方社會科學影響的現代史學派在海外茁壯之後，在今日中國政府開放政策、留學政策之下又發生了倒流現象，這一遠景，當另文續之以就教於方家。

上述三派既各有短長。獨立發展難免都有其局限性。所以我們希望今後中國治史者，能兼採三家之長，能鑄造一個綜合性的第四家才好——這也是我個人對貴會的一點期望。

一九八七年九月五日清晨匆草

——原載《傳記文學》第五十一卷第四期

中國前途在中國人

——大陸民主運動與中國前途研討會「中國人與中國前途」（引言稿）

自從一九四四年，我在戰時安徽省會立煌的「安徽學院」教授西洋通史開始，時至今日，我在中外各大學做歷史教師，斷斷續續的已經有四十多年了。由於噉飯之需和環境所迫，我幾乎把古今中外的歷史，都一一地在黑板上擦過。個人所知有限，誤人子弟，中外皆有，思之慚汗。但是個人教書卻也因此養成一種比較教學的習慣——歡喜把各種不同的民族史，排列起來做比較講解。這種教學方式在歷史科學裏本來就叫做「比較史學」。祇是我原本無心，而陰錯陽差地誤入此行。終於逐漸陷入而不能自拔罷了。

通性、特性，必然、偶然

從比較史學的觀點來說，我個人總認為中國人和中國歷史的發展，在世界歷史的範疇之內是有其「通性」的。這也就是說，世界上雖種族各異、立國有別，在歷史的發展上是具有若干共同規律的。可是我們這個佔有世界人口四分之一的龐大民族，由於種種因素的影響，其發展過程，當然也自有其與眾不同底「特性」。因此我們這部中華民族史的形成，便是在這「通性」與「特性」交互影響之下發展起來的。

再者，在這些發展程序中，其制度更迭之軌跡，以及潮流變易之渠道，更受有「必然因素」與「偶然因素」之干擾。「必然」的發展且往往為「偶然」事件所截堵；而「偶然」的發生，也往往引出「必然」的後果。這種「通性」「特性」、「必然」「偶然」交互影響所造出的史例，在三千年歷史上是數不勝數的，其錯綜複雜的關係，也不是任何形式邏輯上的公式可以概括得了的。

對立統一和挑戰反應

因此籠統的說起來，當今西方最具影響力的兩位歷史哲學家馬克思和湯恩比，都過分著重人類歷史發展上的「通性」和「必然性」，而過分忽略有同樣重要性的「特性」與「偶然性」。以致中國歷史所提供的無數史例，卻成為今日歷史哲學上該兩大宗派的「盲點」。

馬湯二公都是人類文化史上拔尖的思想家，影響之深遠是不可估計的。我輩何人，敢不自量力，亂加批判？其實事有不然。他們這些泰山北斗，在治學上亦有其不可補救的弱點。那就是他二人都是西方白種人。他們底學術思想基本上是從「西方經驗」發展出來的。在近三百年全球學術界都在「歐洲中心主義」（Eurocentrism）的支配之下，他們也就視為當然的把西方歷史發展的「特性」，誤為人類歷史發展的「通性」了。他們對那至少佔有「世界經驗」三分之一甚至一半以上的「中國經驗」所知太少。而近百年來國人在社會科學上的落伍，沒有能提出充分的學術反證；相反的，留學生們反跟著他們敲鑼打鼓，就益發增強了他們底權威性，甚至變成扳搖不動的真理了。

近三百年來的西方漢學家，的確對研究中國歷史提出許多新觀點，足使中國歷史學幡然改觀。這一點，我們是絕對要汗顏接受的。但如觸及中國歷史的本質，我們讀破「通鑑」、「四史」、「九通」的中國教書匠也大可不必自卑。古人說：「不讀三通，何以為通人？」慢說馬克思、湯恩比，扁擔長的一字，也不認得幾個，就是當今最有成就的漢學大師，又有幾個能算得上是「通人」呢？不做通人，搞點小考據無傷，要搞「究天人之際，通古今之變」的漢學，那就力有不逮了。

所以馬湯二公，要以他們的公式，什麼「對立統一」，什麼「挑戰反應」，加諸西方歷史，則小子何敢言。若要加諸中國歷史，他們就得先讀讀「三通」再說了。因為深入可以淺出，淺入而求深出就要出毛病了。這是客觀條件使然，無關二公之為大思想家大學者也。

諸葛孔明多麼偉大，但是他在「夜觀天象」上的本領，卻抵不上臺北參加「聯考」的中學生。何也？客觀條件使然也。這也就是一位普通歷史教員，所以敢在深度學理上搶白一代宗師的道理吧。

中國社會發展沒有五段

但是中華民族史上究竟有哪些「通性」、哪些「特性」呢？

關於這一專題，前不久，我個人不自量力，曾在紐約州立大學奧本尼校本部，做了一次學術講演，講了兩個多小時。那篇講稿太長，此地未便重複，等到有空整理出來，再請諸位詳細指教。這兒權且說個大略。

關於中華民族發展史的通性，大體說來，如馬克思學派所強調的「五段論」（原始公社、奴隸社會、封建制、資本主義、社會主義）在中國歷史上都只能找到一點蛛絲馬跡（只有封建制是例外）。我們教中國通史的教員們，卻無法把這五個階段連成一線。換言之，中國歷史的發展，乃至中國社會的問題，都不是馬克思學說所能概括得了的。

老實說，今日大陸上的問題，就是這項學術誤解的後遺症。學術問題不解決，這個後遺症是要永遠貽害下去的。事態之可悲則是那批當權派有權而無知，偏偏又好剛愎自用，硬要把對歷史的誤解「堅持」到底。

俗語說：「教拳容易，改拳難！」一錯再錯之後，想改回頭，談何容易？胡、趙二公「改拳」未成，竟以身殉。鄧公小平，知難而退，現在就只好將錯就錯了。伊於胡底？吾不知也。

這些都說明一項學術性的誤解，對國脈民命的影響是多麼嚴重啊！

諸圈交錯和眾圓同心

再說說湯恩比的另一公式，挑戰和反應罷。我們教歷史的在傳統中華民族史上，也找不出太多來自自然界，或來自外族的，有生死攸關（所謂「亡社稷」）的「挑戰」。黃河百害、夷狄兇殘，但是它們都不能把漢民族搞成古埃及、古巴比倫或古印度的德拉威（Dravidians）來加以毀滅。

古漢民族，今日已擴展成中華民族了，自始至終就不是個純種的民族（homogeneous race）。和今日英文裏的Americans一樣，所謂「漢人」、「唐人」、「大漢子」、「小漢子」、「漢兒」，「胡兒」……，都是具有相對性的政治和文化的詞彙。「古漢人」較諸「今日美國人」，只是前者比後者要早出兩千多年的民族「大鎔爐」（Melting Pot）罷了。漢人的祖先遍佈東亞，甚至中亞、西亞、南亞，也包括石器時代的臺灣居民。他底文化幅員之大、活動範圍之廣，在比較史學上，只有西方的印歐語系民族（Indo-European Peoples）差可與之相比。

但是這個以高加索種為主體的印歐語系民族群，和以蒙古種為主體的漢語民族群的歷史發展，卻有彼此絕對相反的程序：前者是四處流竄，愈分愈細；語言文化，本是同源，卻遠而愈雜。終於形成當今歐洲斯拉夫、條頓、希臘等無數支派；在西南亞亦有印度、伊朗之別。他們各據專區，各宗其祖，各信其教，各立其國，彼此之間排他性極強，挑戰反應的現象也極其明顯，這也就是湯老教授學說的主旨所在罷。

反觀後者呢？我漢民族的發展卻正好相反！我們守住黃河中游的祖宅，四向翻滾，愈滾愈大。滾到後來，乾脆來它個書同文、車同軌、行同倫，「罷黜百家，獨崇儒術」。大家既同之後，再乾脆拜個把子，你我都做起了「炎黃子孫」。中華民族終於佔據了世界總人口的四分之一，真是欷歟盛哉！

我們如果要把東西這兩大民族群的分合發展來個圖解，則印歐語系的民族群的關係，實是一個諸圈交錯的圖案（見圖甲），而漢語民族群的關係則是眾圓同心（見圖乙）。

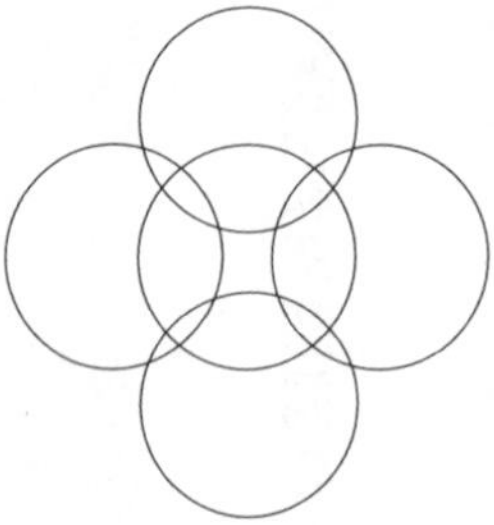

圖甲：諸圈交錯

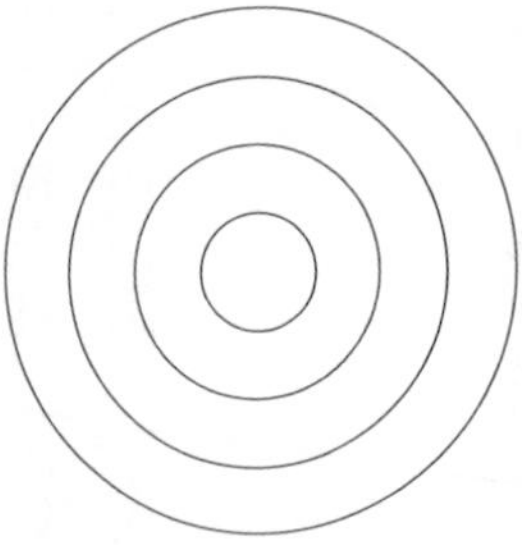

圖乙：眾圓同心

諸圈交錯，在文化上就發生了「挑戰、反應」的競爭。政治上也就一分不合，而致小邦林立。意大利在統一之前，一隻小皮靴上，就有十餘小邦，傾軋無已時，斯拉夫、日爾曼亦無不如此。

眾圓同心，在政治上，雖亦有「合久必分」的現象，在文化上則始終只有伸縮的問題或發射和吸收的問題。國力興盛，則文化遠播。國力衰微，對外來文明，就門戶開放，廣納蠻夷。管你什麼佛教、耶教、回教、祆教；管你什麼科學、民主、共產主義、法西斯主義，我們都可誠懇接受，食而化之。這種傳統中國文明底「容忍精神」，我們搞比較史學的，翻遍世界史籍，可以說只此一家、別無分店了。

歡喜偏激的朋友們或許要說，此阿Q精神耳，與容忍何有？朋友！正是如此嘛。子曰：其智可及也，其愚不可及也。大智若愚。有智慧的愚，才是人類智慧的最高表現。寬容（不拘任何形式）與精敏，渾厚與厲害，在民族文化的長期發展中，孰利孰弊，還不易遽下定論呢。

一個百川匯海的古文明

邱吉爾有一次也談到中國文化問題，並引了一句中國格言為例，他說：“The sea salts all the water that flows into it.”我還未能找出這句格言的漢語原文，姑譯之曰「天下之水，入海皆鹹」。或是「海納百川，必鹹其水」。這也就是說任何外來文物制度，一經傳入中國，便如百川匯海，為海水所溶化，就不會再孤立地存在了。就以佛教東傳為例罷。胡適之先生當年就恨得牙癢癢的。他認為中國思想之印度化，是中國文化史上的「大不幸」。可是我這個胡適弟子卻不以為然。我向老師說，佛學東傳，與其說是中國思想的印度化，倒不如說是印度思想的中國化，印度佛教裏有什麼「天台宗」、「華嚴宗」呢？甚至「禪宗」也是不折不扣的中華國貨嘛。適之先生對這點不但不以為忤，而且甚為嘉許呢。

所以我個人對中國傳統文明還是有信心的，因為它的特點之一，便是它能納也能吐。對胃口的，它能「食而化之」，如大乘佛教；不對胃口的它也很可能「出而哇之」，如近代法西斯主義和列寧主義。最近的天安門事變就是個「出而哇之」的好例子。

目前西方漢學泰斗的費正清先生，每以華人「排外」（anti-foreignism）為批評對象。其實費氏所見者「扶清滅洋」、「打倒列強」表面現象而已。其實若從文化的挑戰和反應的通盤程序來說。則中國文明，寬厚多矣。真正的「排外」，真正的「文化斥拒」（cultural intolerance）和真正的「種族歧視」（apartheid），恐怕「雅里安文明」（Aryan Civilization）要十倍於我孔孟之教也。

轉移時代的十六字真言

以上所述，著重點還是東西兩大主體文明的通性和特性的兩方面。講的只是些抽象的原理原則，未觸及對我們有切身痛癢的現世界的實際問題。談實際問題就要引經據典了，不是三言兩語可以說得清楚的。今再略從具體問題方面，補充數語以就教於群賢。

且從基本制度說起，讓我斗膽把中國「傳統文明」和「現代文明」概括為十六個字：

傳統文明者，「宗法社會，農業經濟」交配之產兒也。

現代文明者，其基礎則為「全民政治，工業經濟」也。

所謂「現代化運動」者，便是從「宗法社會，農業經濟」轉入「全民政治，工業經濟」之發展程序也。這一轉變的本身是現代中國的萬變之源，其他的文物制度、革命、變法，都是附從主流與之俱來的。

「宗法社會，農業經濟」不是什麼「好」制度，但它也未必是什麼「壞」制度。它只是一種「可行的制度」（functional system）而已，並且一行兩千年。所以我們檢討它，應該從具體的「比較史學」入手，不應只著重抽象的「價值論」。

從比較史學上看，在人類歷史上的「前摩登時代」（Pre-Modern Period），還沒有哪一種流行的制度，比我們的宗法社會、農業經濟行之更「好」呢。被文藝復興時賢詛咒為「大黑暗時代」（The Dark Age）的中古歐洲，比得上我們唐宋元明的成就嗎？相反的，當他們印歐兄弟正為「大黑暗」所苦時，我們文物制度，卻正在大放光明呢！

再者，縱使從價值觀念來看，目前這個人慾橫流、道德淪亡的「現代西方」，就遠不如「中古歐洲」生活的樸素純真呢。我的恩師、中古史權威的奧斯汀・晏文斯（Austin P. Evans）教授，就以「現代」不如「中古」而說教終生。其實歐洲的中古，又哪能和中國的中古相提並論呢。筆者本人亦曾向紐約市立大學「中古學部」諸士女說過無數次，說得他們心服口服。

所以五四時代的過激派，和目前的憂殤派學人，都只因憤激於時務（痛恨北洋軍閥和專橫無知的毛派共產黨），乃把中國傳統全部否定。其實年紀大了，心平氣和的把中西傳統比較分析一番，對全盤西化的看法會有所改變的。晚年的胡適之先生便是個突出的例子。

希望在有統一認知的下一代

可是不論在「價值」上變好變壞，歷史是不能「立正」的。且一定要向前走，從「現在」走向「將來」；從前八字「宗法社會，農業經濟」，走向後八字「全民政治，工業經濟」——這是個有世界性的歷史規律。它也決定了「中國將來」的方向。事實上我們「中國人」向這方向邁進，迂迴曲折，也已走了一百四十餘年了。祇是以我們「亞細亞社會」（Asiatic Society）的老底子，走起來逆水行舟，沒有他們西歐北美的毛子們運用他們「歐羅巴社會」（European Society）的老底子順流而下那樣通順就是了。關於這一點，筆者曾有專文論述之，不再贅敘。

總之，在這方面我們最後必能找出一個長治久安的制度，以「全民政治，工業經濟」，為「中國將來」千百年的歷史，鋪出一條大路來，而這個機運已近在目前。西哲有言曰：「制度者，智慧與機運之產兒也。」（System is the child of wisdom and chance.）在我國歷史上，帝制崩潰、共和伊始的民國初年，孫中山先生原有此「智慧」而無此「機運」；距今十多年前，共產極權開始滑坡之時，鄧小平則有此「機運」而無此「智慧」，結果以君子始，以小人終，多麼可惜。

本來嘛，中國將來之國運原不能專靠少數聖哲的「智慧」，它要依靠我們絕大多數「中國人」的認知、好惡與取捨。朋友！近一百多年來，王綱解紐，人心渙散，我們十數萬萬同胞，公說公有理，婆說婆有理，我們何嘗有過全國性的共同認知、好惡與取捨——洋人所謂 national consensus 是也。沒有個全國性的共同認知，我們的價值系統（value system）就無法統一。價值系統不統一，則你是之、我非之。一個小小的黃埔軍校的學生也就各是其是、各非所非而無法「親愛精誠」了。由是非各異而動口動手，內戰也就打不完了。孰知兩黨相爭死人億萬，直至今年六月四日，天安門前一陣槍聲，竟然把這個爭論百年的價值系統統一了。千百位烈士的鮮血竟把這場大是大非之爭，洗刷得黑白分明。且看今日國共兩黨之內的青年才俊在意識型態的是非、善惡、好惡、取捨之間不是幾乎完全一致了嗎？站在他們底對立面，不是只剩下十來位、住在中南海之內的宗法殘餘和小農腦袋的衰朽老人了嗎？他們能撐持多久呢？

朋友！這個意識型態大一統的局面，是鴉片戰後，近一百四十年來的中國，所未嘗有過的啊。現在我們既有機運更有智慧，還怕新制度出現不了嗎？中國前途在有智慧、有度量的中國人，尤其是青年中國人。讓我們為他們底迅速接班而歡呼！

一九八九年十二月十八日清晨匆草

——原載《傳記文學》第五十六卷第二期

文學與口述歷史

導言

我是學歷史的，自小對「文學」也很有興趣，記得有一次在哥倫比亞大學「章回小說」討論會上，有一個美國學者列了一堆章回小說書目，大約有四十幾部一百多本，他說：「中國作品實在太多了，誰可能把那麼多的作品看完呢？」我舉手說：「我統統讀過了。」他不相信，反問我說：「你怎麼可能讀那麼多書？」我說我在中學讀書，沒有女同學同我談戀愛，也沒有球可打，更不會滑冰、跳迪斯可，沒辦法之下，只好看小說了。我對文學大概就止於對這些書的欣賞罷了。所以我只能算是欣賞文學的讀者而已，實在不夠資格以行家來談文學，尤其沒有資格談臺灣和香港等名作家的作品。我覺得臺灣近二十年的文學成就遠超過五十年代或三十年代的作家，可惜我因為太忙，對臺灣和香港的大批作家的作品看得太少。

其次說到口述歷史，「口述歷史」是我的本行，也是我在哥倫比亞大學用來吃飯的工作。「文學」與「口述歷史」我既然都有些關係，現在我就把個人的一點體驗與看法報告一下。首先來談一談「什麼叫口述歷史？」

什麼叫「口述歷史」？

我寫過幾本「口述歷史」，加起來可能銷了一百多萬本，而且現在仍繼續出版。而什麼叫口述歷史呢?有人問我：「你的口述歷史是不是胡適先生講，你記，就成了?」「你怎麼能記那麼多呢?」另外，我寫「李宗仁的口述歷史」，他們也說：「你怎麼寫那麼多呢？」我的回答是：「口述歷史並不是一個人講一個人記的歷史，而是口述史料。」我替胡適之先生寫口述歷史，胡先生的口述只佔百分之五十，另外百分之五十要我自己找材料加以印證補充。寫「李宗仁口述歷史」，更麻煩，因為李先生是軍人，他連寫封信都要找秘書，口述時也隨便講講，我必須細心的找資料去編、去寫、去考證，不明白的還要回頭和他再商討。而他是大司令官出身，他講的話習慣上就是命令，有疑問反問他時，他都說：「沒錯!沒錯!」我說：「大概有點錯吧!」他立刻又說：「沒錯!沒錯!」我想我以前在他部下當兵也只是個少尉，而他是上將，以一個少尉來指揮上將是很難的，所以我只好慢慢的想法子說服他，把一些不清楚的問題反覆問他，結果他說：「有書為證，沒問題！沒問題！」於是拿了一大堆書給我看，結果都是「稗官野史」一類的書，我說：「你們做司令官的，如果情報不正確的話，像台兒莊等戰役就沒法打勝仗了；我們搞歷史寫文章的也一樣，如果情報不正確也會鬧出笑話來，您剛剛說的這些『情報』雖然有書為證，卻也可能是假情報。」他說：「有點道理！有點道理。」費了不少工夫，才慢慢地進入狀況。不過李宗仁的口述歷史，統計起來，大概只有百分之十五是他口述，百分之八十五是我從圖書館、報紙等各方面資料補充與考證而成的。所以所謂口述歷史並不是一個人講一個人寫就能完成的，而是口述部分只是其中史料的一部分而已。一般而言，大學者的口述史料大概有百分之五十、六十，非學術人士的口述史料只有百分之十五、二十左右。所以口述歷史與一般史料有何不同？大概可以這樣說：口述歷史是活的史料，其他史料是死無對證的，口述歷史可以慢慢談、慢慢問，可以加以補充改正，而其他歷史就不能如此。

在哥倫比亞大學有世界性的口述歷史學部，也有中國的口述歷史學部，但，在那裏正式工作的只有夏連蔭小姐和我兩個人，夏小姐英文很好，中文不太能寫，只有我中英文都寫，所以那時我所做的中國口述歷史就成了世界最早的中國口述歷史。後來臺北的中央研究院也有口述歷史，那是當年我們在美國向胡適之先生建議的。後來胡先生回國，我們給他寫了一封信，胡先生回了一封信（見胡頌平的《胡適之先生年譜長編初稿》一九五九年十二月五日條）說「臺北中研院也成立了口述歷史」。這就是中研院口述歷史的由來。所以，中研院口述歷史是胡先生寫了那封信才開始的。

接下來談談「口述歷史」的起源，這要從第二次大戰後，哥倫比亞大學教授亞倫·芮文斯（Allan Nevins）自誇「口述歷史」的名詞是他發明的說起。當時他創出的名詞是 Oral History，翻成中文就是「口述歷史」，而現在這個名詞已經世界通行了，所以這個名詞事實是哥倫比亞大學的亞倫·芮文斯一個人搞起來的。

口述歷史的歷史

亞倫·芮文斯提出 Oral History 的名詞，但我對他說，你不是口述歷史的老祖宗，而只是名詞的發明人。在我看來 Oral History 至少有兩千年的歷史，不過那時不叫口述歷史，口述歷史是在中國和外國都有的老傳統。我們學歷史的人一般分歷史為兩大部門：一種是「未記錄的歷史」，英文叫做 Unrecorded History；另一種是「有記錄的歷史」，英文叫做Recorded History，我們中國有記錄的歷史應該從孔子《春秋》算起，而孔子《春秋》卻斷自唐堯虞舜，那麼唐堯虞舜的歷史都只是傳聞，也就是口述歷史了。後來的三皇、五帝也都是以口述為憑推出來的史前歷史。孔子向來自稱「述而不作」，所以他的作品如《論語》等也都是由孔子口述，經學生或學生的學生記下來的，自然也是一部有名的口述歷史了。孔子另外一部可靠的書《

禮記檀弓》，記載許多孔子的事，都是孔子口述、弟子所記。諸如此類夫子「述」之、弟子「作」之的作品，就是「君子動口不動手」的傳統，也就是「述而不作」的最典型口述歷史。

後來秦始皇焚書，弄得漢初無書可讀，於是找一些學界耆宿如伏勝等加以口述，代代相傳，成了漢代的「今文家」，所以在漢朝四百年間，古文家都不被承認。只有口述而成的今文家才受重視（事實上《左傳》並非偽書，而是被作偽者劉歆動過手腳。孔子因魯史而作《春秋》，《春秋》是孔子讀《魯史》的筆記，有哲學氣味的筆記，也可說是根據儒家思想而整理的筆記。但是《魯史》是什麼樣的書？作者又是誰？我大膽假設：《魯史》的作者就是左丘明，《左傳》的原來面目即是《魯史》，孔子因之作《春秋》，此書失傳後，被劉歆在「中祕書」發現，乃改頭換面，倒果為因，搞出《左氏傳》來。康有為《新學偽經考》知其一而不知其二）。

口述歷史在中國史學上的實例

另外，劉漢以後也有很突出的口述歷史，那就是司馬遷《史記》中的列傳七十篇（再大膽假設一下）可能有一半是他道聽塗說的，要不然就是 interview 他人聽來的，也就是根據「口述史料」加以整理編寫而成的。最好的例子是「刺客列傳」——荊軻刺秦王那一段，他說得很明顯，現在抄錄下來看看：

> 太史公曰：世言荊軻，其稱太子丹之命「天雨粟，馬生角」也，太過。又言荊軻傷秦王，皆非也，始公孫季功、董生與夏無且游，具知其事，為余道之如是。

從以上所錄看來，司馬遷認為他的故事比傳聞更為正確，因為他是聽「公孫季功」和「董生」說的。而公孫和董又是直接聽夏無且大夫說的，而夏是秦始皇的私人醫生，當暗殺進行之時，夏醫生幫著老闆用「藥囊」打過荊軻的，其話當然可信。這是一篇極好的文學著作和歷史，而司馬遷就講明他所用的是「口述史料」，其他未講的正不知有多少？

由此看來，「口述歷史」（也可以說是「口述文學」）在中國至少有兩千年的歷史了。

再看我們安徽出的明太祖朱元璋。朱元璋年幼時做過叫化子，也當過和尚，他年老時最忌諱這一段，那時有位士子上表歌功頌德說朱元璋的功業蔽天「光被四表」，誰知馬屁拍在馬腳上，朱元璋認為「光被四表」是嘲笑他幼年當和尚，和尚頭「光被四表」，所以把這馬屁精給宰了。可是等到老朱老了，要蓋祖廟、修族譜時，對自己的身世，總得有個交代啊！但是那些搖筆桿子的什麼「大學士」們，誰敢執筆呢？他們想來想去，想出個聰明辦法來——來搞個「口述歷史」，說群臣愚魯，對聖上祖宗盛德，才難盡述，伏乞聖主略敘列祖列宗之天縱英明事跡，愚臣庶可據以跪錄，等等。誰知朱元璋倒也大方，他就真把他過去當和尚、做叫化子的往事，毫無隱諱地全盤托出。這篇文章也是中國口述歷史和口述文學上的傑作，沒有口述歷史這個傳統，這篇文章是無法執筆的（原文見《七修類稿》）。

另外如太平天國覆滅時，忠王李秀成的「供辭」（口供）也是我國傳統「口述歷史」的上品。據說當忠王李秀成被曾國藩抓了，忠王用廣西話口供，曾國藩聽不懂，只好叫李秀成自己寫，於是李秀成一面講一面寫，完成了這篇至情至性的好文章——忠王李秀成供狀。

大陸上最好的、最出色的一本口述歷史的書，應是末代皇帝溥儀的《我的前半生》。他把他一妻一妾裝模作樣的種種情形寫得非常真切動人。

從以上這麼多例證我們可以明白，「口述歷史」這個名詞還沒有到中國之前，我們早就有「口述歷史」的事實了。

西洋傳統史學中的口述歷史

在西方，從古希臘古羅馬的荷馬（Homer，公元前九世紀）和霍羅都托（Herodotus，公元前五世紀）的作品都是第一流的「口述歷史」，甚而蘇格拉底、釋迦、耶穌、摩西……等的言論也是口述後記錄下來的。荷馬是位瞎子，他的史料如「木馬兵」等等，幾乎全是「聽」來的。霍氏的故事，很多也得自「傳聞」——人家告訴他的「口述歷史」。然而，西方傳統「口述歷史」中和我們有直接關係和影響的，那就是《馬可孛羅遊記》了，這是一部「口述歷史」

的千載奇書，我想藉此機會介紹一下。

馬可孛羅（Marco Polo, 1254-1324）是意大利威尼斯人，在他十七歲那年（一二七一），他隨父親和一位叔父啟程去中國，那是他的處女行，但卻是他父親和叔父的第二次。他們循古絲綢之路東行，路經波斯、葱嶺，入中國新疆、甘肅，經敦煌過西安（那條唐三藏取經的路），吃盡千辛萬苦，歷時三年，才到達中國元代的大都（北京），向元世祖忽必烈報到。其後他們父子叔侄三人，在中國一住十七年，備受寵遇。並以色目要員的身份，由忽必烈差遣，周遊中國，並參加火箭攻克襄陽的激戰。小馬可且自炫曾為揚州太守（位同今日的上海市長）。那時的中國是世界的主宰，生活水準超過歐洲甚多。孛羅三人進入中國，直如板兒進入大觀園、中國貧農到了巴黎，目不暇接。一住十七年之後，忽必烈年老，孛羅等亦倦鳥思歸、衣錦還鄉。此時正值蒙古帝國的欽察汗的可汗（駐波斯）喪偶，北京忽必烈擬送一貴族女子去波斯為欽察汗續絃，三位孛羅乃膺命護送。他們於一二九二年自北京動身，取水道經泉州、新加坡，穿印度洋，趕往今日炮火連天的伊朗。護衛六百人，巨舶十餘艘，在三位孛羅率領之下，歷時三年，始完成任務。因順路還鄉，回到威尼斯故里。他們一行離開故鄉，前後已二十五年，鄉音無改而人事全非，然孛羅三人畢竟衣錦榮歸，光耀故里。

馬可孛羅這趟亞洲之旅，在中古時期是不可思議的；他的故事之能震動人心，自不在話下。意大利那時小城邦林立，人民目光如豆，孛羅等自大元帝國歸來，自然一開口便以「百萬」

為單位（Ilimilione）。百萬也就成了馬可的渾名。孰知馬百萬還鄉不久，就碰上威尼斯和熱那亞（Genoa）兩個城邦之間的戰爭。馬百萬那時不過四十開外，一戰被俘，便做了熱那亞的戰俘，囚於戰俘營。恰好事有巧合，他同囚難友卻有一位知名的作家名叫魯斯特企羅（Rustichello），一個善吹，一個善寫，二人一拍即合，在戰俘大牢之內，他倆就擬定一個「口述歷史」計畫，寫起書來。二人所說的都是當時當地通行的意大利法語（France-Italian），書成之後，他們就以「百萬」做書名。後來譯成其他的語言就改稱《馬可孛羅遊記》了。

《百萬》書成於印刷術傳入歐洲之前，但初稿方出，立刻便勢如野火，傳抄、翻譯，很快便傳遍歐洲，其後各種不同的抄本，竟多至一百四十餘種。由此可見《馬可孛羅遊記》實在是我輩搞「口述歷史」這一行中影響最大的一部世界名著。事實上，後來名震世界的熱那亞晚輩冒險家哥倫布（Christopher Columbus, 1451-1506）到美洲去探險，就是根據馬氏遊記想到東方尋找中國，結果找錯了反而發現了美洲。「口述歷史」意外地發生了這麼大的功效，這是馬可孛羅做夢也想不到的事。

口述歷史與文學

我們談口述歷史與文學，應先擴大來談「文學與歷史」，才能釐清它們兩者的關係。我本來學歷史，但對文學有興趣，所以我編了十六字真言來涵蓋文學與歷史。那就是「六經皆史」、「諸史皆文」、「文史不分」、「史以文傳」十六個字。

先說「六經皆史」，這是清章學誠說的（其實西方也有二經皆史，指新約全書、舊約全書），他認為不只六經，其實諸子百家皆史，我倒認為不只諸子百家皆史，甚至小說如《封神榜》、《西遊記》、《鏡花緣》、《金瓶梅》皆有其歷史價值。其次「諸史皆文」，譬如司馬遷的《史記》就是一部文學，所謂「文章西漢兩司馬」，司馬遷的歷史散文早被公認是上等的文學作品。我們讀西洋史也一樣，可以見到許多很好的歷史文學。譬如《邱吉爾回憶錄》曾得諾貝爾文學獎，一定有它特別好的地方。我讀這本書有一段是這樣寫的，有一次邱吉爾與希特勒約期見面，由於邱舌爾講話不小心，批評希特勒，希大為生氣，取消了約會，從此以後，邱與希再也沒有見過面。這件事如果由我們來寫，可能秉筆直書「邱吉爾某年某月某日，應與希特勒在某處碰頭，後來希特勒取消約會。所以兩人一直未曾相見。」但《邱吉爾回憶錄》卻是這樣寫的：「希特勒自此以後就失去見到我的機會了！」（He lost his chance to see me！）這個事實和「自此以後我們兩個都沒有見過面」沒有兩樣，但在《邱吉爾回憶錄》中的筆調卻一直強調 He lost his chance to see me! 比一般人的寫法精采多了。這也就是把歷史作品的文學性加強以後，可讀性增加了。

古代歷史中，後漢書有十幾家，為什麼後人獨推范曄的《後漢書》，其他都不傳？這並不表示其他後漢書歷史寫不好，而是文章沒有范曄的好，所以也可以說百家皆史、良史皆文。

最後說「文史不分」、「史以文傳」，從中西古代歷史來看，都是因為它是好文學所以才傳下來。因為古代沒有很好的印刷術，光靠手抄，所以只有好文章才會被抄下來。但是這種「文史不分」、「史以文傳」的傳統現在已漸漸衰微，就以寫中國歷史的作品來看，美國人大都老老實實平鋪直敘，但英國人寫歷史就注重文學修養，他們寫史第一條件要英文寫得好，與美國並不要求英文寫得好、只要求正確與否不一樣。我的同事中英文好的都是英國人。這是歐洲老傳統與美國商業社會對歷史態度的不同之處。現在美國新歷史學家很少有文學氣味，所以把他們的東西當歷史看可以，當資料看也可以，但是要當文學看就差多了。

現代史學

這種美國式的歷史趨勢，愈來愈可怕，也就是說歷史漸漸被科學所污染。在美國歷史現在叫做 social science approach，完全看成是一種社會科學。如此一來歷史就變成乾燥無味的東西了。例如我執教過的紐約市立大學和哥倫比亞大學就是把歷史劃入社會科學院和政治學院。我在哥大曾向院長建議，歷史應在文學院而不應在社會科學院。像我們中國的各大學，歷史系都在文學院的，但我的建議當然不會被採納。

西方的歷史學除了歸入社會科學愈來愈枯燥而外，最糟的是電腦普遍應用以後，歷史已被電腦征服。今天早上我看 *China Post*，有一篇文章說中國大陸在大躍進期間（一九五九到一九六一）餓死了二千七百萬人。這件事，我在一九八一年到大陸，我的朋友親戚學生都知道死了那麼多人的事實，但我回到美國後，跟朋友講竟沒有人相信。他們問 How do you know? 說我信口開河，說我反共應有分寸，我被說得啞口無言。但這個事實今天報紙就登出來了。清清楚楚寫著死了二千七百萬。他們根據什麼知道死了這麼多人呢？報上說，他們是根據電腦。中國大陸一九五八年人口調查及一九六四年人口調查的結果，以生長滅亡規律算出非正常死亡的有二千七百萬。這個數字是美國學者到北京開世界人口會議所提出的結果。中共與會的三位學者一句話都不說。有一位說：「你講得太多了吧?! 恐怕只有一千多萬。」而今天美國學者為什麼敢肯定地說餓死二千七百萬？因為這些資料的獲得有科學的根據，這也就是歷史科學化的結果，只要電腦一按，歷史資料就全部出來了。

電腦的應用改變了整個學術界的狀況。我在美國三十年來老跟著電腦跑，常有跟不上的感覺。我想再過一百年，歷史研究會變得不可思議。那時，我們回頭看胡適、余英時等歷史學者，也再看看自己，一個個都變成不堪一看的冬烘先生，將來什麼事都根據電腦。學者的努力將會是白費心機。譬如胡適用了十多年時間研究《水經注》，將來一按電鈕，嘩啦啦什麼都出來了。結果胡適搞了十幾年，電腦幾秒鐘就出來了。這種歷史研究趨勢，受科技發展的洶洶來勢影響，將會一發不可收拾。上次參加在美國舉行的「辛亥革命會議」，太陸一個學者寫信給我說大陸上看不到臺灣、日本、美國的資料，問我能否幫他蒐集一些辛亥革命資料。我想我這麼忙怎麼幫他呢？於是我到圖書館請教管理員，向他要一些辛亥革命資料，要他告訴我computer怎麼做法？他說好，你給我一個題目，於是我給他「中國辛亥革命」。他說我告訴你怎麼做，首先找到「革命」，一按鈕「革命」的資料嘩啦啦立刻就顯印出來了。其次「中國」，於是「中國革命」的資料立刻又顯印出來。再接一九一一年，又噠噠噠大約三十秒鐘就印出了一大堆「中國辛亥革命」的資料。這些資料如果自己來抄，至少要兩三個月才能抄完。我日常工作恨忙，怎麼可能有兩三個月的工夫去幫助朋友查抄這些資料呢！但用電腦我查抄這些資料給他，只花了三十秒。所以我說電腦是很可怕的。

在電腦科技的發展下，人的生命將逐漸失去了意義。試想三十秒可以得到的東西，還要胡適這些大家做什麼？我們學歷史的還有什麼用？學歷史的要靠什麼吃飯？不過，事實上並非如此悲觀，因為歷史中還有一部分可以和科技抗戰到底的，有一部分是真金不怕火煉的，那就是歷史之中，還有文學。

口述歷史與文學的展望

歷史雖然被科學瓜分了，幸好歷史中還有文學的一部分，使我們有飯吃，有興趣繼續搞下去。然而，我並不是說科學不重要。如果科學不重要，我們就無法知道中共大躍進死了二千七百萬人，這完全靠科學。所以歷史雖然向科學靠攏，但沒有科學也沒有歷史。而歷史如果完全走向科學，那麼歷史就要自殺了。學歷史的人他的人生也沒有意義了。所以現階段歷史中還有口述部分是很有生命的，我寫了不少口述歷史的東西，盡量把這些書的可讀性提高。當年我為顧維鈞先生編寫回憶錄，他與我談了許多外交上的軼事；我請他盡量詳細的講，尤其他當袁世凱秘書時所見聞的一些逸事。顧先生起先不肯講，經我再三追問才勉強講出來，結果後來發現都是很有味道的歷史文學。這一類的口述歷史是保存文學成分較多的歷史。不是數目字也不是科學，將來可讀性之高一定超過一般歷史，因為看歷史的人並非都是史學專家，多數只為了得一點歷史知識而去閱讀，如果沒有可讀性就沒有人看了。我想凡是夠資格做口述歷史的人，都應該有幾分文學的素養。而且凡是夠資格寫的人都會講，孔子說：「有德者必有言。」有德就是有技術（寫史的技術）。我與胡適先生談，他口若懸河滔滔不絕，可惜我沒那麼多時間去搞。胡適、顧維鈞、黃沈亦雲（黃郛夫人）都很會講，所以他們的回憶都很有可讀性。因此，十幾年前我回臺灣，想到曾兼任過中央大學校長的老總統，如果可以請到他老人家做個口述歷史，一定很有意思，可惜沒有如願，總統就過世了。我一直很難過，這麼好的口述歷史竟沒有傳下來！

如今學歷史的百分之八十向科技投降，我也投降了百分之七八十。還好有百分之二三十，我們可以抗戰到底。所以寫歷史必須用文學來寫，並與新聞合作（新聞是當前的歷史），才能把未被科學征服的百分之二三十保存下來。現在搞口述歷史要像桃園三結義一樣，把歷史、文學、新聞三位結成一體變成劉、關、張三兄弟，就可以寫成很好的歷史了。

——原載《傳記文學》第四十五卷第四期

小說和歷史

——一九八八年六月七日在台北耕莘文教院講稿

在這次來臺灣之前，我曾在大陸做過短期旅行。在火車上、輪船上常常碰到一群群的「臺灣同胞」。他們在大陸上縮短的名詞中叫「臺胞」。臺胞是今日大陸上的貴賓和嬌客。我們所謂「美籍華人」，以前在大陸上也曾風光一時，但是近來在大陸上和「臺胞」比起來，那就灰溜溜的了。

我們在大陸上碰到「臺胞」，感到特別親切；同樣的，「臺胞」碰到我們也分外熱情。我想主要的原因是我們也常來臺灣，和臺胞有許多「大陸同胞」所不熟悉的「共同語言」好說。

在大陸上和臺胞談話時，我發現他們也很快的就說出許多大陸上所特有的辭彙。我自己當然也學了不少。所以今天來臺北做點「學術報告」（這也是大陸名詞）之前，請諸位原諒我也套點大陸辭彙來謝謝主人。

首先我要感謝的是我的「邀請單位」和「接待單位」遠流出版公司、《時報》人間副刊和老友、文化界「大護法」的陳宏正先生和其他朋友們……，承諸位盛意把我這位並不會唸經的「

遠地和尚」，邀來向諸位唸阿彌陀佛。感激之外，我也感覺十分慚愧——但是醜媳婦也得見公婆。既來之，則講之。淺薄空洞之處，都還希望諸位原諒我這個「醜媳婦」。

我在慚愧之外，也有很大的惶恐。邀請單位諸公，要我來討論「小說和歷史」，而今天來領導我們討論的卻是文學界、史學界一身兼兩長的泰斗，劉紹唐和柏楊兩先生。

我第一次知道紹唐兄是三十多年前讀到他那本成名的大著。書內那兩首妙詩，描寫一位女知識青年嫁了一個不識字的共幹，並在一個月明之夜寫了一首詩：「嫁得郎君不解情，竟將明月比燒餅；從今不盼禮拜六，春宵枉自值千金。」……我至今仍能背誦。後來他開辦「野史館」，我又跟館長做了十多年的「野史作家」——大約十年前我就說過，紹唐治史，是「以一人而敵一國」。沒有劉紹唐，哪個還能搞什麼民國史呢？

我對柏楊先生的欽佩，也是和紹唐一樣深刻的。柏老是小說家、散文家、詩人和歷史家。我這個自命為史學工作者的人，在治史上比柏老差得太遠了，文學就更不用談了。這絕不是謙辭。做一個治史者，他在史學和史識之外，還要肯下苦功。試問中國史學界，自胡三省而後，有哪個史學家曾把一部《資治通鑑》一個字、一個字的讀過一遍（不要談翻譯和註解了）？這是苦行僧「拜經」的辦法，沒道行是做不到的。

我自命也讀過《通鑑》。其實我哪裏是讀呢？我當年是個青年在體育場「跳高欄」。看不懂，就一跳而過之——和柏老比起來，慚愧多矣。

所以有這樣兩位有真功夫的教師爺在前，我還能打個什麼「賣拳」呢？

不過話又說回頭，既然做了醜媳婦，也就不要怕出醜，我還得斗膽講下去吧。

歷史家指的是些什麼？

我們今天要討論的是「小說和歷史」。

我個人數十年來，口口聲聲說我自己是「搞歷史的」。今天我之所以應召來談這個題目，主要是我的同行所批評我的「不務正業」的原因——我最近忽然出版了一部長篇小說叫《戰爭與愛情》。

當這部拙著還在報紙上連載期間，便有文學界的朋友笑我「撈過了界」；也有史學家笑我「年老入花叢」的。鼓掌的朋友倒也不少；抗戰期間打過游擊的老兵，讀一章哭一章的竟也不乏其人，說那些故事，也正是他們的過去呢……，各方反應得形形色色。段昌國教授的批評也極中肯。他說：「像小說而非小說，像歷史而非歷史……。」

記得以前胡適之先生向我說，律詩是「文字遊戲」，但他又說律詩是很高深的「文學」，當我問他「遊戲」和「文學」的界限又如何劃分呢？他老人家也被我這個不肖弟子難著了。

至於「小說」和「歷史」的界限（尤其是古人治史）如何劃分呢？我想先從「歷史」說起。

什麼是歷史呢？

我們的答案應該是，人類的社會行為（social behavior），在「過去」所發生的現象，都是歷史。從抽象的推理來說，時間只有「過去」和「未來」兩種。所謂「現在」只是個「〇」。它是永遠存在也是永遠不存在的。古希臘哲人有言：「你不能在同一條河內洗兩次腳。」（You can not wash your feet twice in the same river.）正是這個意思。可是「過去」所發生的現象實在太多了。經過歷史學家的筆把它「記錄」（recorded）下來的「史實」（factual history），那實在只是億萬分之一了。

但是「史實」並不是歷史的全部。要解釋明白人類的過去，何以發生了這種史實的所謂「釋史」（interpretation of history），也應該是歷史的一部分。至於用何種「方法」來記錄史實和解釋史實，這種「方法」（methodology），自然也構成「史學」（historiography）之一部。

筆者去歲應邀在「留美學生史學會」講演，曾把研究中國史的當代史學分成四派（傳統、馬列、社會科學派、綜合派），也就是從「方法學」著眼的——他們搞的是相同的「史實」，但是對「記錄」歷史和「解釋」歷史的「方法」，卻各異其趣。就史分為四了（見前文〈當代中國史學的三大主流〉）。

小說又是什麼東西

以上所說的只是什麼是歷史。那末，什麼又是小說呢？

小說是「文學」之一種，這個回答是絕對正確的，但是要為文學來下定義，對本文就是離題萬里了，只好不談。此地我們只可說文學有各種偏向。那些偏向於音樂藝術的便是詩歌戲曲；偏向於哲學和宗教的則是一些散文和現代的朦朧詩。朦朧詩嚴格的說起來，應該不能叫「詩」——它是運用一種看不懂、唸不出的「長短句」來表達一種模糊的哲學心態。至於偏向於歷史的文學，甚至搞得和歷史難解難分的文學，那就是「小說」了。

章學誠說「六經皆史」。如是則上述有各種偏向的文學形式的作品，無一而非「史」——只是「小說」的「史」的偏向特別明顯罷了。其實我們要想把「小說」下個「定義」，實在也很難。在中國，「小說」一詞首見於《莊子》，而《莊子》所說的小說也非我們今日所說的小說。《莊子》而下，班固在《漢書．藝文志》列有「小說家」。小說家雖居「十家」之末，它畢竟也是諸子之一。「諸子（如果）出於王官」，那末「小說家」也就有個做官的祖先，叫做「稗官」了。稗官也是政府和政府的「高幹」，其工作是訪求民隱，專門記錄不見經傳、為士大夫「臭老九」所不屑一顧的街頭巷尾之談。

中國古代上層階級的廟堂之議，牛皮夸夸，都成為「政府檔案」；也是史學家著史的第一手資料；那閭巷的小民竊竊私議，就只是「小說」或「小道消息」，而算不得「歷史」了嗎？此吾為「平民」、「愚民」不平也。他們在歷史上、社會上所佔的份量，千萬倍於簡任以上高官和十三級以上的「高幹」，他們的「輿論」（抬轎轎伕所講的話），就只能算是「小說」了嗎？

不過以上所說的只是古代中國的傳統解釋，到中古時期已有很大的改變。到近代中國受西方影響，把西方文學中的 novel 和 fiction 翻譯成「小說」，則此小說已非彼小說，小說的面向便寬廣起來了，地位也陡然提高了。

胡適之先生把中國傳統小說分為兩大類。第一類他叫「歷史小說」。這一類小說例如《三國志演義》和《水滸傳》等等都是經過數百年的演變，最後才由羅貫中、施耐庵等加以綜合整理做為定型的。另一種他叫「創作小說」，那小說並沒有什麼歷史演變的背景，只是一個作家的靈感「創造」出來的，如《紅樓》，如《儒林外史》皆是也。

魯迅把小說分類分得更細。但是胡、周二公都是治文化學的學者，發起議論來，總是以文衡文。胡適並說，一部中國文學史，便是一部文學方法變遷史。但是文學的「方法」，尤其是寫小說的方法，何以變遷不定呢？他們搞文化史、文學史的人，都只從文化和文學本身去捉摸。他們忘記了，或根本沒有理解出，文化和文學之後，還有個社會——一個不斷變動的社會。文化和文學的變動，只是它們背後那個社會變動的浮標而已。

前幾年，我也曾撈過了界。因為我自己是搞社會史學的，我不自量力也把社會史上的法則運用到中國文學史和中國小說史上去。我斗膽的提出，中國小說形式和方法的變遷，是從「聽的小說」逐漸走向現代化「看的小說」上去。何以故呢？那是受市場經濟供需律（law of supply and demand）的影響。英國的維多利亞時代，由於經濟起飛、市場繁榮、中產階級崛起，對「看的小說」的需要量陡增，所謂「維多利亞作家」的黃金時代才隨之而起。

中國在十八、九世紀，經濟也相當繁榮，城市中產階級漸起，對讀品需要量大，於是大書賈和為書賈服務的金聖歎一流編書和批書人物才隨之而起。不幸的是我國那時的「經濟起飛」還未飛起來就垮下去了。國家強於社會的帝王專制和宗法制度，始終把「中產階級」壓住。中產階級抬不起頭來，對格調高的作品需要量就不會太大。在曹霑、吳敬梓等高格調作家餓死之後，便後繼無人了。何也？供需律使然也！君不見今日臺北讀者的口味，吊高得嚇死人！而「大陸同胞」還在大看其《小五義》！何也？中產階級與無產階級之別也。經濟起不來，文學口味也就高不起來也。據老輩滬人告我，今日臺灣省籍廚師所燒的「上海菜」，便遠高於今日上海籍的上海廚師在上海所燒的「上海菜」。筆者浪遊兩岸，知此評不虛也。經濟飛不起來，連小菜的口味也提不高，況小說乎？

走筆至此，我對敝老師胡適之先生又要批評一下了。胡老師搞「紅學」，把曹寅所掌管的「江寧織造」和「蘇州織造」等等，都看成為供應宮廷的機關，這就只知其一、不知其二了。據《

江寧府志》，「江寧織造」盛時有紡機兩千七百餘架，每日可出緞千匹。江南的「貢緞」銷行遠及西歐，「宮廷」哪用掉那許多?!

這些「織造」的產品，哪是只為供應宮廷之用的呢？它仍是當時中國——甚至是全世界——最進步也是利潤最大的工業。他們賺的錢太多，使政府紅了眼，乃「收歸國營」，由國家壟斷包辦罷了。康熙爺這一幹法與漢武帝包辦「鹽鐵、酒榷」、宋王爺包辦「官窯」、「汝窯」的製瓷工業如出一轍。後來國府搞「煙酒專賣」，還不是如此？中共則更不得了，它把所有民間企業都據為「國營」，而負責國營「江寧織造」的經理，又都是些像曹寅父子那樣的草包官僚。生了些賈璉、賈寶玉一類的敗子，把這國營企業一把持就是六十年，中國獨霸世界的絲綢工業，也就壽終正寢了。

腐化無能的黨棍官僚把持了民間生機勃勃的經濟企業，蹲著茅坑不拉屎，一蹲四十年，可憐的「大陸同胞」，也就只能讀讀《七俠五義》了。

真實的社會，虛構的人物

以上所講的是小說的變遷和社會經濟變遷的關係。

小說的種類很多，什麼社會小說、愛情小說、志異小說、神怪小說、歷史演義小說、諷刺小說、筆記小說……魯迅在六十年前即列舉了無數種。現在還有什麼科幻小說、心理小說等等，那就講不盡了。

但是不管小說有多少種，它底基本原則則只有一個——它講的是「人性」——不管這人性是善，還是惡。《聊齋》上所講的狐仙，《西遊記》上所講的豬精、猴精……，牠們哪裏是什麼鬼怪呢？他們都是「人」，牠們底行為也都是人類的社會行為。豬八戒是一隻豬嗎？非也！豬八戒是一個可愛的阿Q。阿Q去摸摸小尼姑的頭，豬八戒在盤絲洞裏也把五位裸體美人的衣服藏起來了。阿Q想發財，豬八戒也在牠的耳朵裏藏了些銀子做「私房錢」。

個人的私見，我覺得吳承恩的豬八戒，實在比魯迅的阿Q寫得更好。豬八戒比阿Q更可愛、更有趣。

這兒問題就出來了。阿Q和豬八戒在歷史上是否實有其人呢？答案當然是「沒有」。根據胡適之先生做「考證」、寫「傳記」的原則，有一分證據只能講一分話，有九分證據不能講十分話。所以胡適之先生所寫而考據十分嚴謹的《丁文江的傳記》裏，主題丁文江就實有其人。他傳記中一切的故事，都有百分之百的真實性。所以丁傳便是一本傑出的歷史著作。

比他較先執筆的，魯迅也寫了一本《阿Q正傳》。阿Q並無其人，阿Q的故事也是百分之百的虛構。如果在某小學的國文班上，有某位小學生答考卷說阿Q姓桂，是實有其人，那他的老師一定把他的考卷打零分——歷史上哪有個真阿Q呢？

可是問題又出來了——歷史真沒有阿Q其人？歷史上多的是呢！——至少在講臺上就站著個阿Q，那就是我自己。我就時時在做阿Q。或做具體而微的阿Q。

舉一個我個人社會行為的切實例子。

僑居美國四十年，我前二十多年是在哥倫比亞大學度過的。在那第二十三、四年時，我在哥大做個教中國文史的兼任副教授，並做個全任中文圖書部主任。據校中當時的洋上司們和學生們的講評，我底教書成績和圖書管理成績，都還不錯。但我那時職位和薪金都很低，僅夠養活老婆孩子。我平時也奉公守法，絕沒有賬目不清或亂搞男女關係；更沒有吃喝嫖賭；尤其不夠資格縱橫捭闔，搞污濁的「校園政治」。

想不到這樣一個可憐巴巴、盡忠職守了十多年的中文圖書館小職員，校方的漢學大師們忽然一下便要把我「免職」了。我有個四口之家，孩子幼小，又毫無積蓄，一旦失業，六親不認，只有坐以待斃——因為那時美國正鬧經濟恐慌，找事不易，好多博士都在開計程車。

老實說，哥倫比亞大學的漢學當局那時要把我「免職」，我本來沒有什麼抱怨的，因為我的「漢學造詣」，原是不如他們嘛。但是有四口之家的人，業可失不得！我對哥大沒功勞，也有點苦勞吧！何況那些漢學大師和我都有二十多年的交情，有的還誤認為我是「高足」呢。到現在我們還是好朋友嘛。何以寡情若此！

在那絕境之下，我想不通這個洋人社會何以沒人性至此——那時我想到要跳摩天大樓，又嫌大樓太高；想到跳赫貞江，又嫌其有垃圾污染；想買手槍，又怕有私藏軍火之嫌。……氣憤、絕望、自卑交織於懷，不知如何是好。誰知天無絕人之路，在一個失眠的午夜，我忽然「病關索長街遇石秀」的一下碰到了老朋友阿Q——阿Q的關懷，才又使我打起勇氣活了下來。

那時哥大的洋漢學泰斗有好多位，一個個都是學富五車、名滿中外的大漢學家，著作等身。偶爾應約光臨臺灣和大陸開漢學會議。昂視闊步，真是上下交欽。我這位小卒跟他們比起來，真是丘陵之與泰山也，被開除了，何怨何尤呢？

但是我要活命吃飯、養家活口，又如何是好呢？這一晚我聽老友阿Q之言，聽了一夜，終於想通了。我想：「哼，漢學！上自文武周公仲尼，下至康梁胡適馮友蘭……詩詞歌賦、平上去入、經史子集、正草隸篆……上至殷商甲骨，下至中共的簡體字……談現代史論蔣宋孔陳、評馬列毛劉……寫朦朧詩、看現代畫……如此這般……這批毛子哪個比得上俺阿Q呢？……他們開除我……哼，他們加在一起再搞十年，也比不了我阿Q一人……奶奶的，老子被兒子開除了……。」

做了一夜阿Q，思想搞通；手之舞之，足之蹈之，不禁大樂——問題全部解決，與「趙老太爺」又和好如初。

朋友，你能說「阿Q」並無此人，只是小說家的虛構，這兒分明就有個大阿Q嘛！

那晚我也在苦索丁文江博士，卻遍找不著，我那晚如找著了丁文江博士，而錯過了阿Q先生，我就活不到天亮了。

我們這個荒唐而可愛的世界裏，老朋友阿Q實在很多，精明的丁文江博士畢竟太少了，他的社會代表性也太小了。你能說只有「有一分證據，說一分話」的《丁文江的傳記》才是歷史、才是傳記？那「沒一分證據，卻說十分話」的《阿Q正傳》，是虛構、是小說？歷史上、社會上，並無阿Q其人?!其實它底社會代表性，卻遠過於丁文江博士呢。

歷史和小說的分別

所以歷史和小說的分別則是：歷史是根據實人實事所寫的社會現象。小說則是根據實有的社會現象而創造出的虛人虛事，二者是一個銅元的兩面。

再者，歷史對「過去」的社會現象所做的「解釋」，和對「未來」的現象所做的「推斷」，在傳統史學上往往是根據常識、根據傳統倫理學或玄學——辯證法其實也是一種接近玄學的推理——而現代史學上所做的解釋，則應該是根據各項社會科學所研究的成果，近人所謂「社會科學的處理」是也。

寫小說與寫歷史，其實是殊途同歸的。只是寫歷史時對敘事、對說教、對解釋、對推斷，都是單刀直入的。必要時且來個「太史公曰」、「習鑿齒曰」、「臣光曰」、「柏楊曰」等等所謂「贊論」。寫小說則只讓故事自己說話，把說教、解釋和推斷，做一些隱喻式的「藝術處理」——並不違反社會科學的「藝術處理」罷了，而小說則有其大眾化的影響，讀歷史就多少是專家之事了。

司馬遷在寫歷史、還是在寫小說？

其實筆者上述的一些話，都是「小說」被譯成 novel 以後的話，多少有點「現時觀念」（以現代觀念解釋古典）之嫌。

國人著書立說，寫寓言說教辯論，早在孔子之前，而真正寫有現代意味的小說實始於西漢之末（魯迅還否定此說呢！），班固所謂「街談巷說」是也。其實太史公寫《史記》也多半是根據「街談巷說」的。按照胡適之先生的標準，《史記》哪能算「歷史」呢？充其量算是一部歷史小說而已。不信，且試舉呂不韋的故事為例。

呂不韋的故事，大體是這樣的：

呂不韋是趙國的一個大資本家。有了錢就想搞政治。他在趙國都城邯鄲結識了一個秦國的失意王子子楚，子楚在趙國做「人質」，窮困不堪，又沒有老婆。不韋認為子楚是個「奇貨可居」，乃運用子楚的政治背景，和他呂家的錢財，搞一手資本官僚主義。

呂不韋耍政治的手腕相當下流——他把他自己一個懷了孕的姨太太送給這個可憐的秦王子做老婆。這位可憐的王子當然求之不得，乃娶了呂不韋的姨太太，並且生了個兒子。這個兒子就是後來的秦始皇，所以秦始皇實在是呂不韋的兒子。這樣呂不韋的政治資本就大了。

既然有了這樣的政治資本，呂不韋乃潛入秦國，花大錢，拉裙帶關係，大走宮廷後門，居然把失意不堪的秦王子子楚，搞回秦國當起太子來——真是有錢能使鬼推磨！

子楚當了太子不久，父親就死了，他就即位為王，是為秦莊襄王。莊襄王為感激呂不韋的恩德，就特派呂不韋做秦國的「丞相」。這一下，呂不韋可真的抖起來了。更巧是這位莊襄王也是個短命鬼。做了三年秦王就死了。莊襄王一死呂不韋就更是一步登天了——因為繼位做小皇帝的正是他親生的兒子，小皇帝的媽媽老太后又是他以前的姨太太。一手遮天，呂不韋不但當起當時七雄對峙中最強的秦國的「相國」，並在宮廷中被尊稱為「仲父」——仲父就是皇叔，這皇叔事實上是皇帝的爸爸。

這時皇太后新寡，獨居寡歡，乃和老情人、也是前夫的呂皇叔重拾舊好，時時「私通」。所幸兒皇帝年紀尚小，也管不著叔叔和媽媽私通的閒事。

可是這個年輕的小皇帝、將來的秦始皇可不是個省油燈。他年紀漸長、開始抓權時，認為他底下的宰相居然和他媽媽太后私通，也太不像話，他一注意到這件事，呂不韋就有點恐慌了。

近年大陸上也有個類似的故事，說毛澤東晚年，毛夫人江青不甘寂寞，乃時時半夜打電話給一些檯球運動員，叫他們半夜去陪她「打檯球」——其中包括有三度蟬聯世界冠軍的莊則棟。這些檯球名將每每接到毛夫人要他們半夜去打檯球的電話，都恐慌之至。恐慌之餘，這些「檯球運動員」之間，也有一句傳遍大陸的「順口溜」，叫做：「天不怕，地不怕，就怕江青半夜來電話！」

這位當今的「江太后」半夜的電話，會引起檯球國手們的懼怕。同樣的，那位兩千年前的秦太后的「半夜來電話」，也使呂相國恐慌不已。

呂相國於半夜接到太后的電話，既不敢不去，去多了，傷了皇上面子，又怕被殺頭——那如何是好呢？最後這位下流慣了的下流宰相，乃想找個替身，半夜裏來替他接電話，也替他去打檯球。

呂不韋這一著十分下流，下流到什麼程度呢？且聽我們東方三千年來最偉大的史學家太史公司馬遷對他的敘述。司馬遷寫的是「文言文」，我本想把它翻譯成「白話文」，可是我現在不能翻。不能翻譯的理由有兩點：第一，在這樣一個「群賢畢至」、「仕女如雲」的莊嚴場合，我實在不好意思用白話文來說這故事。第二則是不敢「班門弄斧」，有柏楊先生這樣高明的文言翻白話的專家——全中國第一位專家——在場，我來翻譯，絕對不會有柏老翻的那樣生動逼真。我現在只把《史記》的原文唸一遍，以後還是勞動柏老御駕親征來翻譯一下吧。

《史記》上的原文，是這樣的：

始皇帝益壯，太后淫不止。呂不韋恐覺禍及己，乃私求大陰人嫪毐以為舍人，時縱倡樂，使毐以其陰關桐輪而行，令太后聞之，以啗太后。太后聞，果欲私得之。呂不韋乃進嫪毐，詐令人以腐罪告之。不韋又陰謂太后曰：「可事詐腐，則得給事中。」太后乃陰厚賜主腐者吏，詐論之，拔其鬚眉為宦者，遂得侍太后。太后私與通，絕愛之。有身，太后恐人知之，詐卜當避時，徙宮居雍。嫪毐常從，賞賜甚厚，事皆決於嫪毐。嫪毐家僮數千人，諸客求宦為嫪毐舍人千餘人。

——《史記》卷八十五呂不韋列傳

這一段文言文我雖不長於翻譯，倒不妨講點大意，以闡述呂不韋這位 Prime Minister 是如何的下流。

司馬遷說，當秦始皇這位小皇帝逐漸長大的時候，他媽媽的私生活卻愈來愈糟。呂不韋怕他和太后私通會鬧出紕漏來。他乃找出個替身，這替身叫「大陰人嫪毐」，並叫嫪毐做些「紐約時報廣場」式的色情表演；並把這表演精采的內容，透露給太后。太后果然想要嫪毐做男朋友。呂不韋便自己逃避了太后，不必再去打檯球了。同時把嫪毐偽裝成太監去侍候太后。太后私下與他發生了關係之後，喜歡他喜歡得不得了。以後還和嫪毐生了兩個兒子。後來嫪毐恃寵而驕，把大秦帝國鬧了個天翻地覆。

司馬遷寫了這一大段活龍活現的故事，甚至說「使毒以其陰，關桐輪而行（！）」等等一些《金瓶梅》上都寫不出的話，這位太史公是在寫歷史呢？還是在寫小說呢？司馬公這種寫法，我們在《史記》上至少可找到數十條。條條可能都是道聽塗說之言，而太史公卻以最生動的小說筆調，把它們寫入最莊嚴的歷史——位居「二十五史」之首的歷史。無論怎樣，任何人也不能說《史記》不是一部好歷史啊！

所以在中國古代，文史固然不分，歷史和小說也不太分得出來。小說和歷史分家是司馬遷以後的事。今日我們寫歷史，如仿「太史公筆法」，把我們在大陸所聽到的有關毛氏夫婦的私生活（都是有相當真實性而不堪入耳的故事，如毛氏晚年抽鴉片）都寫入歷史，那還成什麼體統呢？

大人物大事件和小人物小事件

所以歷史和小說在二十世紀的今日是應該分開來寫的。

大事件、大人物就應該用「歷史」來寫。小人物、小事件，甚或大人物小事件，就應該用「小說筆調」來寫。

我個人就用英文寫了一本一千多頁的《民國史》，寫的全是大人物（這部稿子因部頭太大，迄未付梓）。我寫過抗戰期，一小時死傷千人以上的慘烈的「上海之戰」；我也曾寫過「以白骨舖成」的印緬大撤退。但是我筆下的英雄卻都是一批在後方指揮、毫髮未損的大將軍、大司令。至於浴血於前方、四肢不全、呻吟慘號、血流如注的士兵小卒則隻字未提。再拜讀拜讀其他高手的著作也隻字未提——一將功成萬骨枯，我們史學執筆者，對這千萬個衛國英靈，良心上有沒有交代呢？我們都是抗戰過來人，耳聞目睹，想為後世子孫交代一下，又如何交代起呢？這一點我想只能利用「像小說而非小說、像歷史而非歷史」的這一種寫作模式了。

再舉個例子：

我是胡適之先生的學生。目睹胡適當年那一群（尤其是最幸運的第一、二屆的「庚款留學生」）所謂有新思想的新學人，哪一個不在家鄉丟掉個「小腳太太」，而在都市另結新歡呢？其中只有一個例外便是聖人胡適。胡適娶了個「小腳太太」，大家為他錦上添花，歌頌了數十年，可是那千百個「斜倚薰櫳坐到明」底庚款留學生的「小腳棄婦」，又有誰替她們申過一句冤呢？她們吞金、她們投繯、她們跳井，那一批滿口新名詞的自私男人，正是這批可憐無告的弱女子，最後一批西裝革履的屠夫和劊子手。

就以魯迅來說罷！魯迅罵人的尖刻是世無倫比的。他為什麼就不能以他罵人的尖刻筆調來罵罵混帳的自己呢？他說他在鄉下的棄婦是「舊式婚姻」，與他沒愛情，所以要丟掉。但是他口口聲聲卻是要濟弱扶傾、拯救被壓迫階級的苦難男女！他為什麼就不能在他自己家中，先拯救拯救這一個無辜的女人呢？

魯迅罵盡了敝老師胡適。就憑這一點。我這個胡適的學生就要說：「啐！周樹人，你不配！」

這些只是筆者這一輩在諸種不同的社會中（包括袁世凱、蔣中正、毛澤東治下的不同社會，和星條旗下的洋社會）所親見親聞、而應該記錄下來的社會現象。

歷史哪裏寫得了那許多？就寫寫小說了。

雖不能至，心嚮往之。請聽眾賢達、讀者賢達，多加指教吧！

——原載《傳記文學》第五十三卷第一期

也是口述歷史

——長篇小說《戰爭與愛情》代序

那已是十多年前的事了。當美國尼克森總統於一九七二年訪問了中國大陸之後，大陸上關了將近四分之一世紀的大門，對海外華僑迓然開了一條縫，我有幾位去國三十餘年的科學家朋友們，乃幸運地從這條縫裏擠了進去。那時我們一群還在牆外徘徊底逋逃漢，對他們是多麼羨慕啊？那偉大的祖國河山，那童年所迷戀的溫暖家園，尤其是那慈愛的爹娘、歡樂嬉笑的兄弟姊妹、親人、朋友、伙伴……是多麼令人想念啊！我們焦急地等著聽他們回國探親的故事。

果然不久，他們就出來了。自祖國歸來的欷歔客中，有一位是我的總角之交，我知道他青少年時代的一切往事。他出來之後，我們日夜欷歔地談著他個人的見聞故事——這些故事太奇特、也太感人了。歷史上哪裏真有此事呢？小說家憑空編造，也很難幻想得出來！

我們細談之後，我這個搞「口述歷史」的老兵，乃想把他這份「口述」故事用英文記錄下來——那時的美國學者，訪問中國和越南出來的難民，曾是一時的風氣。口述者同意我的想法，但他的要求則是只要我不用「真名」、「實地」，他所說的一切，我都可用中英雙語發表。

可是這項工程相當大，我事忙，無法執筆，便拖了下來。

不久，我自己也拿到簽證，回國探親了。那還是「四人幫」時代。我個人的感受，和親見親聞的事實，想來我國歷史上的張騫、蘇武、班超、法顯、玄奘，乃至「薛平貴」的奇特經驗，也很難和我們相比。我住在北京的「華僑大廈」，和大廈中的旅客談來，我自己的經歷和去國時間算起來是最平凡而短促的了——我離開祖國才二十五年。雖然一旦還鄉連兄弟姊妹都不相識，但比起我的哭乾眼淚的朋友們來，我是小巫見大巫了——中華五千年歷史上，這個時代，對我們這個時代的中國人，實在是太殘酷了。

我一入國門，初踏鄉土，立刻就想到美國作家華盛頓．歐文（Washington Irving, 1783-1859）筆下的李普．萬．溫柯（Rip Van Winkle）來，他在我的經驗中，竟成為事實。萬．溫柯其人在美東克思琪山（Catskill Mountains）中狩獵飲酒，忽然朦朦睡去，居然一睡二十年。醒來摸索還鄉，景物全非——好一場熟睡。我自己不意也狩獵醉臥於克思琪山下，一睡二十五年，始摸索還鄉，也是人事全非！——歐文幻想的「隨筆」（Sketch Book），竟成為我輩經驗中的事實，能不慨然！同時在我們底一睡二十五年期間，關掉大門的祖國之內所發生的種種故事，也真是匪夷所思——太奇特了，也太扣人心弦了。

在國內與老母弟妹一住兩個月，回想起在另一個世界裏二十五年的經驗——他們全不知道的經驗——也真如「南柯一夢」！

由於上述吾友的經驗，與我個人近半個世紀以來耳聞目睹之事，太奇特了，我想歷史書上是找不到的——雖然那些故事，和歷史上的故事也發生在同一段時間、同一個世界之上。它底「真實性」和「非真實性」，也和《資治通鑑》、「二十五史」沒有太大的軒輊。「二十五史」之中的「非真實性」還不是很大嘛。所不同者，史書必用真名實地，我要筆之於書，則格於老友要求，人名、地名，都得換過。

再有不同者便是「史書」但寫舞臺上的英雄人物，舞臺下的小人物則「不見經傳」；但是真正的歷史，畢竟是不見經傳之人有意無意之中，集體製造出來的，他們的故事，歷史家亦有記錄下來的責任。

這個構想，時縈心懷。兩年多前，在一次文藝小聚時，我和那位呼我為「大兄」的編輯女作家李藍女士偶爾談起。她乃大加鼓勵，並允為我在紐約《北美日報》她所主編的副刊「文藝廣場」上，加以連載。在她底堅決鼓勵之下，並蒙她上級諸友一再邀飲，我乃每天抽出了寫日記的時間，日寫三兩千乃至七八千字不等，由李藍逐日刊出。一發不可收拾，自一九八五年六月一日起，逐日連載達兩整年之久。為免脫期，有很多章節竟是在越洋飛機上寫的，由世界各地郵筒寄給李藍——這也算是個很奇特的撰稿經驗吧？

現在把這長至六十萬言的故事結束之後也不無感慨。它祇為多難的近代中國，那些歷盡滄桑、受盡苦難的小人物們底噩夢，做點見證；為失去的社會、永不再來的事事物物，和慘烈的「

抗戰」，留點痕跡罷了，他何敢言？

讀者們，知我罪我，就不敢自辯了。

——一九八七年五月十六日於美國新澤西州北林寓所

【編者按】旅美歷史學者唐德剛教授從事民國史與口述歷史研究與寫作之餘，應紐約《北美日報》「文藝廣場」主編李藍女士之邀，竟寫起長篇小說來，這部長達六十萬字的小說，係根據作者自己以及周圍同時代朋友的經歷與體驗所寫成，不過「人名地名都換過」，所以作者說這書「也是口述歷史」。

本書發表時以「昨夜夢魂中」為題連載兩年，現更名《戰爭與愛情》。

——原載《傳記文學》第五十二卷第四期

海外中國作家的本土性

前言

從世界文化任何一個角度來看，我們中華民族實在是個「愛好文學的民族」（a nation of literature lovers）。在十九世紀以前，我們用漢文、漢語保留下的文學作品與文學史料，實非其他任何語言所可望其項背。

古人說，「六經皆史」。但是在一個學現代比較史學的人看來，我們傳統中國，官私作品，實在是「百史皆文」。寫歷史、寫函札、寫公私文告，首先著重的便是修辭和文藻。上法堂打官司，到朝廷告御狀。往往只要你文字鏗鏘，你官司也就打贏了一半。

這種風氣濫觴的結果，往往就以辭害義，在敘事的精確性上和在論理上的邏輯性上，都受了影響。汽車二、三輛，朋友七、八人，講起來多麼順口、好聽、有文學情調！管他是二輛三輛呢?!七個人或八個人呢？

因此做「馬虎先生」也是我們生活方式中的「本土性」之一種吧。

子曰：「必也正名乎！」我們要談「華裔海外作家」的「本土性」，先得把「本土性」來下個明確的定義。

「本土性」底定義

在這世界上，每一個特殊民族，都有其與眾不同的特殊文化傳統，和與眾不同的生活方式，和由這個特殊傳統、特殊生活方式，所孕育出來的特有的民族心態——這一特殊民族心態，就是所謂「本土性」。這在英文辭彙裏通俗的說來，中國人的本土性則是 The Chineseness of the Chinese.，沒有中國「本土性」的中國人，在七十年代美國少數民族運動中，往往被激烈分子詛咒成「外黃內白的『香蕉』」（banana）。其實近百年來的北美洲，乃至今後一百年的北美洲，也不會有百分之百的「香蕉」——既然「外黃」內心亦不可能「全白」。話說到底，縱是「全白」，也並不是什麼「壞事」，因為「全黃」也不代表什麼「好事」Chineseness不是個道德名詞，它只代表一種「民族心理狀態」（ethnic-mentality），而這個狀態，也是或多或少，永遠地流動著，它不是一成不變的。

歷史上沒有「沒有本土性的文學」

至於海外華裔作家是否保存有其「本土性」呢？回答這一問題，我們首先得把所謂「世界文學」搜搜根。三四千年來，我們在歷史上還未發現過一篇「沒有本土性的文學」。摩西、耶穌、穆罕默德，承受「上帝」意旨，為全人類造福的《新、舊約》和《可蘭經》，應該是「太空性」、「宇宙性」而沒有其「本土性」了。朋友，你去讀讀這三部「經書」，試問世界上還有哪一部書，比這三部聖書更有「本土性」?!

四大皆空的釋迦牟尼應該是「工人無祖國」了。朋友，再讀讀《金剛經》看看，你就知道那位印度．歐羅巴教主的本土性之重啊。等而下之，從古希臘的荷馬、古印度的吠陀，和我國古代的《詩經》——詩經上不但具有「中國」的本土性，「本土性」之內又可分出不同的「區域性」，所謂「國風」——他們底本土性之重還要說嗎？

歷史上更沒有「沒有本土性的作家」

這個世界上有很多國際性人物，每好以「國際性」自詡，排除「本土」大搞其「國際」。

左翼的賢達們近百年來，曾搞了四個「國際」。三個都垮了，還剩個不死不活的「第四國際」，現在還在敝大學的街頭地攤上拉客、賣書。

最誠心誠意、丟掉國籍、到海外荒島上去做「無國籍的公社」居民的，要算若干美國「嬉皮」了。

在七十年代的初期，筆者自己所教的班上，這種雜色「嬉皮」便層出不窮。他（她）們都自吹無本土性，要做「世界人」（people of the world），到荒島上去住commune。我就提醒一個青年，使他大澈大悟，終於退出公社——我的警語很簡單：「你是什麼鳥『世界人』，你只是個American hippie！」「嬉皮」是六十年代極端個人自由化的美國「本土性」的具體表現。他跳不出這個「唯心」的牢籠，而自吹是得到「解放」，衝出了「地獄」，可憫亦可笑也。

文學這個東西，本來就是用來反映一種社會生活方式，和在這一「宏觀」的體察下之社會中，反映某一個體的心理狀態底一種工具。「我知故我在」。但是問題是「知」從何來——人非生而「知」之者。洪秀全認為他的「知」是來自「上帝爸爸」和「哥哥耶穌」，其實洪秀全本身該揹了多少「本土性」，洋涇濱的上帝皮毛而已。

「本土性」連這個「天王」都擺脫不了，哼！你這個坐飛機逃出中國的小作家，想擺脫嗎？

世界上也沒有「沒有本土性的語言」

不特此也，「語言」（language）的本身就是個運載「本土性」的工具，它也是在「本土性」的熔爐裏鍛鍊出來的產品。因此任何語言都帶有該語言的本土性，任何使用此一語言的，也就被它傳染——污染或感染——而帶有各該語言的本土性。

語言是表達使用這一語言的人群——尤其是作家們——內心思想的工具。這種人群內心的思想，也就鑄造出這一語言的特徵，例如造字、造句、成語、文法……等等。因而它所含蓄的「本土性」也特別的重。

舉例以明之。我們中國人一向認為「朋友」是「五倫之一」，有「通財之『義』」。因此，中國人合夥做生意，往往不訂契約。大家結合只靠寧波佬所說的「一句閒話」——「然諾重千金」，「疏財仗『義』」。有這種「心態」，因此漢語中也有這個「詞」叫「義」，俗語叫做「義氣」。而這個「義」字，便是所謂「中國本土性」的具體表現之一種；「義」在其他文字中、便找不到「同義字」——英文中就沒有這個「詞」。例如說，「某人很義氣——」這句話在英文裏簡直就無法翻譯。

所以「文字」實是含有「本土性」最強烈的一個「社會交通工具」。一個作家如果能純熟使用某種文字，他就必然會受某種文字的「本土性」所感染，是深是淺、是好是壞，那是另一問題。所謂「海外中國作家」都知道，用某種文字來「講」或「寫」，你也必須用同一種文字來「想」，這樣的「講」和「寫」，才能臻於嫻熟，達於化境。「講」和「想」用同一種「外國語」，是學習「外國語」的第一關。沒有這個「突破」（breakthrough），所謂「外語」，是不可能純熟運用的。用某種文字去「想」，你就不可避免地帶有某種文字的「心態」或「本土性」了。

因此凡是用「漢語」（臺灣叫「國語」，新加坡叫「華語」，大陸上叫「普通話」）去「想」的「中國作家」，他們就必然有其「大同小異」的「中國心態」，也就是「中國的本土性」了——中國方言（如粵語、滬語、閩南語、客家話）也是「漢語」的一部分。說這種語言的人也都具有「中國心態」，不過今日海內外的「中國作家」（包括「臺灣」或新加坡的「華語」作家）所使用的文字，仍然是所謂「國語」（普通話或華語）。用中國方言所寫的出名的「文學作品」，大概只有一部用蘇州語的《九尾龜》——其他則只限於一些「方言」譯的《聖經》了。

所以臺海兩岸的中文作家們，隔離了三十多年之後，不管雙方有何種不同的「意蒂牢結」，不同程度的西化、洋化、異化或赤化，他們都根本上具有相同的「中國本土性」——大同小異的「本土性」（漢語如一旦被全盤「拉丁化」了，那就又當別論了）。

能使用相同語言的人，就自然會具有「大同小異」的「本土性」；使用兩種完全不同語言的人，他們往往則是兩種「心態各異」底不同的動物，雖然他們體質上長的是一模一樣的——這一現象在新加坡和美國華僑社區都極其明顯。

在新加坡那些專說「華語」和專說「英語」（著重個「專」字）的「新加坡人」，便是兩種不同的「新加坡人」，一望而知。在美國則ABC（土生華僑）和CBA（移民華僑）也是截然不同的，雖然他們沒有像在新加坡那樣的明顯和尖銳——因為在新加坡，往往兩種人都是當地土生的。

至於寄居海外的「中文作家」們，究竟保留了多少或何等樣的「中國本土性」，那就要牽涉到文化外流和移植的基本問題了——文化外流的方式和過程、移植區內土壤的性質、移植區內其他文化的阻力和誘惑力，也就是「文化衝突」（cultural conflict）的問題。這些對外流文化「本土性」之存亡、深淺，都有其決定性的關係。

「本土性」的保存與保守

大體說來，一個文化之外流，亦如江河之氾濫。水是向低處流的。它如流向一個原始、落後、貧瘠的低窪地區，那這個文化整體（cultural entity），包括語言文字、風俗習慣，就要像黃河決口，淹沒一切。白人（Aryan People）文化之入侵古印度，與現代非洲、美洲，就是個最大的例子。

今日所謂「非洲文學」（黑文學 Black Literature），和南美洲的「拉丁文學」（或黑西班牙文學 Hispanic Literature）都是用歐洲文字寫的。連那個得「諾貝爾文學獎」的印度大詩人泰戈爾的作品也是用英文寫的。

我漢族在東亞大陸，三千年來滾雪球式的發展，也是遵循這個程序進行的。東去朝鮮的箕子，南下廣東的趙佗，都是這項文化擴張中的英雄，至於無名英雄，那就更是千千萬萬了。

但是一個文化向外發展——也可說是「文化侵略」吧——如果碰到土著文化的抗拒，那就要看抗拒者阻力之大小，來決定入侵者「本土性」之流失與變質的程度了。換言之也就是在這「文化衝突」的戰場裏。能保留多少其挾帶出國的「本土性」了。

如果抗拒者的文化，遠低於入侵者的文化，則這個入侵者或移植者就必然抗拒與土著文化合流。它要用盡一切方法，來排斥土著文化，來保留其移植者的「本土性」。古亞里安人之入侵印度，和古猶太民族之被迫向四方逃亡，都是這樣的。古亞里安人要保持他們原高加索的「本土性」，為患印度之烈（例如印度的階級制 Caste System），至今未泯。

猶太人之逃亡，則是一種「高級難民」，所到之處，不願與土著合流，以保存其本土已失的本土性，乃形成世界各地、自我封閉的「猶太社區」（ghetto），他們歧視土著，土著也歧視他們。年久成習，演變成惡性循環，就促成有世界性的「反猶運動」（anti-Semitism）了。

我們移民南洋的華僑，和猶太外移也有異曲同工之妙，引起我們和土著之間的歧視與反歧視的循環。猶太人在各地都保留了他們的語言文字、風俗習慣，我們在南洋，亦復如是。

再者，一個向海外移殖的民族，在歷史上（此地強調「歷史上」三字，它和「目前情況」，又略有不同）往往是各該民族的下層階級（體力勞動者）和避難的「逋逃客」。他們為著衣食之謀，或狹隘的宗教信仰，偈處異邦，很難搞文化改革（是壞是好又當別論，例如中國大陸上的「五四運動」和「文革」）。他們因此在生活和思想上，較之祖國人民，且更為保守，也就更具「本土性」——祖國在社會發展上的急劇變化（好壞不拘），而僑社卻保持著它靜如止水的舊文化、舊傳統，也就是保留了高度的「本土性」。有許多傳統的風俗習慣，在祖國可能早已泯滅，而在僑社則繼續通行無訛。這種保守性的聚「族」而居的華裔海外僑社如「唐人街」或「中國城」，因而就形成「唐人社區」（Chinese ghetto）。

「本土性」的漂失

這種在經濟和文化比較落後的地區，往往可永遠保存，甚至「獨立建國」如新加坡（事實上「南非」和拉丁美洲的許多小國，在文化上，也是歐洲白人的「新加坡」）——但是這現象多半是「水向低處流」、久積成湖的結果。一旦流水遇高邱——一個移植的文化，碰上一個更多彩多姿、更豐富文明的阻力，那就要發生「倒流」甚或「滅頂」的現象了——我華族向北美洲移民，現在就發生了這種現象——在北美洲我們鑽入了一個物質上超高度發展、文化上更多彩多姿的現代文明圈中，在這個「文化戰場」上，我們底「第一代」，尤其是知識分子圈內的第一代，在保持「本土性」之肉搏戰中，已是「且戰且走」、「屢敗屢戰」、「可泣可歌」（有的也就乾脆放下武器，投降了！）。我們的「第二代」，尤其是知識分子階層，其中尤其是「高知識層」的子女，他們還在襁褓之中，早就「全盤西化」了。

可悲的是：在中國旅美高級知識分子的第二代的圈圈裏，「中國本土性」早已變成孩子們生活中的「噱頭」和「笑料」——他們都是百分之九十的「洋基」和「香蕉」，Chineseness 云乎哉?!

聚居在 Chinese ghetto 中的子女雖稍勝一籌，但是一旦展翅「單飛」，脫離了 ghetto，「本土性」也就微乎其微了。

所以在北美洲我們華裔的本土性之保持，全靠「第一代」——在中國僑美的「中文作家」中，也只以「第一代」為限；「第二代」的華裔作家中，就不能再用中文寫作了。這在新加坡則不然——我個人在新加坡遇到好多第二、三代的「華文作家」，這在美國是不可想像的。

一言以蔽之，這就是個文化「水平」的問題。東南亞的土著文化，一般在當前漢文化的「水平」之下，所以我們可以「水到渠成」。美國當前的文化，則在我們的「水平」之上，我們只能在深澤低沼中，搞點封閉的「藝脫」文明，一出沼澤就被人淹沒了。

但是本土性之漂失，並不是什麼了不起的壞事。因為事到如今，沒有哪一家文明是可不受外界影響而單獨存在的。如果一宗文化水平太低，或太古老，它就必然受到外來文化的影響或侵略；反之，它就必然向外擴張和影響別人，以鄰為壑，來淹沒別人。我國古代文明之擴張屬於後者；現代文明之含辱蒙羞，則屬前者。不是我活，就是你死，哪有了局？和平共存，則中外文明終有拉平之一日。

中國文學不是個孤立的東西；它是中國文明中最敏感的一部分。只要中國文字永遠使用下去，中國本土性就不會消滅，但是它在外力衝擊下而崇洋、而部分西化，則是難免的。有朝一日，它的水平提高，它也會向西方倒流的。

所謂「海外中國作家」，只是「中國作家」的延伸。海內外「小異」多已哉，「大同」則是逃不了的。

——原載《傳記文學》第四十八卷第二期

「惑」在哪裏？

——簡論中共政權四十年

今年十月是中共政權建立的四十週年。在中國傳統中的偉大朝代裏——如兩漢唐宋和明清，最初的四十年照例都有個大治或小康之局。國泰民安，以臻於鼎盛。可是我們歷史上最近的這個紅色朝廷，成立也已四十年了。我們當代史家，如試一回首，真感心痛難忍。我們及身所見的四十年裏。豈只國不泰、民不安？從五十年代開始，由「人民政府」自己所發動的什麼三反五反、鎮反肅反、反右、大躍進、文化大革命到今日的天安門鎮暴殺人……，把苛政猛於虎延長了四十年；冤死百姓數千萬，全國人民一窮二白，在極權暴政統治下，呻吟嗟嘆，道路以目。真是國史所未有、世界史所少見！

孔子曰：「三十而立，四十而不惑。」中共政權年四十而「惑」未止，其故安在哉？要把這個「惑」的問題搬出來詳談一番，那只有寫部「二十七史」的大書，才能略窺梗概。筆者欲以數千言之短篇來探其原委，真是談何容易。然我輩生當其時，禍福身受。四十年而大「惑」不解，每個成熟的華裔男女，難免都有骨鯁在喉之粗見，試一吐之，也或可就正於同胞。

似是而非的立國理論

就四十餘年來管窺所得，愚深覺中共政權之基本大惑，實肇因於「似是而非的立國理論」。中共之立國理論為其所篤信不疑的所謂有「普遍真理」的「馬列主義」。為使馬列主義符合中國的特殊條件，乃演繹出「毛澤東思想」。因此中共近四十年來的經國治民都是以毛澤東思想為依歸，它也是十億人民的禍福之源。但是「毛澤東思想」究竟是個什麼東西呢？射人先射馬，我們應該摸清它的底子。

「毛澤東思想」這個名詞，是一九四五年中共召開「七大」前後，劉少奇一手吹捧出來的，原曰「毛澤東主義」。毛氏自知其底子無啥「主義」之可言，乃婉卻「主義」一詞，改為「思想」。「七大」通過的新黨章乃把「毛澤東思想」與「馬列主義」並列，成為「中國」共產黨的新聖經，毛氏乃變成黨內半人半神的新耶穌。

劉氏當初搞「毛澤東個人崇拜」（少奇自己的話），目的只是一種「黨內鬥爭」的工具，以其統一意志、集中力量，來對付七嘴八舌的王明等國際派，甚至強迫有見識、有力量的周恩來也閉起鳥嘴——所以終毛公之世，只有他本人可以出有理論性的《選集》，毛之外，也只有劉少奇才可以發表點有指導性的論文如〈論共產黨員的修養〉，和〈論黨內鬥爭〉等數篇而已。

毛澤東既然包辦了有四千多萬黨員的中國共產黨的政治理論，那末《毛選》中究有些什麼高論呢？

對我們熟讀《毛選》、細窺毛行的中國近代史專業人員來說，「毛澤東思想」蓋可分為三部門：一，詮釋馬列學說和唯物論的純學理著作；二，權一時之宜的有實用效驗的政治軍事社會經濟等方面的言論；三，言教之外，一位開創新時代的「導師」級人物所應有的「身教」——例如胡適。胡適在中國文化史上的作用，除掉「言教」之外，是他開創新時代，和確立「新道德」的「身教」。

且看毛公「純理論」的著作，有些什麼呢？他老人家活了八十多歲，一共只寫過三篇談學理的著作。第一篇叫〈辯證唯物主義論〉（曾發表於一九四〇年的《民主》雜誌上。這是一篇很膚淺的抄書之作。毛氏自知這種作品，在學術界，上不得檯盤，就沒有收入他底《選集》了），另外兩篇便是《毛選》第一卷中的〈實踐論〉和〈矛盾論〉。

這兩篇毛氏頗為自豪的所謂「二論」，實在是毛澤東教授於抗戰初期，在延安「抗日大學」和「馬列學院」中授課的講稿。他用的教科書，顯然是艾思奇著的《大眾哲學》（一九三四年《申報》讀書生活副刊初版，其後一共發行了三十二版），和艾思奇譯的《新哲學大綱》（一九三六年初版，三七年再版），尤其是後者。

《新哲學大綱》的老底子是俄文《蘇維埃百科全書》（似乎是第二十一卷）的理論篇。這理論篇諸多理論如「否定之否定」等，其作者都是署有真實姓名的。不幸這些俄國作家後來均被斯大林所囚殺，上述百科全書乃被封禁（今日在美國國會圖書館和哥大、哈佛等校圖書館，還可以找得到）。

但是該書在三十年代初期有日文譯本。艾思奇當時在日本留學，乃把這理論篇由日譯轉漢譯發行，就是這本《新哲學大綱》了。「西安事變」後，國民黨書禁鬆動，左翼書籍大量流入延安，它也就變成毛教授的教科書了。

艾思奇那時才二十來歲，是一位文筆流暢、思想新穎、才氣縱橫的小魯迅。他底通俗作品，在我們那時追趕時髦的左傾青少年群中，真風靡一時。筆者不學，在高中二三年級時即熟讀艾著，對《新哲學》亦竟能倒背如流。嗣後考入大學，接觸到毛著三論，也就不以為異。蓋覺毛姓「教授」，抄襲艾著「教科書」，原是天經地義的。敝沙坪壩大學內若斯之名教授，亦舉手可指，有什麼稀罕呢？可是後來於五十年代初期在海外讀到大陸發行的新版《毛澤東選集》第一卷，那就大驚失色了。——這種整段整段的抄自教科書的「講義」，怎能鵲巢鳩佔、剽竊發表為自己的「著作」呢？此事如發生在學術界，豈不騰笑西方、打爛飯碗?!

再者，「大盜劫人」，原可「不傷事主」嘛。毛公白話文甚為「清通」（他底老師胡適對他的評語），原可改頭換面一番嘛，何必生吞活剝呢？例如艾譯取自日譯，把許多有日本味的詞彙（如「感性」），都加以保留。毛抄艾譯時，抄者對原意不清，不敢以他底「清通」的白話文來剔除「日味」，乃一仍其舊，這也是《毛選》的美中不足罷。

更可駭異的則是，解放後，三十年代左翼作家的革命之作均大量再版三版的發行。唯獨這解放前銷行至三十二版的《大眾哲學》和一版再版的艾譯《新哲學大綱》，卻在市面絕跡，其故安在哉？

尤其可悲的，則是無知的國民黨特務們，把艾思奇趕到延安之後，他也只好對自己的門人毛氏，俯首稱臣。解放後，在全國一致學習「毛澤東思想」的氣候之下，艾思奇竟也追隨於郭沫若輩之後，做了「毛主席的小學生」，寫了些〈學習「矛盾論」輔導報告〉、〈毛澤東對馬克思主義哲學的貢獻〉……一類的文章。「打掉牙齒和血吞」是何種滋味？這位以五十六歲的中年便抑鬱而逝的艾思奇教授，泉下有知當能道其三昧。讀者不信，去問問他底遺孀遺孤，或也可略探艾氏生前的心境。

吾友夏志清教授曰：「毛澤東本來沒有什麼『思想』。『毛澤東思想』是別人『研究』出來的。」觀夫郭沫若、艾思奇諸「小學生」，研究毛澤東思想之過程，則夏氏之言，或亦有其部分之真理乎。

堅持這種思想，以為經國之大業、不朽之盛事，則欲朝政之不謬者幾希！

荒唐透頂的「不鬥行嗎？」

以上所述是毛公的純學理著作。有人或要問，政治思想原是衣鉢相傳。抄襲他人為自己宣揚，固有損私德，然與政治信仰，又何傷哉？

此語誠然。但問題在於抄襲之後，抄書者對這門學問究竟有多大深度的了解，此一也。抄書抄出些自己「思想」之後，據此思想以打擊對手方（如資本主義、民主政體等），對對手方又有多少知己知彼的了解，此二也。以上二點如只形諸筆墨言語，動口不動手，亦無傷也。但如有軍閥官僚、獨裁黨魁，率百萬大軍、千萬黨徒，強不知以為知，硬性的來實行其主義和思想，順我者生，逆我者亡，那就民無噍類矣。

今且看第一點。毛抄艾著之後，對唯物主義、辯證思想，究竟搞通了多少呢？答案是完全否定的。一葉知秋，從他言論細處均可看出。文革之前，王若水先生靈感突發，想出了一篇〈桌子的理論〉來。大意是說，造桌子的木材原是「物」，但是誰把這些「物」又拼成個「桌子」呢？所以製造桌子的背後還有意志夾於其間。

毛澤東驟聞此語，不禁茅塞頓開，大為讚許，認為若水有獨到之見。

天啊！這獨到之見，本是希臘哲學「唯心主義」的基本理論。他們認為宇宙之間，一切都是物，除掉物，便什麼都沒有（見毛著〈實踐論〉）。但是哪位仁兄把這些「物」整理得如此有條有理呢？子曰：「四時行焉，百物生焉，天何言哉！」孔聖人認為把這些「物」搞得有條有理的是「天」，天有「天意」，天有「天理」。已故的于斌主教說，不是天，是「上帝」，「上帝是最後之『因』」。古希臘的「唯心主義者」則認為「物」之後，還有個「心」——「桌子」之後，還有個「意志」！

毛澤東這個「唯物主義者」卻誇獎了王若水的唯心主義——毛公懂得些什麼唯物主義呢？——他連常識也沒有。搞抽象學理，毛澤東邊也未摸著，而他竟然是轉移時代的共產中國「偉大的導師」（這是毛氏自我肯定的頭銜），真是我們民族智慧的悲哀。

本來嘛，「自古帝王多無賴」、「劉（邦）項（羽）從來不讀書」。搞學問原是我輩書酸子的事，怎能厚責於毛澤東、鄧小平等英雄人物呢。但是英雄們如只談點哲學文學，出版點御製詩詞，充充殼子、裝裝門面，則我輩書生，只有捧場的份兒。可是你掌握了機槍坦克，實行起戈培爾主義，認為騙人騙久了，自己也可以相信起來，那我們就要筆之於書，揭揭底子了。因為以自己也不懂的牆上標語，來把億萬無辜老百姓，整得不見天日、家破人亡，那實在太殘酷、太無知了。

君不見，毛主席搞「階級矛盾」、「敵我矛盾」、「內部矛盾」乎？千萬顆人頭落地；夫妻相揭發，父子相告密，不都是他老人家抄書、抄了艾譯〈矛盾論〉之結果乎?!

毛公名言：「有八億人民的大國，不鬥行嗎？」這就是「一言喪邦」的標準例句了。「有八億人民的大國，為什麼不鬥就不行呢？」我受盡苦難的十一億親愛的同胞，和四千七百萬明智的中國共產黨黨員，現在應該用自己的頭腦想想了。我們「句句發金光」的偉大導師，抄書抄出了毛病，便是我們獨裁的執政黨四十年來的萬「惑」之源啊。

剛愎自用的領導層階

再看看毛氏對他底國際敵人、階級敵人的文物制度又知道多少呢？近三百年來底現代化運動的基本要義，厥為尊重「人權」。可嘆的是我們的毛主席，竟不知「人權」二字做何解。一九六五年冬季文革初起時，毛氏曾有一段有關「人權」的講話。他說：

……「天賦人權」、「天演論」也不能用。只能用西方的技術。什麼「天賦人權」？還不是「人」賦「人權」。我們這些人的權是天賦的嗎？我們的權是老百姓賦予的，首先是工人階級和貧下中農賦予的。……

——見一九六九年八月大陸編印出版的《毛澤東思想萬歲》頁六二四—六二五

上引《毛澤東思想萬歲》是大陸出版有關毛氏言行的內部資料最有原始性的一部書。在毫無掩飾的、真正的《毛澤東語錄》中，我們才能看到所謂「毛澤東思想」的真面目。

「人權」者，原義為「不可分割的個人權利」（inalienable civil rights），自由平等、吃飯穿衣、討老婆、生孩子、信宗教……，皆是也。嚴幾道大師為求譯文之「信雅達」也，乃翻之為「天賦人權」。斯為一般大學一年級政治學教科書上條析分明之常識，而毛主席竟忽略之，始有此無可原諒之錯誤。

最近鄧公小平接見某外國使節時，不也批評過英美政制的「三權分立」嗎？說三權分立是一種沒有效率的「三個政府」！

毛「主席」、鄧「班長」（小平自封）者，今日紅朝之「太祖」、「太宗」也。其對現代政治思想，隔閡若此，豈不令人驚嘆！

筆者點出上述兩端為例，絕無意出毛鄧二公之「洋相」。蓋西方民主政治哲學之內涵，亦如馬克思學說之精義，對我輩東方人說來，全為新奇之洋貨。毛鄧諸公日理萬機，哪有時間來讀什麼「大學叢書」呢？或什麼「政治學ＡＢＣ」呢？

可是「知之為知之，不知為不知」。如果強不知以為知，剛愎自用，搞他個不知己、不知彼的「敵我矛盾」，那就是昏君了。所以吃毛鄧二公那行飯的，都應學學唐太宗，搞個十八學士的智囊團；或者學學老美「人民總統」傑克遜，組織個廚房內閣，虛懷若谷，隨時諮詢一番，才不失為明君賢相——當然蘇秦、張儀或季辛吉者流，是不應該讓他們亂入廚房的。

老實說，中共開國領袖數十人，自己水平甚高而又有虛懷若谷之雅量的，只有周恩來一人。不幸在這個領導階層中，周公之外，多半都是無知而有權、剛愎自用的草莽英雄。白沙在涅與之俱黑，卒使老周，長材莫展，和稀泥和了一輩子，豈國運也夫。

再者就以領袖人物的「身教」而言，能躬行之而不感愧怍者，亦只周公等三二人而已。偉大導師晚年之好色、好權、殘酷、奸詐，無不達其巔峰，龍馭上賓之前，才深悟前非，而開始「羨慕周恩來」，然已悔之晚矣。

試觀近代世界各國興隆昌盛之史實，其開國領袖們之品德、學識，均是關鍵。二百年前老美開國時，人才之鼎盛，世豈有匹？縱使向偏鋒發展的日本明治維新，其君明臣賢，亦極一時之盛。反觀我們紅朝開國之初，史家如秉筆直書，究有幾人風範能比得上「古大臣」，遑論今哲？這或許也是四十而惑未解的主要原因之一吧。

兩個偏鋒一個極權

當然我們搞歷史的，對當朝領袖也不應苛求。第一，他們搞無產革命的，多半出身寒微，教育有限，而又身經百難，九死一生。啃馬列、讀杜威，通經致用，非若輩之長也。

第二，中國近代史原是一部自古代宗法社會、農業經濟，轉向全民政治、工業經濟的「轉移時代」的歷史。毛鄧二公，乃至華國鋒、楊尚昆如生於此「轉移時代」之前的「帝制時代」，他們都可做皇帝、做宰相而不失大體。因為積三千年之經驗，我國帝制規章，頗為完善。當政者，只要不太顢頇而按牌理出牌，自然就可以「你辦事、我放心」了。

不幸的是他們都生在這個一日千變的「轉移時代」，老辦法行不通，沒有點新時代的知識，則國家大事，甚至家庭小事也就不大好辦了。更不幸的則是他們為尋找新制度，而走入馬列之途。馬列者何？曰，西方正統文明之偏鋒也。「偏鋒」是否可以打倒「正統」，吾人不知也。而況若輩之對偏鋒也並未能真正掌握，其情已如上述。

尤可嘆者則是由於篤信一西洋偏鋒，而對東方文明之正統亦加以全盤否定。以孔孟學說為中心的東方文明雖亦早已不合時宜，然究為三千年民族經驗之成果，全民文物制度、風俗習慣之所托。一旦加以全盤否定，則全國人民便頓失安身立命之所。所以中共之膽大妄為實遠甚於五四時代之過激派。五四諸子只是全盤否定自己的正統文明，卻全部肯定西方的文明正統——所謂「全盤西化」、所謂「科學民主」皆是也。而中共則一桿打翻兩條船、中西正統文明一併否定之。

中西正統文明既被全盤否定，剩下的便是百家俱廢、馬列獨崇了。馬列者，馬克思主義之哲學內涵，列寧主義之極權形式也。前段已言之，毛公對馬克思主義之了解，竟幼稚到荒謬可笑的程度，所謂「畫虎不成」也。而更不幸卻是中共諸賢對列寧主義與其接班而來的斯大林主義之學習，卻後來居上，「青出於藍」。

「列寧主義」、「斯大林主義」又是些什麼東西呢？長話短說，二者是所謂「西方文明」（western civilzation）中「極權政治」（totalitarianism）之最高形式也。它一旦傳入中華，毛主席接棒之後，鶵鳳清於老鳳聲，「毛澤東思想」乃凌駕列斯二主義而上之。毛公因此也成為世界史上第一號大獨裁者。以毛公對中國四十餘年之極權統治，下比希特勒、斯大林對德俄之獨裁，則希斯二魔只配做袁紹父子，「豚犬而已」。

大陸上文化界一位倖存的「老運動員」——這個名詞不需解釋吧——告我說：「斯大林搞的只是個『鐵幕』，毛澤東搞的則是個『鐵桶』！」從現代政治學學理上看，則俄德兩邦無非是兩個「警察國家」（police state）而已。君知否？一個沒有警察的警察國家（a police state without police），如毛公治下之中國者，才是「警察國家」之化境呢！這就是我們「毛澤東思想」的主要內涵呢，也是毛公他老人家在人類統治學上空前的貢獻吧！

前已言之「毛澤東思想」之純學理部門，原是一部遮羞說謊書，不值一提。但是次一部門卻是一部有高度實用效驗、充分利用「黑貓白貓」哲學的經驗主義。《毛選》中有很多篇政治論文，如〈新民主主義論〉（一九四〇）、〈論聯合政府〉（一九四五）、〈論人民民主專政〉（一九四九）；軍事論文，如〈中國革命戰爭的戰略問題〉（一九三六）、〈論持久戰〉（一九三八），和一些管制臭老九的論文如〈延安文藝座談會上的講話〉（一九四二）等等都是擲地有聲、有高度實用價值的活文件。它們摧枯拉朽之力，絕非當時他的對手方國民黨的一些冬烘理論家，滿口「文武周公」，所能抵制得了的。雖然毛的這些著作也並無「原始性」（originality）——政治論文是出於原「第三國際」有關統戰的指示，主要內容是斯大林主義；軍事多半出諸紅軍大學校長劉伯承之手筆；文藝講話的藍本則取自蘇聯的布列漢諾夫（Georgy Valentinovich Plekhanov），但是在這些方面毛氏畢竟能活學活用之。老實說，紅朝的天下，便是毛氏這幾篇文章打下來的，這也就是今日鄧小平輩從龍之士，感恩戴德，口口聲聲，「沒有毛主席，就沒有新中國」的內容所在。不過「打天下」的本事，終不能用之於「治天下」罷了。

可是話說回頭，毛澤東何以理論水平若是之低下、而實用水平又若是之高哉？無他，毛澤東是個聰明的土包子——拙於「洋」，而精於「土」也。因此毛澤東思想的背景除掉列寧、斯大林之外，他還有一群土老師：申、韓、商鞅、秦始皇、李斯……皆是也。老實說，論極權之道，對異己恐嚇詐騙，對百姓劃地為牢；論「以愚黔首」；論「以吏（幹部、黨員）為師」；論「馭民以『法』（王法、刑法）」；主國政用「權」、用「勢」；論對付「臭老九」既「焚」且「坑」……則列寧、斯大林那股掩耳盜鈴的娘娘腔，比起我國古代，光明正大、赤裸裸敢做敢為的「法家」諸祖來，還是小巫見大巫呢！

毛澤東平生最服膺秦始皇。一再說「當年『焚』『坑』費商量」，什麼「千載猶行秦制度」。郭沫若罵秦的「十批不是好文章」。毛要替秦始皇平反，認為秦皇「略輸文采」，焚坑不夠徹底，因此他自己才大開殺戒。殺掉數千萬無辜，割掉所有臭老九的尾巴——終使列寧、斯大林、希特勒相形之下，都瞠乎其後矣。

所以我們可以說，「毛澤東思想」者，雜糅「列寧主義」、「斯大林主義」、「法西斯主義」與中國古「法家」於一爐而超越之也。

「法家」者何？中國正統文明邊緣之偏鋒也。毛澤東就是抓住了中西文明中的兩大偏鋒，打倒正統，製造出一個空前絕後的極權體制來——我國十億老百姓的禍福之源，應自此求之。

指列為馬的政經失調

或者讀者們要問：極權政治有如此強大之能力，幾乎無事不可為。毛澤東搞「大躍進」時，便口口聲聲自吹有「九千萬人上陣」！九千萬人上陣，何事不可為乎？為什麼搞了四十年，還是一窮二白、文盲兩億呢？這就牽涉到「現代化運動」中的「教育」與「經濟」兩大關鍵了。

二次大戰後之各國現代化運動的現實已充分證明，「政治極權」與「經濟發展」是絕對相剋的。政治愈集權，則竭澤而漁的國防工業可以一枝獨秀，而民生製造工業（civil manufacturing industry）就愈要滑坡；相反的則是，國民經濟愈發達，則極權政治也就愈萎縮。

毛氏中國的現實則正是前者。經濟上不去，則教育即難普及。教育不普及，則經濟便永遠落後。雞與蛋或蛋與雞，無法分其先後也。

再者搞極權政治，亦「馬」、「列」有別。馬克思博士認為，歷史的前進，以「生產的社會關係」為主導。簡言之，即勞資關係為一切政治社會現象之基石。經濟發展是政治變化的原動力，「經」在「政」前也。

而列寧主義則反是。列寧主義是以「政治掛帥」為基本原理的。經濟之上下與社會之變遷，一切聽命於政治。簡言之，則「政」在「經」前也。我國歷史之發展，兩千年來照例也是政在經前的。此一傳統發軔於「法家」，後來搞「霸王道雜治」（漢宣帝告太子語），和搞「陽儒陰法」的歷朝君臣，也都相率奉為圭臬，未加變更。此即毛澤東所說的「千載猶行秦制度」也。筆者於另篇拙文〈國家強於社會〉中，曾詳析，茲不多贅。

依在下管見，近月「天安門大屠殺」，弄得一糟至此，即因中共「指列為馬」，「堅持」違反馬克思主義的「毛澤東思想」，和「政在經前」的中國法家老傳統相結合的必然後果。

中共搞了四十年的「政治掛帥」，鑄造了一個政在經前的黨天下，把國民經濟，搞得奄奄一息。毛死鄧繼之後，小平深知，經濟如不開放，則中共政權必然是死路一條。這本是鄧公卓識，戈巴契夫，鄧之門人而已。但是在中蘇這兩個政治死卡住經濟的極權制度之下，政治如不率先開放，則經濟便無法跟進。可是政治如果也開放——「開放」一詞，在中南海居民的術語中，叫做「退」，政治如果一「退」，在這些老貴族們看來，那就要動搖紅色政權的國本、黨本，尤其是諸位養尊處優的老居民，七十載革命的老本。所以他們決不能「一退」、「再退」。他們寧願殺二十萬學生來保住陣腳，絕不後「退」。

因此堪憐堪憫的鄧小平在此進退維谷的情況之下，就變成毛澤東所說的歷史故事「葉公好龍」中的葉老頭了。葉公好龍，一旦真把龍引來了，老頭可被嚇得半死。鄧公好「開放」，一旦胡耀邦、趙紫陽真把「開放」引來了，老鄧也嚇得半死。所以鄧之絕胡驅趙，非小平個性狠辣如毛、反覆無常也。他只是個「好龍」的葉老頭罷了。

但是蘇聯的戈巴契夫仁兄，何以好龍而又敢豢養之也？無他，戈氏已是「布爾什維克」第四五代的小律師，他沒有第一代布爾什維克之患得患失也。戈氏周遭的老布爾什維克，都早已蒙主恩召，沒有「老同志」在耳邊嘩啦嘩啦也——胡、趙兩氏受制於老輩，便無戈氏之自由矣。

鄧小平自稱為中共第二梯隊的「班長」，是他老人家在「裝小」也——其實他和中南海中那些「鐵拐李」、「呂洞賓」——陳雲、楊尚昆……都是老八路、紅朝第一代開國元勛。那一代的長征幹部、老八路怎能和法科學堂出身的戈大律師相比呢？

其實今日中共黨內的「八老」，其矛盾心理實頗似國民黨當年的元老集團的「西山會議派」中諸老人。西山元老當年搞的是反共聯俄。反共是為著「黨的利益」，聯俄也是為著「黨的利益」。他們知道，不聯俄，則國民黨便永無出路。但是聯俄又怎能反共呢？

中共今日的中南海元老，則要殺盡民主開放人士，而繼續其開放政策。在政治主宰經濟的紅朝裏，政治不開放，經濟又何能開放呢？這就是他們這個絕對制度的絕對死結啊。

不過諸元老既然承認，龍為中國革命之必須，他們的黨要為龍之出現而努力，則龍遲早還是要回來的。但是龍如回來了，不是要把「好龍」的葉老頭嚇死了嗎？

朋友！本來是「人死病斷根」嘛。中南海諸元老如果都被龍嚇死了，馭龍上賓，則一切根本問題不就徹底解決了嗎？

弔者大悅的喜劇遠景

所以今後中國問題之真解決，其原理原則和方法，早經國共兩黨和全國上下，一致同意矣。卑之無甚高論，曰「開放」而已矣。開放發端於八十高齡之老祖父鄧公小平，而其開花結果的燦爛光華之遠景，則有待於芳齡才二十一二、寧馨孫兒輩之王丹、柴玲、吾爾開希也。孫兒輩成就之早晚，則又有賴於祖父輩之健康狀態而定。中南海中之八位老祖——尤其是鄧鐵拐——如練得一身內丹功、外丹功、潛水功，老而不死，孫兒輩則多待些時。老祖父們如支持不了，一一躺入水晶棺內，則孫兒勢必鼓掌大樂，開放有望矣。

憶五十年代之初，余有一 WASP 老友晏頓君者，追求一華裔美女，真如癡若狂，致使此美女上下公車均要有校警護送。晏頓亦因美人未入沙陀利而終日愁眉不展。一日渠忽喜氣洋洋前來向我報信。

「有何好消息？」我悄悄問他。

「有極好消息呀！」他春風滿面地，抱住我兩肩說，「我的老祖父死掉了。」說話間，他這個「屍親」和我這個「弔者」，不覺相抱大樂。

原來晏頓是托州一億萬富翁油商之獨孫，極受祖父寵愛。然此老翁卻是個封建守舊而獨裁專制的種族主義者。他生前說明，愛孫如討一華女為妻，則其遺囑上之億萬噸原油，孫兒休想分到半桶！

如今這個老頑固終於死了，宜乎其孫兒抖擻、而弔者大悅也。

如今柴玲、王丹、吾爾開希諸孫兒，於牢內牢外，都在等待油商老祖父之噩耗。海外一些大眾傳播媒體，為同情晏頓孫兒輩之愛情，也在求神拜佛，幫著咒那老祖父早日歸天。大陸大眾媒體，則一再闢謠，報導老祖父健康長壽，還在游泳、還在游泳……為天安門大屠殺的新聞戰寫下了最輕鬆活潑之一頁。然孫輩等不及也得等，正如祖輩老不死也得死——屍親和弔者相擁大悅，總歸有那麼一日，而且不會太遠嘛。這是中國近代史上一齣喜劇和滑稽劇，也是一齣悲劇啊！

有人或要問，鄧老攜八老歸天之後，孫兒輩就可分得托州油田了嗎？未必也！君不見其接班江澤民與李鵬乎？江李亦非省油燈也。何況他們還是有數百萬大軍、四千萬黨員和八億農民也。七嘴八舌的幾個「民運人士」，能有多大用處。

此語誠然。預測歷史發展，馬克思、孫中山所不能，何況我輩？我們只覺得，八老物故後，孫子可能分不到油田；而李鵬、江澤民那人參、貂皮、烏拉草也不一定靠得住。

第一，大軍數百萬，恐怕只有小平一人可全盤駕馭。這是我民族道德中，忠孝節義、劉關張趙的古老的落伍傳統，而今世何世哉？君不見，「八三四一」多麼忠於毛主席。而主席歸天之後，抓主席娘子的不正是他們嗎？兵猶火也，玩火的人，哪能絕對保險火向哪個方向燒？封建愚忠之外，總還有點是非曲直和歷史潮流的影響嗎？中國軍人真的就永遠落伍嗎？

四千七百萬黨員乎？鄧李楊今日所恃以耀武揚威者槍桿也。如丟下槍桿，他們在中共黨內也早已是「孟什維克」了，何況將來？

八億農民將為「後鄧時代」，江、李的忠實農奴和「倚靠階級」哉？曰，非也。在今世先進國家已步入「後工業化階段」（Post Industrial Era，如今日之日本），和「服務工業時代」（The Age of Service Industry，如八十年代之美國）。社會變動之原動力，已自農村移往都市。農民運動早已被「中立化」（neutralized）了，農民意識（rural mentality）也早已隨市民意識（urban mentality）之轉移而轉移。八億農民在社會變革上之作用，已還不如八千萬市民矣。謂余不信，且看「大躍進」，餓死農民兩千五百萬，中共吭過一聲氣沒有？「農民善良」沒有「

揭竿而起」，此為毛主席所一再嘉許者。再看天安門「暴亂」，只一百萬人上了街，鄧公八老和李宰相已認為末日已至、大禍臨頭矣。然乎？否乎？

鄧老等老八路均是搞「農民運動」起家的，以為貧下中農永遠是他們的「倚靠階級」，其實大謬不然也——這也就是老領導不能領導新階段的基本原因吧。法家的教條是「時變而法不變者亂」。其實時變而頭腦不變，以進為退、以退為進，在任何社會哲學宗派裏，都是死路一條啊！

寫歷史的人只寫過去，不談將來。但是他們可以看到歷史發展，一瀉千里的浪潮，靠幾個昏庸老人，就想把這個長江上洪峰抵住，吾知其螳臂當車也。

一九八九年中秋於北美洲

——原載《傳記文學》第五十五卷第四期

論中國大陸落後問題底秦漢根源

——一九八七年在西安「周秦漢唐史學研討會」宣讀之論文

我個人是學歷史的。自一九三九年考入大學到現在已搞了半個世紀，所以也可說是個不折不扣的史學職業工作者。但是半個世紀中，我個人返回祖國大陸參加史學會議，連這一次才是第三次。我回來底目的，第一當然是學習，第二則是做點學術報告。可是我自己不免要問問自己：這大把年紀了，還要學習些什麼？學無專長，又能報告些什麼？我自己的回答則是，我不應該來此學習一兩個專題，我所要學習的，應該是詳細了解祖國大陸史學界整個的學風和情況。第二點，那我又能報告些什麼呢？萬里歸來不容易，向濟濟群賢獻醜，報告一點個人研究的牛角尖、滄海一粟，我想也有點辜負大會主持學長們邀請我的美意。所以我想講點大問題、大題目。大題目是不會有結論的。胡適說：「大膽假設，小心求證」，可是求證是無止境的，今天我只想提出點「大膽假設」，以就教於祖國史學同文。

中國史學的三大主流

上月五日曾在紐約參加了「中國留學生歷史學會」的成立大會。主持大會的同學們要我去致歡迎詞，我為慎重其事，曾預備了一篇有四十六個註腳的學術講演，文題叫〈當代中國史學底三大主流〉。我個人認為，當今具有世界地位的中國史學，大致有三大主流。第一是從往古的左丘明、司馬遷到今日在臺灣的錢穆教授，這一脈相承的中國傳統史學；第二則是在今日大陸一枝獨秀的馬克思主義史學派；第三派則是由十九世紀的西方「漢學」，逐漸現代化和社會科學化而形成的「現代西方中國史學」。第一派在今日大陸、臺灣都還有師承；第二派則為今日大陸所專有；第三派的主力還在海外，臺灣也有一部分。

我個人認為上述三派，長短互見，大家本可截長補短，融會貫通。不幸的是這三派之間，顯然是隔閡甚大，簡直有種各是其是、老死不相往來之勢。我因而勉勵「中國留學生歷史學會」中出席大會的八十多名青年會員們，要爭取做個貫串三派的中國現代史學的「第四主流」——後來居上通吃三家的第四個主流。

海外史家看中國古代史

因為第四個主流尚在成長期間可略而不論，我們但看上述三家對中國古代和中古史的看法是多麼分歧。分歧固無礙於學術研究，但是各是其是、老死不相往來，就顯得不正常了。尤其是中國大陸馬克思主義學派和海外現代西方史學派底學術上的「三不通」，實在大有檢討的必要。

治中國傳統史學，中國馬克思主義史學家通常都認為中國古代是存在著馬恩列史所說的，人類社會發展必經階段的「奴隸社會」和「封建社會」。馬克思主義史學家可說無人不承認這兩個社會，在傳統中國的絕對存在。他們所研究的、所討論的焦點，只是兩段時期之中界如何劃分，以及奴隸時期的上限，和封建社會的下限延長到什麼時代的問題。

至於研究歷史的方法，馬克思主義史學派也側重「階級分析」、「階級鬥爭」這一點，其他方法，多無關宏旨。

馬克思主義史學派的實質和方法究竟有多大深度，我不敢妄加斷語，我之所以要請史學界朋友們注意的，則是他們這一派的論點和方法，在其他兩派史學中，未引起嚴肅的反響。傳統史學派對之不聞不問，固無論矣；重點在海外的現代西方中國史學派，也完全置之不理。

舉一淺顯的例子：現在研究中國古代史比較知名的美籍華裔學者如何炳棣、余英時、許倬雲諸教授，他們在各自著作中，對中國史學界曲不離口的「奴隸制度」竟隻字不提。其他洋學者自十九世紀以下，以至二十世紀八十年代「劍橋中國史」那一派，也只輕描淡寫而過之。嚴格說起來，也等於是隻字未提。

在大陸上談中國古代史，不知「奴隸制度」那還了得，而在海外，竟對它隻字不提。何以各走極端到如此程度呢？這就值得我們「讀史者」嘆息三思了。

筆者本人不是搞古代史專業的。但是我卻是個通史教師，古代史也是應該熟讀的。做為一位「讀史者」，我對海內外出版品的尖銳對照，不能不感到驚奇。更奇怪的則是我看到雙方各是其是，對對方的觀點與方法，完全漠視，甚或藐視。這是由於文人相輕的傳統心態在作祟呢？還是學術宗派主義在作怪？或是政治干擾學術有以致之呢？

總之，海內外學術界目前仍然存在著這種互不溝通的情況。自一九七八年中共中央「三中全會」之後，海內外確已逐漸溝通開放，但是在史學界，尤其治「傳統歷史」（Traditional History），在我們讀史者看來，海內外的觀點、方法、理論各方面，仍然是個「三不通」。學術思想如果存在著嚴重的「不通」，則政治、經濟，甚至軍事的「相通」，都是表面性的、暫時性的。這個「文化結」不解除，政治結、經濟結，乃至軍事結是無法消除的。

「尋找真理」與「證明真理」

這個文化死結，何以結得如此牢固呢？我們讀者們冷眼旁觀，大致可提出數種假設來。第一是海外史學家對「馬克思主義史學派」牢不可破的成見。一談到馬克思主義，人們立刻便想到「政治掛帥」。他們認為在馬克思主義治下，一切學術都是替政治服務的。替政治服務的學術，本末倒置，就談不到客觀研究。失去客觀研究底獨立性的學術，還有什麼學術可言呢？所以他們就漠視了。由漠視到藐視，就置之不理了。

第二點則是「馬克思主義史學派」本身的問題。馬克思主義史學家在構思之前，首先便要肯定了一個「絕對」的是非。以人類古代史而論，則「奴隸社會」和「封建社會」都是個絕對的「是」，其他的說法則是個絕對的「非」。是非既然絕對化，則二十世紀的社會科學就被拉回到古希臘詭辯時代，從「尋找真理」墮入「證明真理」底框框中去了。真理既然只許證明，不許尋找，則亞里斯多德的「辯證法」便成為證明真理唯一的法寶了。中世紀的「上帝」既可由辯證法，證明其存在，則上帝以下的真理就不必多說了。馬克思主義歷史學中有許多概念，例如「階級鬥爭」，便是中世紀「上帝」這一絕對真理的延續。概念既然絕對化，只容「信仰」，不許「探索」，則科學就變成了神學。以神學法則，再回頭來探索歷史，社會科學家就不能接受了。在歷史研究逐步走向社會科學化的二十世紀後半期，馬克思主義的歷史學和社會科學的歷史學就格格不入了。由格格不入而相互漠視、相互藐視，彼此各是其是，就老死不相往來了。

這個老死不相往來的怪現象，海內外歷史家都有責任。海外史家的責任是因噎廢食——由於對馬克思主義歷史學武斷作風的不滿而加以通盤否定。大陸馬克思主義史學家的責任則是「反解放」——在一個有四百萬「解放軍」保護之下的偉大國家裏，事事物物（包括農工和婦女）都在追求解放的大時代中，而三十年來歷史學界所追求的卻是個逆流而行的「反解放」。反對歷史學裏的「解放運動」，那就自我封閉；自我封閉，則海內外就不易溝通，乃至老死不相往來了。

「奴隸社會」的實證和反證

在中國古代史的領域裏，最不易解放的便是「奴隸社會」和「封建社會」這兩個關鍵性的概念。

「奴隸社會」在古代中國是否存在？馬克思主義史學派對它底肯定是絕對的。持否定態度的社會主義史學家則被斥為「托派」；非社會主義史學家，則為「資產階級史學家」。把這個觀點肯定得牢牢的，當首推郭沫若，郭氏自他二十年代執筆始至七十年代病歿止，他對這一古代史的論斷是篤信不移的。

但是郭氏在現代史學上對這個概念只能提出若干不完備的「物證」——根據文獻記載和考古出土的實物作證。可是這些物證並不完備。例如郭氏認為最大物證便是「人殉」，人殉絕不能證明「奴隸制」的存在。今日有待發掘的「秦始皇陵」，將來開發時可能真的會發現殉者萬人的遺骸，但是始皇並不是個「奴隸主」。至於為始皇祖宗所活埋生殉的人——如「黃鳥之詩」所悼念的——也不能全是奴隸。

至於郭氏所舉的文獻上的證據，如訓「民」為「奴」、「屨賤踊貴」以及「奴隸的身價」等等，都嫌支離破碎。總之，零星的咬文嚼字，斷難支持奴隸制的存在這樣嚴重的結論。郭氏死後，新起的年經學者，其功力可能在郭氏之上，但是他們的研究很多也都在「證明真理」這個原則上打轉，對郭氏舊說沒有做「尋找真理」的突破。

再者，郭氏除在文獻上找證據之外，他對「比較史學」上的證據，和「社會科學」上的證據，都隻字未提。

「奴隸制」是一種社會經濟制度。這種社會經濟制度在何種客觀條件之下才能存在、才能發揮生產力？這一點我們就要從「比較史學」入手了。古埃及、古希臘和近代美洲，哪些奴隸制絕對存在和絕對不存在的特徵，都值得我們比較研究。例如近代美洲的奴隸主通常由非洲販賣黑奴，其實他們也曾試驗過就地取材來役使「紅奴」（土著印第安人），和販運「黃奴」（從中國偷販所謂「豬仔」），都沒成功，其故安在呢？外族製造「黃奴」不成，黃人反可自相大規模奴役而不發生暴動和叛逃現象，就不可理解了。我國古史上無「奴隸暴動」和叛逃的紀錄，而「農民暴動」則史不絕書，這一兩極現象，在比較史學上又如何解釋呢？

奴隸是一種不自由的勞動者和生產者。他們是否有家室之累和仰事俯畜之責呢？如果這種牽累、這種職責，由奴隸主代負之，則在何種生產條件下，奴隸主才有何種盈餘可賺呢？由奴隸生產便可只「盈」不「虧」，是為社會科學規律所不許；只「虧」不「盈」，則誰又甘做虧本交易呢？根據近代美洲的經驗，近代美洲只有「棉作物」這一項才能支持奴隸制，逾此則奴隸工均為最不經濟的勞力。然我國古代黃土高原上之農作物，均可發生當年美洲「棉花稱王」（cotton is king）的棉作物之經濟作用耶？這些在比較史學中所存在的問題，郭氏都沒有加以解決。

還有便是利用奴工的大規模集體農場是一種「大規模生產」（mass production）的現代企業。大規模生產要有「科學的」或「相當科學的」管理。但是在人類歷史上，資本主義興起之前，還未見過科學管理大規模生產的紀錄呢。總之，這些社會科學上的問題。郭沫若並沒有解決。有一項問題不解決，則奴隸社會在中國的存在則始終只是個假設。奴隸生產在古代中國確有之，至現在仍有殘餘。但是零星的奴工，和以奴工為生產主力的「奴隸社會」就是兩碼子事了。

「封建」的定義是什麼?

馬克思主義史學中另一有關鍵性的概念便是「封建」了。

什麼是「封建」呢?我們在五四以後所興起的「中國馬克思主義史學派」(著重「中國」二字)裏未找到明確的定義。但是在馬克思本人當年引用這一名詞時,他所視為當然的應該是中古歐洲所發生的「封建制」。這種中古歐洲式的封建制,根據西方學者的傳統解釋,它只是一種管理的方式,本身並非一種社會經濟制度。在這種制度之下,政治屬從的關係只是皇帝與諸侯、諸侯與附庸的關係,政府與人民之間無直接關係。農民只附屬於土地,而土地則是附庸、諸侯或(直屬)皇帝的私產。

這種大同小異的管轄制度原發生於中古歐洲。本無確切之制,亦無確切之名。十七八世紀之間的歐洲史家乃把它們取個籠統的名字叫 Feudalism。近代中國知識分子讀歐洲歷史,忽發現中國古代亦有類似的制度,這制度並且有個古老的名字叫做「封建」。封建者,封君建國也。雖然這一封君建國之制早在公元前三世紀已被秦始皇帝「廢」掉了,但是「封建」與 Feudalism,音既相近,義亦相同。因而這個已有兩千多年歷史的古名,就被正式借用,做為那只有二百餘年的今名 Feudalism 的正式譯名了。所幸二者音義之間，都能巧合。

可是在二三十年代裏，當「中國馬克思史學派」迅速發展之時，「封建」一詞便逐漸變質了。最後它竟變成了所有古老而落伍的一切壞的風俗習慣的總代名詞。時至今日，在「中國馬克思史學派」底辭彙中，所謂「封建」顯然既非中古歐洲的 Feudalism，也不是中國古代封君建國的「封建」了。它變成中國馬克思主義者微受蘇聯影響而特創的一個新名詞。

為肯定這個非中非西、更無明確定義的新名詞，郭沫若曾用了極大的力量，深入考據，以證明其存在，並把它和奴隸時代的分界線劃於春秋戰國之間。「封建時代」的下限則被延長到清末，「半封建社會」則延長到一九四九年。

「中央集權文官制」的形成與特性

中國自戰國而後直至「解放前夕」兩千數百年，是否都應歸併於「封建社會」之內呢？「中國傳統史學派」不以為然。因為他們根據傳統的「封君建國」的定義，認為中國的「封建制」早在公元前三世紀已被秦始皇「廢封建、立郡縣」時廢掉了。兩千年來取封建而代之的是一種「郡縣制」，郡縣制是一種文官制度。

「現代西方中國史學派」於此亦有同惑。他們以西方中古時期的歐洲封建來比較研究，也認為中國封建制只盛於西周，而衰於春秋，至戰國已開始崩潰，最後為秦始皇帝所全「廢」。在中國古代，代替封建而起的制度是一種「中央集權」的官僚體制（Centralized Bureaucracy）。

「文官制」（或官僚制）與「封建制」之別，則是文官是中央政府定期任免的公務員，而封君則是「世襲罔替」的一種私有土地財產的所有者。這些封君在不同的方式下受封之後，他們對上級主子要盡各種義務，如進貢、防邊、籌餉、力役……等等。但是主子們對他們則不能隨意任免或干涉他們內部的管理事務。

秦亡漢興之後，漢初採一國兩制，「郡」、「國」並存，往古封建制曾部分回潮。七國亂後，海內王侯之國就徒擁虛名了。自茲而後，這種秦漢模式的中央集權文官制竟沿用兩千年未變。直至今日國共兩黨在政府組織上，都還承襲著這一古制。

毛澤東有一句詩說「千載猶行秦制度」，這句詩的含意大體是正確的。只是民國以後的北洋政府和國共兩黨對古老的「秦制度」自加修正，卻遠不如大清帝國正統的「秦制度」那樣完善罷了。

從單純的政府制度來看，中國傳統的中央集權文官制經過兩千多年不斷的改進，到滿清時代，可說是十分完善。民國以後的黨人罵盡滿清制度是如何腐朽，其實公正的歷史家如平心靜氣的細加分析，如制衡分工、科舉考試、官吏任免等等很多方面，國共兩黨的政府都不如遠甚。主要的原因便是歷經兩千多年慢慢改進出來的制度，不是三言兩語的咒罵就可以全盤否定的。要造福生民，為萬世開太平，也不是一紙大綱或主義就可以製造奇蹟的。

從比較史學上看，這種中央集權文官制亦非中國所獨有。英帝入侵前的印度蒙古（或譯莫臥兒）王朝（Mogul Empire）所行的也是這一制度。只是他們歷史太淺，始終沒有發展到中國制度那樣有高度技巧的化境就是了。

這兒筆者要加重說明的，是「中央集權文官制」與「封建制」在歷史上是兩個階段，在政治作用上也是風馬牛不相及的。「中央集權文官制」是在歷史上取代「封建制」，而比封建制更高一級的政治形式。

「封建制」是一種從「部落主義」（Tribalism）演化出來的職責不分、組織鬆散、以封君個人為中心的一種原始性的部落制度。而「中央集權文官制」則是具有嚴密組織、職責分明、效率卓越、法則燦然的高級文明中的政治制度。它和落伍、原始的封建制是不可同日而語的。郭沫若先生把這兩個制度混為一談是錯誤的。郭氏因為對比較史學和社會科學沒有興趣，就看不出兩者之間的分別了。

「重商主義」和「輕商主義」

至於我們中國的傳統中，何以在「封建制」崩潰之後，未能（如馬克思所想像的）產生個「

資本主義」，而卻產生了這樣一個「秦制度」來？並且一走兩千年，至今不衰呢？

原來人類歷史發展的方向是受無數種客觀和主觀的因素綜合支配的結果。馬克思所想像的，只是其中的一面。人總是人。他從個體的食色開始，在團體生活中是具有馬克思所說底共同面（uniformity）的。中古歐洲的白人社會生活中曾產生過一種「封建制」，往古東亞的黃人也曾建立過一種類似的「封建制」。可是歐洲在封建制崩潰以後，卻逐漸滋長出一個「城市中產階級」（Urban Middle Class），從而滋生出一種「重商主義」（Mercantilism）。由重商主義又導引出個「資本主義」來。

可是古代的中國，在封建制崩潰之後，卻沒有產生出城市中產階級，更沒有重商主義，當然就更產生不出資本主義了。相反的，在中國卻產生了一個「輕商主義」，輕商主義嚇阻了滋長中的城市中產階級。沒有城市中產階級，資本主義也就無從產生了。

這樣一件比較史學上的強烈對照，馬克思只看到西方的一面而忽視了東方的一面。郭沫若則對東西之別未加理睬，便把西方白人的歷史經驗，鑿枘不投地安裝到中國歷史裏面去了。

「國家強於社會」和「輕商主義」

「輕商主義」這個辭彙不是筆者胡亂地造出來標新立異的。它是兩千多年前就早已存在的歷史事實。公元前四世紀商鞅變法的口號便是「強本抑末」。本就是農業，末就是工商業。「抑末」便是「輕商主義」，和做生意的人過不去。

商君遭車裂後百餘年，秦始皇受了「強本」的實惠而統一了中國。統一之後，他對輕商主義之推行更變本加厲，把天下富戶盡遷於咸陽而加以管制。

始皇死後，漢承秦制，輕商主義未稍改。至漢武當國，更把商賈打入「四民之末」，國家政策上也正式講明了要「重農輕商」。漢武死後，國中工商界在大將軍霍光翼護之下要求平反，要改變這個傳統歧視工商的政策，並搞出個反抗鹽鐵專賣的大辯論《鹽鐵論》。但是政府不容平反，做買賣的還是被鎮壓。這一壓，壓了兩千年不許翻身。

我們讀歷史的翻書至此不免掩卷一問：這些「略輸文采」卻威震天下的秦皇漢武們，為什麼偏要對那些做小買賣的過不去呢？這個答案在比較史學下也可略尋一二。因為主張重農輕商的政治家，並不止於我們秦皇漢武和桑弘羊大夫呢。兩千年後美國的開國元勳之一、後來成為民主政治聖人的傑弗遜總統，也是堅持相同主張的。我們試翻《鹽鐵論》的英譯本，以之與傑弗遜和美國資本主義之父的漢密頓對工商政策辯論的原文相比，便發現二者之間所用的字句幾乎都相同的——桑弘羊大夫的立場，也就是傑弗遜總統的立場。雖然桑大夫比較看重國防經濟這一面，而傑弗遜總統則稍偏於社會道德的另一面。

所以從往古的中國到近代的美國，「重農輕商」的觀念和政策，都是未可厚非的。問題是出在為什麼古代中國這政策可一行兩千年，而現代的美國傑弗遜試行之，卻及身而敗——美國史家曾笑傑弗遜，在對漢密頓辯論中「贏了仗，卻輸了戰爭」。

長話短說。古代中國之所能貫徹其重農輕商政策，而今日美國反而不能者，便是桑弘羊大夫的背後有一部具有雷霆萬鈞之力的中央集權底專政大機器。它可以強制執行任何「政策」！豈但是「重農輕商」？它甚至可以搞罷黜百家、獨崇儒術，搞一國兩制或一國一制，甚至三面紅旗、人民公社……等等，亦無往而不能。國家有駕馭人民的絕對權力。驅之東則東，趕之西則西，人民無不俯首聽命。國勢強盛之時，一紙中央文件，便可把國家政策落實到底。

在這種權力集中的「秦制度」裏，不特中央政府有無限權力，一品大員的州牧郡守、七品小官的縣令知事，乃至不入品流的幹部小吏，無不對人民享有各自職權內的絕對權力。桑弘羊大夫所倚賴的這部國家機器，事實上是部權力金字塔。大塔之內又有無數體積不等的小塔，上下相連，層層節制。下級服從上級、全國服從中央。在這樣一個金鐘罩、鐵布衫的嚴密控制之下，幾個小鹽商小鐵販，只是少數釜底游魂而已，「資產階級」云乎哉！

不特此也。為著貫徹政策、垂之久遠，政府還要在學術思想上下功夫、找理論。庶幾權力與思想相結合，雙管齊下，把士、農、工、商的階級觀念，嵌入人民靈魂深處，使其變成永恆信仰和生活方式，千年不變——這一點「略輸文采」的秦皇漢武，也真的做到了。

此一傳統中國所特有的歷史發展。史學家試圖「概念化」之，乃名之曰「國家強於社會」（

以別於西歐、北美傳統中之「社會強於國家」)。社會發展，一切聽命於國家。國家是個頤指氣使的老太婆，社會是個百依百順的小媳婦——借用一句馬列主義的術語，我們也可說社會形態是國家的「上層建築」吧。明乎此，我們就可以了解桑弘羊大夫在鹽鐵專賣政策中底致勝之道了。

但是我們也應該知道，桑大夫這部無山不移的國家大機器，原是用來防制工商業發展的，它是否也可反其道而行，來振興工商業，搞經濟起飛，就是另一問題了。

「主觀意志」抵銷「客觀實在」

回頭再看傑弗遜總統的重農輕商的政策何以行不通呢？那就是傑弗遜總統缺少了桑弘羊大夫那部國產的中央集權國家大機器。他只有一部「三權分立」的民主聯邦政府。民主政府專不了政，則人民就可自由行動。人民有了自由就沒命的向錢看。如此則中產階級和重商主義就要抬頭，資本主義就要出現，傑大總統的重農輕商思想也就落空了。

美國制是「英美傳統」之餘緒。在早期英國，乃至整個西歐，這一社會現象之發展實更為嚴重。馬克思就是看中這個西歐經驗，認為重商主義和資本主義之出現是個「必然」的趨勢，在唯物主義哲學上是個「客觀實在」。人類對資本主義這個惡魔既不能防之於前，就只有補救於後，這就是馬克思主義的主旨所在吧。

殊不知馬氏所看出的社會發展上這個「必然」是有個先決條件的。這個先決條件便是「國家」管不了社會，如果國家權力強大到上節所述秦皇漢武時代的中國，這個「必然」也就不成其為必然了。

馬克思生前足跡未逾西歐，研究範圍更未及於中國。他絕未想到他們唯物主義者在社會發展中所發現的「客觀實在」，可以被古代中國裏幾個唯心主義者的「主觀意志」所抵銷。董仲舒、公孫弘、桑弘羊等幾位儒生的七扯八拉之言，和劉徹皇帝的一紙橫蠻無理的詔書，就可把山雨欲來的中國資本主義消滅於無形。

再者，馬克思死後，北美、西歐社會發展的現象，也非他始料所及。他沒有想到資本主義也可以修正，勞資可以兩利，不一定非鬥得你死我活不可。總之，社會科學在二十世紀中發展得太快了。它不是十九世紀一些直線條的社會思想家的思想所能籠罩的。列寧篤信馬克思主義，他把階級鬥爭說發展到最高峰，創造了蘇聯模式的無產階級專政。毛澤東師法馬列、祖述秦皇漢武，把中央集權的國家大機器發展到超越秦皇漢武，遠邁列寧、斯大林的最高境界。一機在手，因而毛公也就可以無所不為了。

「國家機器」是中產階級的剋星

這部國家機器在某些方面的確是萬能的。但是天下哪就真有萬能機器呢？在運作方面它也有它的死角——這死角便是迫使中國「落後」的基因。

須知我們這部無敵大機器原是為搞「重農輕商」而設計發明的。它底不斷維修、不斷改進，也是向相同目標前進的。既然重農輕商，防制資本主義之出現，這部機器鎮壓和鏟除的主要目標，便是「城市中產階級」，因此它底歷史任務便是：一，預防「城市中產階級」於其出生之前；二，誅鋤「中產階級」於其萌芽之期；三，摧毀「中產階級」於其成長之後。

這樣一防、一鋤、一摧，搞了兩千年。在這部大機器的運作之下，我們這個中華農業大帝國就永遠不會產生「城市中產階級」了。

對比較社會史學缺乏興趣的朋友們或許要問，中國傳統的「大地主」豈非「中產階級」哉？曰：非也。傳統大地主者，職業官僚或候補官僚之養老院也。若輩聰明伶俐之兒孫則職業官僚青幹班中之受訓青年也，在學青年均為職業官僚（Professional Bureaucrats，著重「職業」二字，若輩除做官之外別無謀生之術）之候補，而職業官僚則又為獨裁專制帝王之鷹犬也。

中國傳統帝王一向優容、甚至鼓勵大地主。第一，大地主為職業官僚告老還鄉的「安全塞」（

safty valve），亦為候補官僚儲材之所；第二，中國歷史上無地主造反的史例，這群面團團的富家翁向不妨害公安；第三，中國「獨子繼承制」（Primogeniture）只行之於家天下者，而不行於天下有家者。父死財分，再加個多妻制，則土地集中的禍害只是革命家想當然耳了。靠證據講話的社會史家，對此未找出充分的證據來。中國傳統的小地主通常也只是飢餓邊緣的「小貧」；搞土地集中的大地主，幾乎是清一色的「官僚地主」，無功名的自耕農和小地主無份也。官僚們「一代做官、三代打磚」，他們子孫形不成階級、搞不了政治，他們不是中西比較史學上所說的「城市中產階級」。我們的「城市中產階級」二千年來可以說被上述那部國家大機器輾斃殆盡。現代剛一萌芽，又被肅反肅掉了。

工業化、現代化少不了「城市中產階級」

我國歷史上缺少個「中產階級」，豈足惜哉？曰：不足惜也。相反的，那正是我們值得驕傲的地方。兩千年來，我們這個農業大帝國光輝燦爛的文明是舉世無雙的，也是舉世欽羨的，但是時至今朝，我們要搞經濟起飛、工業化、現代化，就感到捉襟見肘、積重難返了。因為在現代世界經濟史上，搞工業化、現代化真能搞到「起飛」程度的，只有一個事例——他們都是由一個城市中產階級領頭搞起來的。西歐、北美帶動於先，日本踵隨於後，近時崛起的「四條小龍」（新加坡、香港、南朝鮮、臺灣）也不能例外。

我們祖國大陸，地大物博，人才濟濟，而蒙「落後」之惡名，其主要原因似亦在此。大陸上搞現代化、工業化、富起來、翻幾翻……萬事俱備，就只欠「城市中產階級」這陣「東風」。除非國內領導人能打破比較史學上尚沒有的成例，搞出一個沒有中產階級的工業化、現代化來，則這陣東風似乎還是無可避免的。

使少數人先富起來，在經濟特區中搞點加工，而無強大的、自發自勵的城市中產階級崛起之遠景，則這點點小市民企業，還是起來不了的。最後還不免是個「娘娘腔」唱不了大軸戲。

至於中國能否搞出一個「沒有中產階級」的工業化、現代化來？中國或許可以自創，但是人類歷史上至今還無此事例——蘇聯自新經濟政策以後已搞了六十年，國防工業之外，別無可頌之道。戈巴契夫檢討過去，如今連列寧的遺像也給搬掉了而回頭來搞鄧氏的開放。中國以前效法蘇聯搞了三十多年，也覺今是而昨非，回頭搞起了「個體戶」來。什麼是個體戶呢？個體戶就是「城市中產階級」的細胞。這種細胞在秦漢時代曾一度擴張、興風作浪，幾至不可收拾。呂不韋這個個體戶竟然打入秦皇的宮廷裏去，自己做了相國，兒子做了始皇帝。

漢王室為自保江山，看出經濟企業上這種個體戶之可怕，在武昭宣三朝，就把他們壓下去了。

但是漢大夫壓個體戶是有限制的。他允許個體戶各個「先富起來」，但你絕不許形成個「

階級」。縱使是許你「先富起來」，你富成了「揚州鹽商」，乾隆爺還是要查抄你的。

所以搞點「先富起來」的個體戶經濟，我們已一搞兩千年，始終是個娘娘腔，搞不出現代化的企業，搞不出「四條小龍」式的「經濟起飛」，對日本已望塵莫及，對美國就更在想像之外了。

這些經濟上先進的國家和地區的繁榮，無一而非起自少數「先富起來」的「個體戶」；個體戶多了，便形成政治勢力，成為「城市中產階級」；城市中產階級擴大成為社會上的「多數」，吸收了農村餘民，也就導致農村的中產階級化。等到一個國家上中下階級的區分變成「棗核」形，兩頭小、中間大，那就變成「中產階級專政」的局面了。

美國今日年入十萬美元的家庭不足全人口的十分之一，年入一萬二千元以下的也不過百分之十三。總而言之，則美國家庭收入在萬元以上、十萬元以下者多至全人口百分之七十七有奇。全人口「人均」收入多至一萬五千元，美國就成個不折不扣的「萬元戶」的中產階級專政的局面了——全民衣食足，禮義興，社會不平，以法節之，這樣便使今日美國變成世界上最大的「福利國家」（welfare state），全國每年用於救濟鰥寡孤獨、貧窮失業的「救助金」，實超過其他各國，包括全部社會主義國家的總和而有餘！其豬狗食人食（肉類），亦超過中印兩國人食肉類的總和！

「福利國家」不是「社會主義國家」，但是二者對貧苦人民的照拂，卻前者超乎後者。所以國家富強、人民康樂，以全國生產毛額的多寡為第一要務。「人均」收入提高，「分配」是次一步，也是並不太重要的次一步。孔子說：「不患寡而患不均」，這是農業社會中全民都在飢餓線上的講法。中國大陸過去三十年中的許多問題，都是孔夫子這句在二十世紀並不實用的話所引起來的。孔子反對法治，因為法可以使「民免而無恥」，其實他老人家所反對只是樸素的「刑法」。

孔子又提倡禮教，認為一切社會行為要「以禮節之」，個人修身也「不如好禮」。禮事實上則是與樸素的「民法」相關之一環。孔子生在農業經濟時代，一切以不成文法的「禮」來「調節」就足夠了。在一個複雜的工商業社會裏，法治就不可避免了。

所以在一個中產階級主政的國家，與生產發展並駕齊驅的則是衣食足（經濟）、禮義興（教育文化），接著才有法治和民主。

可是「城市中產階級」並不是天上掉下來的，也不是反動派製造出來和無產階級對抗的。相反的它是由於經濟發展，把無產階級逐漸提升上去的。今日家庭收入超過一般知識分子的美國產業工人（industrial workers），早已不是無產階級——他們是不折不扣的中產階級的勞動者，也是美國反共的主力軍。

近三十年來「城市中產階級」在亞洲「四條小龍」中的崛起，也是筆者這一批海外學人所親眼看到的。不算什麼稀罕。

結論：沒有求證的假設

所以我們祖國大陸「落後」的主要問題無他，缺少一個自發自勵的中產階級故也。然則大陸上能否步臺、港、南韓、新加坡後塵，扶植起一個「城市中產階級」呢？

不願在中國扶植一個「中產階級」，我們這個「秦制度」有沒有他途可循呢？這兩點便是筆者拙文中不願亂做結論的大膽假設了。

關於前一點，國中領導階層本有意為之，但行起來至為不易。須知大陸這個自商鞅而下一脈相承的中央絕對集權的「秦制度」，至毛澤東主席治下已登峰造極。這一制度原為鋤滅中產階級、打擊工商發展而設計的。現在怎可搖身一變，於旦夕之間就成為振興工業、扶植中產階級的褓姆呢？這是以子之矛，攻子之盾。安有善果？

中產階級的初期工業化的必要條件是減少管制、大幅開放——美國當年所謂「最好的政府，就是最不管事的政府」是也。中國這個鐵桶一般的「秦制度」，管人及於床笫之私，它何時才能開放到容忍中產階級崛起的程度？吾人不知也。大幅開放與減退管制（de-control or decentralize），其以九七後之香港為試點乎？否則那個燙手山芋如何掌握？

但是截至目前為止，中國當軸似尚無絲毫意圖來變更那個「以吏為師」的「秦制度」老傳統。在這個老框框裏能否搞出個工業化、現代化來——脫胎換骨，吾為中華民族創造歷史的智慧，馨香以祝之。

一九八七年九月二十八日脫稿於紐約

——原載《傳記文學》第五十二卷第二期

清季中美外交關係簡史

郭中迅譯

美利堅合眾國與大清帝國之間的外交關係持續了一百三十年之久，並為後期關係的發展奠定了基礎。事實上，這一國際交往取決於貫穿整個十九世紀的與之平行在東西大陸上發展的三個歷史潮流。任何外交家及他們所代表的政府都很難改變近代歷史洪流之強大的匯合，他們也只能是順應歷史潮流、到達目的而已。

第一個歷史潮流是大清皇朝的日趨衰落。像以往兩千多年中的許多朝代一樣，它也照例是經過很長一段時間的繁榮昌盛、和平穩定後衰敗的。它的日趨衰退一方面充分的表現為清朝統治階級的驕狂自大、頑固不化、愚昧無知及腐敗墮落，另一方面是窮苦百姓的不斷起義暴動。為了應付西方的挑戰，清人只能是舊瓶裝新酒，進行一些浮光掠影的「改良」，幾乎產生不了什麼鼓舞人心的結果[1]。這乃是中國近代史上的一大悲劇。同時，它成為中國歷史的固定背景，一切歷史的表演都離不開它。

第二個歷史潮流是在亞洲不斷上漲的歐洲擴張主義洪水。無論中國人或美國人做出什麼樣的反應，這洪水一如既往向亞洲大陸深處流淌，直到各擴張主義列強筋疲力竭，或是創造一種勢力均衡的形勢❷。來自中國的抵抗勢力，不管是啟蒙的改良主義者，還是目不識丁的義和拳，皆非重要因素。在中美關係的發展中，無論是好是壞，美國都很少與中國進行直接交往，而更多的是與其他列強進行有關中國的交涉❸。

第三個歷史潮流是美國的邊疆政策跨越太平洋向中國的緩慢移植。它以言過其實的傑佛遜理想主義為起點，以翰密爾頓的商業主義而告終，並決定著美國的殖民主義者、商人、傳教士以及在國內或海外的外交家和「老中國通」的含蓄和公開的行為❹。它也使太平洋兩岸的「約翰・中國佬」（譯者註：此係西人對華人之蔑稱）受害不淺。所有這些都植根於「締約前期」。

「締約前期」的中美關係

在美國獨立戰爭之前，兩國之間沒有直接的聯繫，不過，美國殖民者倒是消費了大量的中國茶葉。這彷彿是與鴉片貿易相反，這種中國商品經過東印度公司進口到美國殖民地。這種無害商品的過多供應最終導致了在波士頓的一場武裝起義❺。儘管美國的獨立戰爭從未被稱為「茶葉戰爭」，但正像英國的鴉片在中國所引起的後果一樣，由東印度公司進口的中國茶葉導致了武裝起義，並由此產生了美國十三個殖民地的獨立。

一七八四年美國獨立戰爭結束不久，也許更多的是出於感情因素而不是商業原因，這個新獨立的國家向中國派出了第一艘船「中國皇后號」。美國駐華的第一位商人領事蕭三畏（Samuel Shaw）隨船來到廣東，並載回了第一批未經英國中間人之手的茶葉及其他商品❻。

中美貿易的發展是緩慢的，但很穩定，特別是在歐洲商人被拿破崙戰爭重創的十八世紀末葉❼。儘管美國商人在一八一二年的戰爭中有過一段不景氣，但他們在幾十年裏賺了相當可觀的利潤，僅次於英國。他們甚至涉足於臭名昭著的鴉片販運走私，與英國壟斷主義者展開激烈競爭。值得慶幸的是十九世紀三十年代後期鴉片貿易的不景氣，竟意外地使美國商業公司免於更深地捲入到一八三九—一八四二年那場惡名遠颺的鴉片戰爭中❽。

鴉片戰爭前的美中商業關係是使雙方都心滿意足的。那時，廣東是唯一向西方商人開放的貿易港口，中國所有的貿易都是由為數不多的幾家壟斷商行控制❾。六十年來中美未簽過任何商業條約，而據記載也未發生過什麼事故。當中英鴉片戰爭爆發時，美國人對中國人是深感同情的。對許多美國人說來，鴉片戰爭是「一個國家對另一個國家發動的最不正義的戰爭之一」❿。

戰後，在華的美國商人甚至反對美國政府與中國簽定一商業條約的舉動，因為中國政府已經自願將英國靠戰爭手段所取得的一切貿易優惠權都給予他們。和中國簽訂這麼一個不必要的條約只能損害中美貿易的發展。因此，當泰勒總統派遣第一位美國特使凱萊布．顧聖（Caleb Cushing）來廣東洽談簽約之事時，美國商人對這一活動群起而攻之，不過傳教士們對簽約大加讚賞[11]。

由顧聖和清朝欽差大臣耆英簽署的「中美望廈條約」實在是一個毫無必要的條約。它只不過是再一次確認了中國已經給予美國的優惠權，如五口通商、治外法權、協定關稅等等。但是，美國也同時從該條約中獲得了中國給予的最惠國待遇，這是大清帝國首次給外國這種待遇，中國政府還保證該條約可在十二年後修正，這一待遇是英國與華談判中未提出過的[12]。

中國外交政策的兩次循環

繼一八四四年簽訂的「望廈條約」之後，中國官員和他們的美國同行在美國南北戰爭前的十六年中都經歷過一段對現代外交的不成熟期。中國的外交政策在道光和咸豐兩代皇帝期間發生了兩次相似的循環。在鴉片戰爭期間由於道光「僵硬」政策的失敗，導致了十年的「綏靖」。而年幼無知、驕橫自大的咸豐一八五〇年繼位後又重蹈這一悲劇循環之覆轍[13]。

年輕的咸豐皇帝與頭腦簡單的儒家學者兩廣總督葉名琛一道，立場堅定地反對英國的入侵——正是英國的不斷入侵導致了一八五六年爆發的亞羅船戰爭。但是，一八五九年大沽戰役之後，他很快就學會了如何屈從現實。儘管這場小規模的衝突以中國取得了史無前例的勝利而告終，但咸豐意識到了他的根本弱點以及戰爭可能帶來的後果，他情願重新採用最初由耆英和他父親制定的老一套綏靖主義政策⓮。

不幸的是，皇帝此時改變主張為時已晚，他不但喪失了首都，連自己的性命也沒有保住。一八六〇年英法聯軍攻陷北京，不久皇帝本人也在焦慮中死於靠近滿洲邊界的熱河行宮裏。其結果是中國和外國列強一八六〇年在北京簽訂了一系列條約，進一步喪失主權。這些包括：鴉片貿易合法化；外國船隻在中國內部水域的航行權；在京設立外國使領館，以及中國割讓給俄國沿海省份，包括海參崴港，後被俄國人改名為符拉迪沃斯托克（字意是「鎮東」港）⓯。

此後，由駕崩皇帝的弟弟恭親王帶領的大清官員很少敢對西方列強——特別是大不列顛，再說一聲「不」字了。中國現已被徹底打開了大門，她無力守衛這些開放的門戶。最終，這就成為美國的義務了。

美國公使中兩條路線的鬥爭

和中國不同，美國的對華政策在內戰前的十六年中，用毛澤東的話說，是經歷了一場「兩條路線的鬥爭」。在一八五六年皮爾斯（Pierce）政府結束以前，美國人不知道在中國該如何行事。美國政府就簡簡單單地讓駐華的外交官們自己見機行事。這樣，美國的對華政策便在美駐廣東公使中產生了兩條路線的鬥爭。

一條路線是由美第一任駐華公使義華業（Alexander Hill Everett）提出的。一八四六年十月他一抵達中國，就馬上意識到中國正處於即將成為「第二個印度」的危險之中。做為一名職業外交家，他向國內政府建議「為防止中華帝國被大英帝國完全吞噬」，美國應與其他西方列強，特別是俄法兩國，取得一種「全面理解」，並且「共同」採取行動，以便能夠勸說英國「重新考慮她反對天朝（譯者——指清政府）獨立的計畫」[16]。

這一秘密急件其實是最早包含「門戶開放」政策的建議，比海約翰（John Hay）的建議早了半個世紀。儘管義華業的提議沒引起注意，但五位繼任公使繼續主張他的政策的大致路線，幾乎沒做什麼改動。德威士（J. W. Davis）、馬沙利（H. Marshall）及麥蓮（R. L. Mclane）三位這樣做是出自他們自己的推斷；而其他兩位，列衛廉（William B. Reed）和華若翰（John E. Ward）則是接受了國內政府的明確指示的[17]。

遺憾的是，他們在上任以前沒有一個人了解中國，上任後誰也沒在中國駐過兩年以上。最糟的是，由於工作原因，他們彼此從未見過[18]。所以，儘管他們的建議是一致的，但他們卻制定不出一套可行的對華政策供美國政府採用。結果，他們的建議沒有一個對華盛頓產生過明確的影響。一般是建議人一離開中國，其建議就被擱置一邊了。因此，他們這條政策路線很容易被第二條路線所取代。這第二條路線是由伯駕（Peter Parker）一個人提出的，他雖然斷斷續續地但卻是有效地指揮著美公使館，其時間之久超過他四位前任任期的總和[19]。

伯駕是一位在華的傳教士。由於他能講一些粵語，顧聖、義華業及他們之後的官員常請他幫忙，起初做翻譯，後又任美駐華公使館秘書。在一名美駐華全權委員回國後和另一委員來華之前這段時間裏，伯駕總是任美公使館的代辦。在伯駕本人於一八五五年八月被正式任命為第六任美駐華全權委員以前，他曾六次被任命為代辦。他任美駐華全權委員兩年⑳。

伯駕的對華政策完全是從傳教士的利益出發，要求異教徒的天朝帝國「順我者昌，逆我者亡」。他極端支持英國在遠東的炮艦政策。對他說來，清王朝最好能四分五裂，以便在其廢墟之上建立一個「上帝王國」㉑。

因此，伯駕從一開始就反對義華業的方針。義華業一八四七年六月在澳門一死，伯駕就完全改變了美在華的立場。這位傳教士出身的外交官與英國人緊密合作，阻止一切在這異教帝國發展美國一個獨立對華政策的可能性。他利用全權委員德威士和麥蓮對中國情況缺乏經驗的弱點，出謀劃策讓他們服從他個人意志行事；全權委員馬沙利在一八五三年上海發生天地會起義期間與英國人意見不合，伯駕還採取行動抵制馬沙利。

這位傳教士外交家不僅按照英國人的做法在炮艦上向誠惶誠恐的滿清人提出無理要求——即使這是一條無用的炮艦；他還認真嚴肅地向華盛頓建議佔領台灣，並與英法結成非正式聯盟以向華發動聯合戰爭㉓。

皮爾斯總統和國務卿馬西（William L. Marcy）對伯駕這火藥味極濃的對華政策吃驚不小，

這反而倒使總統被迫親自處理這一問題。這是美國歷史上第一次白宮否決了自己駐華使節的建議，並開始制定它自己獨立的一套政策。因此，布坎南總統（Buchanan）完全同意了他前任的意見，召回了伯駕㉔。

協作外交

伯駕的這段插曲雖然很短，但卻在兩國的外交關係上造成了極大的影響。鴉片戰爭後和伯駕出現以前這段時間裏，清朝曾一度認為美國佬是自己的朋友，在危急時刻可以請他們幫忙。不幸的是，伯駕把清朝人的滿心希望化做惡夢一場㉕。沒有美國人的幫助，耆英的綏靖政策面對英國人的不斷入侵是注定要失敗的，事實上也是如此。耆英的失敗使由徐廣縉和葉名琛領導的一群頑固無知的中國漢族學者應運而生。他們那貌似成功的閉關鎖國政策使道光皇帝誤入歧途，改變了其政策方針，結果以中國在與英法聯軍的戰爭中第二次失敗而告終㉖。

伯駕在美國公使館裏遺留下的傷痕也給美國的對華外交帶來了挫折。當列衛廉和華若翰在英法聯軍與清廷作戰期間相繼被任命為美國全權委員（或公使）時，他們被授命徹底改變伯駕的政策，只保持和歐洲列強的「和平協作」㉗。而這樣做，他們就只好從頭進行一段時期的外交實習。十四年來，美國的在華外交是極端混亂的，後來的使節們繼承的是一個大亂攤子㉘。

列衛廉於一八五八年締結、一年後華若翰又為之交換批准書的「中美天津條約」只不過是形勢的必然產物。中國人不想進行認真的談判，因為他們知道英國人反正要向中國提出更多的條件，而這些條件也會自然而然地給予美國㉙。缺乏經驗的美國外交官甚至上了英國老牌中國通的當，從新條約中刪去了舊條約（一八四四）中那值得稱道的鴉片條款——禁止美國捲入鴉片貿易。這樣一來，美國就把英國從一個全球性的尷尬局面中解脫了出來，後來，英國終於設法把鴉片貿易合法化了㉚。

英法聯軍對華戰爭結束以後，正如歷史學家泰勒·丹尼特所指出的，「外國列強已從中國得到了他們想要的一切」㉛，至少是暫時地得到了。基督教列強意識到他們從太平軍那裏是不太可能得到同樣的權益的，而他們又怕在這場持續了十年之久的太平天國革命中滿清政府垮了台，於是他們把十字架扔在一邊，採取有力措施，幫助異教的滿清人大肆屠殺中國的基督教叛亂者㉜。

因此，對於中國滿清統治者來說，英法聯軍對華之戰是禍福各半的。由於暫時從一場危險的外國侵略中解脫出來，加之有西方鎮壓太平軍起義的強有力的幫助，清朝政府於一八六一年開始了一個內部改革的新時代，即所謂同治中興。在少帝同治和他的兩個寡母慈安太后和慈禧太后的統治下，由思想解放的恭親王領導，中國組建了她近代的第一個外事機構——總理衙門，開創了一個協作外交的新紀元㉝。正是在這種協作的形式下，一八六一年末，林肯總統向中國派出了一個有協作精神的外交官蒲安臣（Anson Burlingame）[34]。

由於美國政府正忙於和南方奴隸主打交道，蒲安臣不受其政府嚴厲制度的限制。他在北京度過了四年，不僅學會了用筷子，也精通了他的本職工作。他那外露的正義感、隨和的美國氣質、個人的魅力以及在重大問題上誠摯的建議，使這位美國全權委員成為在北京最受歡迎的外交官。做為報答，蒲安臣似乎已擺脫了白人慣有的反異教徒傾向，這在他的傳教士兄弟們及他們的後代中，整整一個世紀很少有人能做到。因此，雙方的真正了解和真誠的互相尊重使蒲安臣能在北京開始一個中美蜜月。這要比亨利·季辛吉在同一地方所做的同樣的事早了近一個世紀[35]。

甚至在羅勃特·李將軍（Robert E. Lee）投降後蒲安臣回國探親時，也看不出他對在舊北京的工作感到任何厭倦的跡象。但是，一八六七年冬天，華北徹骨的寒冷卻驅使他尋找一個中國的佛羅里達。這可驚動了他的大清主人，特別是總理衙門的文祥，他們擔心他們的這位美國顧問會一去不復返[36]。

「你為什麼不能做中國官方的代表呢？」在一次晚宴上文祥這破例的問題使他的美國朋友吃了一驚。蒲安臣開玩笑地回答說，如果中國皇帝能任命他為「欽差大臣」，並授予他「紅頂子」和「黃馬褂」，他便接受[37]。

依照中國的傳統，這並不是不可能的。照儒家大同世界的思想，使節可以在不同的宮廷之間轉讓㊳。於是，文祥和蒲安臣成了一對完美的搭檔。手續幾天就辦完了。蒲安臣向華盛頓提交了辭職報告，並接受中國任命他為欽差大臣、特命全權公使和派往各締約國的全權公使等職務㊴。

為了完善他計畫好的周遊世界的旅行，欽差大臣蒲安臣給配備了一個頗為壯觀的三十名隨行人員，包括一名滿清實習外交官志剛，及一名漢族官員孫家穀。他們都是欽差大臣，不過他們的職位是二等官職。一名英國人柏卓安（J. Mceavy Brown，英國公使館的中文秘書），和一名法國人第商（M. Deschamps）被補充到使團裏當秘書。這支十九世紀清政府首次派遣的五花八門的外交使團於一八六七年底開始了他們的行程㊵。蒲安臣正式的第一站是華盛頓。用他自己的話說，「七年前」他離開華盛頓時是「美駐華官員，現在又以中國駐美官員身份回到美國」㊶。

隨後他與國務卿西華德（William H. Seward）於一八六八年七月二十八日簽訂了帶有他名字的「中美條約」（譯者註：該條約又稱「蒲安臣條約」或「中美續約」），但這比起欽差大臣率領著五光十色的第一個中國代表團穿行在紐約和波士頓大街上所出的風頭來確也遜色了㊷。該條約大半是仍舊生效的前一條約的重複，但新條約的確有一些有關中國向美移民方面的重要條款。兩國同意，共同阻止惡名昭彰的「苦力貿易」，允許在兩國之間不受限制的自願移居；為了監督商務和移民，美國各城市都將建立中國領事館㊸。

一八六八年「中美條約」的簽定的確使蒲安臣的「協作外交」達到頂峰，但是不久人們就大失所望了。蒲安臣死後才十八個月（他死於訪彼得格勒期間），美國就關閉對中國移民開放的大門，並完全廢棄了這一條約，兩國的關係到了破裂的邊緣[44]。

門戶關閉政策

「蒲安臣條約」中的移民條款最早是由國務卿西華德起草的，他強烈主張開發太平洋沿岸。西華德贊成不限制中國向西海岸移民，希望該地區能得到大量廉價而有效的勞動力[45]。不幸的是，他的如意算盤與那時的反華情緒格格不入，這種情緒尤其在太平洋地區愈演愈烈。農場、工業，尤其是正處在緊張施工狀態的太平洋中心鐵路都迫切需要中國勞動力，但是民主黨的勞工組織者們被中國人在勞力市場上的競爭力搞得驚恐不安，他們強烈抵制中國勞工[46]。

所以，從十九世紀五十年代初起，加利福尼亞的政客們便設法對中國工人徵收各種形式的捐稅，在加州收入中，這些佔了很可觀的一部分。所有中國移民都不授予公民權。中國人不光受到法律的歧視，還要遭受肉體上的凌辱。從一八五五年到「蒲安臣條約」的簽訂，據記載發生了二百六十二起嚴重的排斥華工事件，包括對華工的個別或集體屠殺[47]。

「蒲安臣條約」簽訂不久，加州的民主黨人提出了一個種族問題，並選出了一位民主黨州長，這使排華運動達到了一個新的高潮。隨著白人種族主義上漲，「中國佬的機會」迅速下降。一八七七年沙地反華工集會（譯者註：Sandlot anti-Chinese meeting，指舊金山市郊沙地上擁護反華工運動者的集會）之後，種族問題成了所有政客競選時的一個基本口號。在一八八〇年的競選年度裏，共和黨和民主黨在他們的黨綱裏都寫有反對華人移民的各種口號。其結果是，「蒲安臣條約」徹底變成了一紙空文[48]。

為了對付美國對該條約的踐踏，通常是反應遲鈍的大清政府這次卻採取了一系列震驚世界的報復行動。一八七五年，總理衙門向華盛頓派出了第一個駐美特使[49]。這位中國官員陳蘭彬是個傳統的儒家學者，可是他的助手容閎受的卻是美國教育。容閎一八五六年畢業於耶魯大學，是中國第一位受過美國教育的人[50]。因此，這位中國官員和他的助手建議國內政府堅決捍衛條約權。遺憾的是，總理衙門所能做到的只是個口頭抗議。而美國執意要破壞「蒲安臣條約」[51]。

然而，迫於其對手美國的強大壓力，總理衙門於一八八〇年九月同意和華盛頓簽訂另一條約，專門解決中國移民問題。在這新條約中，中國政府承認美國政府有權「管理、限制或終止中國移民」，但不能「禁止」華工入美，尤其是對那些已在美國的或正在美國探親的華工[52]。

但是，美國國會不久又將新條約變成一紙空文。一八八二年五月六日，國會不顧阿瑟總統的否決，通過了一項決議，規定十年之內不許華工向美移民，禁止各州向華人提供公民權[53]。這就是國會通過的一系列反華工法案（總稱為「排斥華工法」）的第一個[54]；一八八四年七月該法案又得到進一步修正，加進了新的限制[55]。

隨後，國會和各州逐漸地又通過了許多排華工法規，一套專門限制中國移民的規定就包含有九十三款之多，這實際上是剝奪了在這個國家中國人的一切生存機會[56]。最壞的是，這些法規使美洲大陸上所有的中國人動彈不得，使大洋兩岸數以千計的家庭難以團圓[57]。美國專橫地廢除了與中國簽定的所有條約。

一八九四年一場對日戰爭迫在眉睫，清政府決定接受既成事實，與華盛頓再次締約，十年內終止中國移民[58]。可是美國的排華工運動並沒有因為中國方面的妥協而有所收斂。十九世紀末，美國得到了夏威夷群島和菲律賓，排斥華工的法規於是被帶過了太平洋，美國最高法院只願意把憲法留在家裏使用[59]。

在白人涉足菲律賓群島以前中國人就在此居住了幾百年，在夏威夷被美國吞併以前，那裏華工的數量也遠遠超過白人工人。白人工人在這些島上取代中國人是不容置疑的事實，可他們卻讓原來的中國人捲舖蓋滾蛋[60]。

儘管衰敗的清帝國在十九世紀最後的二十年中處在隨時有可能被各締約國瓜分的危險之中，朝廷又極端腐敗不堪，但總理衙門都還在頑強反擊。十九世紀八十年代中期在羅克斯普林、塔科馬和西雅圖等地發生排華工暴亂，數十名華工被殺，為此，總理衙門向美國政府要求賠償[61]。這是中國近代史上第一次，也是唯一的一次，中國向一個世界頭號大國索求賠償損失[62]。美國國會拖了很久才勉強地批准了這筆賠償[63]。一八九一年，總理衙門鼓足勇氣宣佈新罕布什爾州的參議員亨利・布萊爾（Henry W. Blair）為「不受歡迎的人」（他是個長期排華工的政客），並在哈里森總統任命他為美新任駐華公使後拒絕接受他來華[64]。十一年以後，中國駐華盛頓公使伍廷芳甚至警告美國，如中國移民在美受害，他將以牙還牙[65]。

但是，無論中國怎麼努力也不能減輕美國種族主義的不斷上漲。義和拳起義失敗四年以後，美國政府再度強迫中國與之簽約，永遠不許中國人向美移民[66]。由於這一無理要求，中國激發了一場抵制美貨運動[67]。

然而，不管中國採取什麼樣的行動，美國政府一意孤行，堅持它對華的門戶關閉政策。中國駐美公使館數十年來與美國務院之間毫無聯繫[68]，不過，美國人卻一意孤行地想讓太平洋彼岸的中國大門一直為美國公民敞開。

門戶開放政策的發展

門戶開放政策不像終止中國移民的談判那樣只和中國政府單方面進行，它是在西方列強間進行的。他們認為沒有必要讓中國人參加。

值得回顧的是，從五十年代中期的皮爾斯政府以來，美國的對華政策就以和西方列強的「

和平合作」的基本原則為前提㊾。西華德六十年代曾這樣說：「美利堅合眾國不能侵略別的國家」，「尤其是中國」㊿。她也不需要成為一個侵略國，只要最惠國待遇能保證她那些商業特權，一個落後、安定和獨立的中國最能滿足美國的利益。然而，在中國不得安定的時候，如在一八八四—一八八五年的中法戰爭[71]及十年後的中日之戰時，美國就保持中立[72]。如果可能，她也願意做調解人。那時美國尚不是一個遠東大國，她的商業利益不允許她過多地捲入這些事情。

但是，上世紀末，情況就大不一樣了。由於西班牙戰爭的結束，美國控制了菲律賓，它幾乎一夜之間變成了遠東的一個大國[73]。幾年的時間裏，它在中國的商業利益幾乎翻了一翻[74]。而大清帝國則向相反的方向發展。它在中日戰爭中敗陣不久，在年輕的光緒皇帝支持下進行的「百日維新」就流產了。由於在慈禧太后干預下他失去了自由，這位啟蒙的年輕君主喪失了一場政治改革，給這暮氣沉沉的帝國帶來的一切改變[75]。內亂招致了更多的外國侵略。在所有外國侵略中，最凶惡的來自北面，俄國一八九五年將日本人逐出遼東半島後，自己便溜進了這一地區[76]，在短短的三年裏，遼東半島連同它的兩個海港大連和旅順就落人俄國人手中。隨後，整個滿洲地區都淪陷為俄國人的勢力範圍[77]。

德國和英國在與俄國殖民地相對的渤海灣也採取了相應的行動。前者佔領了膠州灣，後者佔領了威海衛。英法為了防止其他列強侵吞自己的勢力範圍，他們分別強迫中國答應不將沿長江及南方海岸的各省讓與任何其他大國[78]。與此同時，俄國和英國也達成協議，約定前者不得在長江流域建立租借地，後者則不在長城以北建立租借地[79]。

其他歐洲列強也同樣效仿。一八九八年，法國攫取了廣東西部的廣州灣；意大利、葡萄牙和比利時也分別想從垂死的天朝帝國那裏瓜分一份土地。這些各種各樣的特許權包括修築鐵路、採礦和組織有影響的國際財團，更不用說中國邊界地區西藏、雲南、新疆和蒙古了，它們在不遠的將來都有可能被外國佔領[80]。

做為國際角逐中的一位遲到者，美國只好垂頭喪氣、眼巴巴地看著別人瓜分中國。美國在京公使康格（E. H. Conger）拿不定主意，美國是否也該「在中國海岸上擁有和控制一個良好的加煤站」，或是做為「瓜分中國的列強之一，擁有一部分財產」。即使這樣，康格意識到，「也有些為時已晚了」[81]。美國做為遠東新崛起的大國，其商業利益又僅次於英國，它不能夠被擠出中國的任何地方。所以，維持中國的現狀能最好地滿足美國的利益[82]。

美國的沉默卻從英國傳出了回聲。英國在華的利益大得使之不能脫離中國的任何一個角落。義和拳起義前數十年，中國百分之八十的對外貿易是和英國進行的，英國所交的關稅也佔中國所收關稅的百分之七十之多；同時，中國超過百分之八十五的進出口貨物是由英國船隻運載的[83]。由於對英國來說，約半個世紀前美公使義華業擔心它會把中國變成第二個印度的可能已為時過晚，所以它迫切要保持中國的領土和主權完整，以有利於英國的發展[84]。這樣，光是商業利益一項就使英美在華的合作成為必然產物[85]。

「門戶開放政策照會」的起草是一項複雜的工作，時至今日歷史學家還在為此爭執不休[86]。總的說來，可以肯定的是，門戶開放運動是由國務卿海約翰執行的英美聯合方案。在取得英國方面的完全理解之後，海約翰從一八九九年九月六日至十一月七日向締約各國發出了一系列官方照會，即所謂「門戶開放政策照會」。美國通過它要求各列強在中國問題上達成一致的理解。海約翰建議各列強為了他們的商業和航海，應在中華帝國內的所謂「勢力範圍和利益」方面享受完全平等的待遇，允許中國在各勢力範圍內保持其行政制度。簡而言之，領土完整和與中國有約各國的商業上的利益均沾，應該得到所有有關大國的保證[87]。

「照會」首先發給英國，但英國政府只是有條件地採納了它，保留了香港和九龍。德國的條件是其他列強接受，她就接受；法國、日本和意大利也是如此；唯一想迴避這問題的締約國是俄國。但是，光俄國一家是不能堅持其立場的，不久，她就同意與諸列強為伍了[88]。

然而，儘管似乎是取得了一致的同意，門戶開放原則的可行性卻受到了一系列世界戰爭的考驗——西班牙戰爭、義和拳起義及日俄戰爭——在此過程中，包括美國自己在內的各締約國的自私欲望把那些唱高調的原則徹底推翻了。

門戶開放面臨三場戰爭

「門戶開放政策照會」於一八九八—一八九九年的西班牙戰爭中期起草，於一八九九—一九〇〇年的義和拳起義中期頒發，在一九〇四—一九〇五年的日俄戰爭期間以慘敗告終。

西班牙戰爭使美國變成一個（用康格的話說）新的遠東「財產分享者」[89]。像其他殖民列強一樣，美國現在願意捨去她的在華利益以換取她在菲律賓殖民地的安全。這種鼓勵殖民地的做法在義和拳戰爭中得到充分表現。

美國堅持門戶開放原則的確在義和拳戰爭中起了積極的作用。一方面，她設法將戰場縮小在中國首都附近，同時向南方的中國總督提供有力的援助，以保持一種「地區中立」；另一方面，美國還幫助清政府減少其賠償總數，使清政府得以生存[90]。

然而，華盛頓卻無力阻止沙俄在滿洲向中國發動的戰爭。俄國人利用義和拳起義的機會，奪取了整個滿洲地區。俄國重演了四十年前在英法聯軍對華戰爭中成功的手段，向中國奄奄一息的談判人李鴻章施加不堪忍受的壓力，以期永久佔有全部或部分滿洲[91]。

這樣，美國在應付這場新的國際危機時，被迫做出選擇。她是站在英國和日本一邊，阻止俄國人在滿洲的擴張呢？還是對俄國人置之不理呢？如果美國站在英日聯盟一邊反對遙遠的俄國，最終也許會把日本帝國主義者招引到菲律賓去，促成英國人返回巴拿馬運河區以至阿拉斯加或俄勒岡。考慮到這潛在的侵略，華盛頓於是決定不管沙俄，以便創造一種可能的勢力均衡，這樣也許能保護其殖民利益[92]。這樣做，美國實際上促使中國的大門在未敞開前就關死了。

俄國人在中國東北的擴張促使英國在西南部採取同樣的行動。一九〇四年夏，英國向西藏派去一支遠征軍。它佔領了西藏首府拉薩，並強迫達賴喇嘛與之簽訂一項非法條約，實質上是將西藏變成了英國的重要保護地[93]。美國駐英大使約瑟夫・H・科特（Joseph H. Choate）引用「門戶開放政策照會」抗議英國的在華行動。這個抗議被英國簡單地置之不理[94]。這也很合邏輯，如果滿洲可以不在門戶開放政策之內，西藏沒有任何道理非包括在內不可。

不過，門戶開放政策的協議直到一九〇四年爆發日俄戰爭時，才被完全廢棄。那些好戰的國家以及支持它們的列強對這場戰爭都各懷自私的欲望。事實上已經統治了滿洲的俄國，除了軍事上的失敗是不肯讓出一寸土地的[95]。歷史學家A・威特內・格里斯沃爾德認為，「日本對俄國的事實上統治滿洲倒希望中國至少在目前有法律上的主權」[96]。

日本首先要消化掉朝鮮，然後才有能力將其統治伸延到滿洲。英國倒想袖手旁觀日俄在「極遠東」發生武裝衝突，這樣可以把北極熊從中東和印度拖開[97]。德國和法國都想通過援助俄國這個堅決不讓滿洲和中國北方在戰爭中保持中立的國家，以從這個被瓜分了的東方帝國那裏得到各自的一份[98]。

西奧多．羅斯福總統和他的國務卿海約翰都深深地捲入到這場國際角逐中了，他們希望在亞洲的那一部分看到一種勢力均衡。美國總統為了幫助在戰前準備中較弱的日方，默許了日本吞併高麗王國，同時，除了沒和日本結成軍事同盟以外，盡了最大努力助日本一臂之力[99]。

可是，俄國在滿洲南部剛被打退，美國總統就來了個一百八十度大轉彎。在樸茨茅斯的會議桌上，羅斯福想方設法解救在滿洲的俄國人。結果是該地區由兩強分治，俄國佔領北部，日本佔領南部。在樸茨茅斯會議上美、日、俄三國誰也不去理會中國的反應，而戰爭是在中國土地上進行的，許多無辜的中國人為此喪生[100]。

此外，隨著總統對「黃禍」的恐懼與日俱增，美國的門戶開放政策在滿洲又進一步退縮了。她與正在興起的日本帝國主義者簽署了一系列補充條約，犧牲中國和朝鮮。一九〇五年夏，總統批准了秘密簽訂的「塔夫脫─桂太郎協定」，其中美國承認日本對朝鮮的「宗主權」，以換取日本不侵略菲律賓的保證[101]。

三年以後，一九〇八年，在秘密簽訂「盧特─高平協定」後，總統又進一步退縮了。在這個新條約裏，日本再次保證不侵略菲律賓。同時，美國巧妙地逃避了她在滿洲保持門戶開放政策的責任。在提到保持中國領土完整的原則時──這是門戶開放政策的基石──「領土」一詞從協定中被刪去了[102]。

值得注意的是，「領土完整」和「機會均等」這兩項原則──它仍是構成門戶開放政策的基本原則——倒酷似暹羅那對連體雙胞胎的心臟，一旦一個停止了跳動，另一個也隨之停止跳動。

通過在「盧特—高平協定」中向日本讓步，羅斯福給予他的前任——他自己——和海約翰十年前制定的這個短命政策以致命打擊[103]。由於在遠東沒有了一個能指導他們的可行政策，美國人的所作所為與他們歐洲的白人兄弟也無所不同了。當後者仍抱著炮艦不放時，美國佬則開始寄希望於他們的鈔票了，但鈔票的威力可就不如炮艦了。

金元外交

塔夫脫總統開展的金元外交取代了他前任的門戶開放政策，它證明美國在遠東成為一個羽毛豐滿的帝國主義強國的時機已經成熟。直到此時，帝國主義強國都在歐洲。美國的邊界終於跨過了太平洋。該國從政治上、軍事上，以及經濟上都已準備齊全，打算來分享中國這塊「美味的蛋糕」了[104]。

美元首先是經過美國鐵路大王哈利滿（E. H. Harriman）之手流入滿洲的。已經控制了美國三大鐵路系統的哈利滿——太平洋聯合線、太平洋南線和太平洋中線——現在正計畫把他的帝國擴張到全球。他在滿洲的計畫是在俄國控制的中東鐵路和日本控制的南滿鐵路之間鋪設一條新的鐵路系統[105]。塔夫脫總統和菲蘭德・諾克斯（Philander C. Knox）國務卿密切合作，以實現這一計畫[106]。

然而，美國的努力未能產生預期的結果。美國不但沒有拆散在滿洲的俄國人和日本人，反而使他們聯合起來了。這兩位舊日的敵人握手言和，簽訂了一系列的秘密協定，一致反對第三者插足滿洲。這不僅改變了遠東的勢力均衡，而且在第一次世界大戰前夕造成了一種新的歐洲列強聯盟[107]。

美國銀彈的第二個目標是計畫中的湖廣鐵路系統，它由漢口南至廣東，西至四川。一八九〇年代美國金融界首先尋求這一機會，但卻未能繼續下去[108]。二十世紀初。中國商人和紳士在國內籌集資金想恢復這一工程，由於他們缺乏早期工程的充分條件，結果招致了政府的干預。

一九一一年初，朝廷宣佈了一項國有化方案。並開始與英、法、德三國金融集團組織的財團進行談判，謀求貸款的可能性。現在，由強大的摩根（J. P. Morgan）率領的美國金融界覺得自己被別人小看了。經過無數艱難的討價還價，摩根集團終被納入上述國際財團[109]。然而，一美元還沒貸出去，滿清帝國政府就無法控制局面了。它那國有化方案遭到舉國上下的抗議，並導致了一九一一年十月在武昌的一場革命起義。它結束了清王朝在中國的統治，也結束了清朝和美國佬之間長達一百三十年交往之中的最後一項商業交易[110]。

編史工作及歷史學家

在結束了對清朝時期中美關係的扼要回顧之後，筆者仍然不清楚他從參考大卷的專題著作中究竟得到多少真實的東西。除了台北中央研究院近代史研究所的年輕學者最近發表的為數不多的論文外，有幾篇中文寫的有關這一題目的論文很值得認真研究？舊中國的感情用事和研究設施的缺乏，嚴重破壞了中國學者在外交領域的研究[111]。所以，對職業文獻學家來說，中國早期對外關係的透徹研究似乎一直被英語作者所壟斷。僅哈佛大學出版社一家出版的諸多出版物就使台灣海峽兩岸的中國人望塵莫及。

但是，西方關於中國外交著作的佼佼者也是不無偏見的。最為嚴重的是他們研究特定歷史事件的一成不變的方法長期以來一直如此。一代代的學者只是蒐羅一些補充事實，或造一些新的術語以證明前幾代學者提出的觀點。譬如，從上世紀中期起傳統學者幾乎沒人願意承認鴉片戰爭的主要起因是鴉片貿易，在他們看來，鴉片戰爭僅僅是清朝抑商主義的必然後果。不管當時進行的是什麼貿易，鴉片也罷，大米也罷，中國與西方的武裝衝突都是在所難免的[112]。

這種「鴉片戰爭與鴉片無關」的研究方法至今仍被一些知名學者所沿用[113]。但中國的最新發展已使有心的讀者對傳統的專家之見產生懷疑。把道光皇帝和毛澤東主席對比一下，哪一位歷史學家也不會認為前者比後者更「抑商」。但是，當後者向西方商人關閉所有通商口岸，並對鴉片和大米貿易都加以無數的「抑商」規定時，在其荒廢的港口裏卻連一隻外國炮艦也沒出現過。

這樣看來，鴉片戰爭有可能不是為鴉片而進行的，正如美國的獨立戰爭不是為茶葉而進行的一樣。但是，很明顯，鴉片戰爭的主要原因不是道光的抑商主義，而是他無能，無法將外國艦隊從中國領海驅走，從而管理其商業。美國在早期並未捲入與清朝的衝突，這只不過是因為美國的「擴張主義者」還不能像他們在西班牙戰爭中那樣成功地跨越太平洋[114]。

「排外主義」是傳統學者造的另一個專有名詞，描述中國早期的對外關係特點。儘管這個詞還尚未被詞源學家所接受，但是，在任何一部英文的中國近代史專著中都有這個詞[115]。然而，這些書的作者所講的事情僅僅表明中國的排外主義絕不比同一時期在中國的外國排外國的排外主義更嚴重。海約翰的門戶開放政策事實上是反對後者而不是前者。第一次世界大戰爆發前羅斯福和塔夫脫總統制定的政策其目的也在於此。中國的排外主義，包括本世紀初的抵制美貨，縱使不是純粹的無稽之談，實際上在中西方關係方面也只是起了微乎其微的作用[116]。

義和拳運動，做為一個純粹自發的反基督教群眾運動，經常被西方學者用做十九世紀中國毫無意義的排外主義的突出事例[117]。最近，由主教文鮮明（Sun Myung Moon）和他的聯合教會（編按：又譯統一教）舉行的宗教競賽又一次證明傳統的反義和拳論點是一派胡言。如果年輕的聯合教會會員們的爹娘有理由「解除」他們的孩子的宗教活動的話，那麼中國方面一百年前的孔教社會則更有理由解除基督教會在華的活動。況且，事實上年輕的聯合教會給它會員的雙親們的社會帶來的混亂比之基督教傳教團給中國社會造成的混亂來，真是小巫見大巫了[118]。

此外，很少有西方學者把中國的排外主義與美國同時期的排華運動進行比較[119]。正因為清朝與美國的關係是一段獨特的歷史，所以這兩個事件事實上是同一事物的兩個方面。短命的義和拳起義比起美國的排華主義運動似乎應同樣受到重視，但後者卻被幾乎所有著名的美國外交史學家所忽略。即使那些想把美國的排華種族主義做為一項獨立的專題進行研究的學者，他們也毫不猶豫地把傳統的「鴉片戰爭與鴉片無關」的研究方法運用到他們對「中國苦力」的研究，正如最近一位學者提出的，排華運動的矛頭並不是指向華工的，它是由中國人不適應美國的生活方式所引起的[120]。

所以，只看用西方語言出版的研究中美關係的書刊，人們便會相信太平洋兩岸發生的任何壞事，都要由「約翰．中國佬」負責。美國的主要學者還在頑固地捍衛這一老掉牙的結論，但有一些人卻開始懷疑所繼承的至理名言[121]。對於前者來說，這結論就是和萬有引力一樣的真理，而太平洋彼岸的那些未受訓練的學者只能在一些不成熟的研究基礎上提出他們的論點，還總是伴有不必要的感情用事。實際上，雙方都難免有固執的一面，但是，虛偽的學術空氣，毫無疑問，對真理的探索則更加有害。

用喬什・貝靈斯（譯者註：十九世紀美著名作家，以幽默的隨筆著稱）的話說，「什麼也不學勝於學到謊話」。外交官們目前正在議論中美關係正常化，兩岸的學者何不就此良機考慮在學術界開展一個正常化運動呢？

【注釋】

❶參看費正清、埃德溫・O・雷楚爾（Edwin O. Reischauer）和阿爾伯特・M・克里亞格（Albert M. Criag）合著的《東亞，近代的轉變》，波士頓，豪頓・梅夫林公司，一九六五，第二、五、六、八章。

❷參看費正清的〈一八九八年以前的美國對華政策：一個錯誤的觀念〉，《太平洋歷史評論》，一九七〇，三九，第四〇九—四二〇頁。

❸參看赫伯特・費斯（Herbert Feis）的《中國之亂：從珍珠港到馬歇爾使團期間美國在中國做出的努力》，普林斯頓大學出版社，一九五三，第二七九頁。

❹參看威廉・阿普爾曼・威廉斯（William Appleman Williams）的〈邊疆觀點與美國的對外政策〉，《太平洋歷史評論》，一九五五，二四，第三七九—三九五頁。

❺見摩迪莫爾・J・艾德勒（Mortimer J. Adler）編的《革命歲月》，載於「不列顛美國革命叢書」，芝加哥，大英百科全書出版公司，一九七六，第五—七頁。

❻見蕭三畏（Samuel Shaw）著的《蕭三畏少校日記，美第一任駐廣東領事》，波士頓，威廉・克羅斯比和H

・P・尼科斯公司，一八四七，第一六三—二〇〇頁。

❼見肯尼斯・斯科特・拉圖雷特（Kenneth Scott Latourette）著的〈中美早期關係史，一七八四—一八四四〉，載《康乃迪格州文理學院學報》XXⅡ，一九一七，第一七頁。

❽見查爾斯・C・斯戴爾（Charles C. Stelle）著的〈十九世紀美在華的鴉片貿易〉，載《太平洋歷史評論》，一九四一年，三月號，第七四頁。

❾參看梁嘉彬所著《廣東十三行考》，上海，商務印書館，一九三七。

❿威廉・C・韓特（William C. Hunter）所著《「番鬼」在廣州》，上海，開利和沃爾什公司，一九一一，第七四頁。

⓫見唐德剛著《美對華外交政策，一八四四—一八六〇》，美國西雅圖，華盛頓大學出版社，一九六四年版，第二三—二四頁。

⓬見《中外條約匯編》，上海，海關監察總署統計部出版，第一卷，四八六頁；又，見⓫，三—四頁。

⓭同上，第二八三—二八六頁。

⓮同上。

⓯見霍齊亞・巴羅・莫斯（Hosea Ballou Morse）所著《中華帝國的國際關係：戰爭階段，一八三四—一八六〇》，倫敦，朗曼・格林公司，一九一〇，I，613ff.；又見唐盛鎬（Peter S. H. Tang）所著《沙俄與蘇聯對滿洲和外蒙的政策一九一一—一九一三》，杜克大學出版社，一九五九年版，「歷史背景」部分，第三—五一頁。

⓰見義華業（Alexander H. Everett）致國務卿書，第二八號，澳門，一八四七年四月十日。載《外交文件原檔》，美國國家檔案館縮微影印，92 : 4，此後引用為DD-USNA。

⓱見⓫，第二八三—二八五頁。

⓲同上。

⓳同上。又見愛德華．沃斯．古里克（Edward Vose Gulick）所著《伯駕與中國開放》，美國哈佛大學出版社，一九七三年版，第一六六—一九五頁。

⓴同上。

㉑同上。第三六—三七頁。

㉒同上。第一二三頁；又見《眾議院行政檔》第三十三屆國會，第一次會議，第一二三號文件。「漢弗萊．馬歇爾通信集」中多處出現。

㉓見國務卿馬西致伯駕書，第十號，華盛頓D.C.，一八五七年二月二十七日載《外交指令集》，美國國家檔案館縮微，77 : 83，第一五一頁。此後引用為DI-USNA。

㉔伯駕致馬西書，第三四號，澳門，一八五六年十二月十二日；載《參議院行政文件》，第二二號，第三十五屆國會第二次會議；又見《伯駕通信集》第一〇八二頁；又見伯駕給當選總統布坎南的信，澳門，一八五七年二月十三日，同上，第一〇二五—二八頁，及第一三二二頁。

㉕參見⓫，第八七頁。參看❷第四一四—四一五頁。

㉖見《清代籌辦夷務始末》，北平，故宮博物院影印發行，一九三〇年版，道光時期，LXXX，一五。此後引用為 IWSM-TK, HF 或 TC 來分別表明道光、咸豐及同治的統治時期。

㉗參看泰勒．丹尼特（Tyler Dennett）的《東亞的美國人》一書，美國，巴恩斯和諾布爾公司，一九四一年版，第三一一頁以後。

㉘見列衛廉在香港港口停泊的「明尼蘇達號」艦上寫給路易．卡斯的信，一八五七年十一月十日。載《參議院行政文件》第三六屆國會第一次會議，第三〇號，第一七頁。

㉙見⑪，第二二四—二二六、二七三頁。

㉚同上，第二五二—二五三頁。

㉛見㉗。第三七二頁。

㉜有關這方面的一般情況，見⑮，莫斯前書第二卷，第九〇—一一二頁。

㉝見瑪麗．克萊鮑．萊特（Mary Cllybaugh Wright）著的《中國保守主義的最後立場：同治中興，一八六二—一八七四》，美國，史丹福大學出版社，一九五七年版，第五章。

㉞見弗里德里克．威爾斯．威廉斯（Fredrick Wells Williams）的《蒲安臣及中國第一個出訪使團》，紐約，C．斯克里布納公司，一九一二年版，第二八頁以後。

㉟見一八六七年（同治七年）十一月二十一日恭親王奏摺，載IWSM-TC，五一、二七頁。

㊱見蒲安臣給西華德的信，上海，一八六七年十二月十四日，載美國國務院公佈的《對外關係》檔，一八六八

年，第四九四頁。

㊲「紅頂子」和「黃馬褂」都是清朝官制的最高級別的標誌。

㊳在中國古代，譬如春秋戰國時期（公元前四〇三—公元前二二一）和三國時期（公元二二二—公元二八〇），各諸侯國之間的外交往來都是由少數訓練有素的職業使臣進行的。他們多數是法家，可在不同諸侯國之間轉換服務。這種轉換從職業和道義上講，都是無可非議的。

㊴見㉟，一八六七年十一月二十六日，載 IWSM-TC，52/1ff。

㊵IWSM-TC，54/31ff。

㊶見蒲安臣致總統的信，載《對外關係》，一八六八，第六〇三頁。

㊷見《一八六八年波士頓市對中國使團的歡迎和款待》，美國，波士頓，阿爾弗萊德・馬奇父子公司，市印刷廠，一八六八年版，書中多次出現類似描寫。

㊸見⓬，I，第五二五—五三〇頁。

㊹見張存武著《光緒三十一年中美工約風潮》，專著第一三號，台北，中央研究院，中國近代史研究所，一九六六年版。第一章。

㊺參看喬治・E・貝克（George E. Baker）所著《西華德的著作》，紐約，豪頓・梅夫林公司，一八八七—一八八九年版，I，第五一頁往後；第二三六頁往後；IV，第二四—七五頁、第一二五頁；又見西華德所著《加利福尼亞，聯邦與自由：一八五〇年三月十一日西華德在美國參議院就加州行政管理發表的講話》，華盛

頓，布埃爾及布蘭查公司，一八五〇年版，共十五頁。

㊻見瑪麗·羅勃茨·庫里奇（Mary Roberts Coolidge）著的《中國移民》，紐約，霍爾特公司，一九〇九年版，成立出版公司（Reprint Service Corp）一九六八年重印，第三七八頁以下。

㊼見㊹，第五頁。作者的統計數字是以美國某些未公開出版的資料為依據的。

㊽見A·韋特尼·格里斯沃德（A. Whitney Griswold）著《美國的遠東政策》，耶魯大學出版社，一九六二年第三次印刷，第三三五頁。

㊾見「清季外交史料」，一七三一，第四卷，第一七頁；陳蘭彬寫給總理衙門的信件，一八七八年二月八日，見第十四卷，第三一頁。

㊿見阿瑟·W·漢穆爾（Arthur W. Hummel）編的《清代中國名人錄，一六四四—一九一二》，華盛頓政府印刷辦公室，一九四三，I，第四〇二—四〇四頁。

(51)見㊹，第一章。

(52)見⑫，I，第五三二—五三五頁。

(53)見㊻，第九六頁以下。

(54)同上，第三〇二頁以下。全面的背景研究，參見加利福尼亞州議院著的〈中國移民：其社會、道德及政治影響。加州議院中國移民特別委員會給加州議院的報告〉，加利福尼亞，薩克拉門托：州政府印刷公司，一八七八，第三〇二頁。這是一份典型的排華公開文件，後來的所謂「排斥華工法案」即由此而來。

㊺見㊻，第一六八頁以下；又見亞利山大・薩克斯頓（Alexander Saxten）所著〈不可缺少的敵手：勞工與加州的排華運動〉，勃克利，加利福尼亞大學出版社，一九七一年版。

㊻同上，中國駐華盛頓公使給中國外交機構的信，一九〇五年版，見㊹，第七頁引用。

㊼見梁啟超著的《華工契約誌》，㊺，第二頁引用。

㊽見約翰・V・A・馬克莫雷（John V. A. MacMurray）編的《一八九四—一九一九年與中國簽定的及與中國有關的條約和協議》，紐約，奧克斯菲爾德大學出版社，一九二一，I，第九—一一頁。

㊾見㊹，第五—七頁；又見查爾斯・比爾德著的《國家利益的概念》，芝加哥，四角圖書公司，一九六六年版，第三〇—五〇頁。

㊿見埃爾瑪・C・山德邁爾（Elmer C. Sandmeyer）寫的〈加州排華法案及聯邦法庭、聯邦關係研究〉，載《太平洋歷史評論》，一九五九，二八，第四九—六六頁。

61見㉗，第五四六頁；又見羅傑・丹尼斯（Roger Denicis）和哈里・H・L・基塔落（Harry H. L. Kitano）合著的《美國的種族主義：對偏見本質進行的考察》，新澤西，普蘭第斯・霍爾公司，一九七〇，第三五—四五頁。

62見㉗，第五四六頁；又見㊾第七十卷，第一二頁。

63同上。

64同上，第八〇卷，第十頁。總理衙門一八八九年四月三十日給駐華盛頓公使張蔭桓的指示，北京。

65見《對外關係，一九〇二》，第二一七頁。

66見埃德溫·H·康格（Edwin H. Conger）一九〇四年二月六日寫給海約翰的信，載DD-USNA, 92 : 126.；又見《對外關係，一九〇四》，第二一六頁。

67見44，多次出現於該書中。到目前為止，張的研究是用中文研究此題目的最全面的書。

68見27，第五四七—五四八頁。

69見威廉·L·馬西手稿，國會圖書館手稿部LXXV，四九四七五；又見11，第一九九—二〇一頁。

70見西華德所著《周遊世界》，第二一六頁，27，第四一二頁引用。

71見15，Ⅲ，第三四〇—三六六頁。

72見傑弗里·M·德華特（Jeffrey M. Dorwart）所著《辮子戰爭：一八九四—一八九五年中日戰爭期間美國的捲入》，美國麻省大學出版社，一九七五年版，第九二—一四二頁。

73見朱利亞斯·W·普拉特（Julius W. Pratt）所著《一八九八年的擴張，佔有夏威夷及西班牙群島》，美國芝加哥四角圖書公司，一九六四年版，第二三〇頁以下；又見同一作者的《美國外交政策史》，衣格伍德·克里夫斯，N·J·美國普蘭第斯·霍爾公司，一九七二，第二七九頁以下。

74見查爾斯·比爾德所著《國家利益的概念，對美國外交政策的分析研究》，美國芝加哥，四角圖書公司，一九六六年版，第八九頁以下。

75見李劍農著《中國政治史》，鄧嗣禹和傑羅米·英格爾（Jeremy Ingalls）合譯。普蘭斯頓，N·J·美國麥克米蘭公司，一九五六年版，第一五五—一六三頁。

76 見O．埃德蒙德．克拉伯（O. Edmund Clubb）所著《中國與俄國，一場「大遊戲」》，哥倫比亞大學出版社，一九七一，第一二五頁以下。

77 同上。又見唐盛鎬著《沙俄與蘇聯對滿洲和外蒙的政策，一九一一—一九三一》，杜克大學出版社，一九五九年版，第三〇頁以下。

78 見⑮，Ⅲ，第一二〇—一二一頁。

79 見威廉．列奧那德．蘭格（William Leonard Langer）所著《一八九〇—一九〇二年帝國主義的外交政策》，紐約，瑙夫公司，一九三五年版，Ⅱ，卷XXⅡ，〈義和拳的興起〉一章，第六七頁以下。

80 見⑮，Ⅲ，第一〇一—一二七頁，〈第五章：即將解體的中國〉。

81 見康格寫給海約翰的信，一八九九年三月一日，載DD-UTNA, 106 : 155。

82 見山繆爾．夫拉格．貝米斯（Samuel Flagg Bemis）所著《美國外交史》，紐約，亨利．霍特公司，一九四五年版，第四八三頁以下；又見㊽，第三六—三八頁，第二章，〈起草「門戶開放照會」〉。

83 見E．M．格爾（E. M. Gull）所著《英國在遠東的經濟利益》，英國牛津大學出版社，一九四三年版，第四九頁以下；又見王曾才著《英國對華外交與門戶開放政策》，台北，商務印書館，一九六七年版，第六一—六五頁。

84 見82。

85 見費正清著《美國與中國》，美國哈佛大學出版社，一九七一年版，第九二五頁以下；又見伊斯雷爾著《侵略主義與中美的門戶開放，一九〇五—一九二一》，美國匹茲堡大學出版社，一九七一，第二〇〇頁以下。

86 同上；見費正清著《中美的相互影響：一個歷史的總結》，美國拉特格斯大學出版社，一九七六年版第六二頁以下。又見麥克·H·韓特（Michael H. Hunt）著《邊疆保衛及門戶開放：中美關係中的滿洲，一八九五—一九一一》，美國耶魯大學出版社，一九七三年版，第二〇—三九頁。

87 見82、85及86。

88 見《對外關係，一八九九》，第一二八—一四三頁。

89 見81。

90 見15，Ⅲ，第三五〇—三五一頁。

91 見竇宗一著《李鴻章年（日）譜》，香港，友聯出版社，一九六八年版，第四三四頁以下。

92 見洛依德·C·加德納與他人合著的《美國帝國的產生：美國外交史》，美國紐約：蘭德·麥克納里公司，一九七三年版，第十三章，〈戰爭中的擴張主義，一八九三—一九〇一〉，第二三三—二六一、二五三頁；又見48，第八七頁以下。

93 見李鐵錚著《西藏，今天和昨天》，美國紐約，書人聯合公司，一九六〇年版，第七五頁以下。

94 見蘭德恩寫給杜蘭的信，一九〇四年六月二十九日，48第一〇一頁引用。

95 見86（韓特書），第五三—七六頁；又見76，第一二五頁以下；又見48，第八八頁。

96 同上，第一〇三—一〇四頁。

97 同上，第九〇頁以下；又見張仲甫著《英日聯盟》，美國約翰・霍普金斯大學出版社，一九三一年版，第一一二頁以下。

98 見48，第八七頁；又見86（韓特書），第七七頁以下。

99 同上，又見大衛・H・伯頓（David H. Burton）所著《西奧多・羅斯福：有信心的帝國主義者》，美國匹茲堡大學出版社，一九六八年版第八九、一七五頁。

100 見15，Ⅲ，第四三六頁以下；又見何漢文所著《中俄外交史》，上海，清華出版公司，一九三五年版，第二二二頁以下；又見唐盛鎬前書第一章，及《清季外交史料》，第一八六—一八九章、一八八章第一三三頁。

101 見86（韓特書），第一〇〇頁以下；又見查爾斯・A・比爾德（Charles A. Beard）著《國內的門戶開放》，美國紐約，麥克米蘭公司，一九三五年版，第一七九頁以下；又見大衛・H・伯頓（David H. Burton）所著《西奧多・羅斯福》，美國紐約，泰恩出版公司，一九七二年版，第一二八頁；又見48，第八七—一三二頁。

102 同上，第一三〇頁。

103 同上，第八七—一三二頁。

104 見瓦倫丁・奇羅爵士（Sir Valentine Chirol），倫敦《泰晤士報》國外版編輯寫給羅克希爾（Rockhill）的信，一九〇九年十一月一日，同上第一六二頁中引用，又見59，比爾德一書第一八四頁以下。

105 見喬治・凱南（George Kennan）著《E・H・哈里曼的遠東計畫》，美國紐約，鄉村生活出版社，一九一七年版，第三七頁以下；又見同一作者寫的《E．H．哈里曼傳》，美國波士頓，豪頓．梅夫林公司一九二二年版，第XVIII章。

[106] 見[48]，第一三三頁以下。

[107] 見歐內斯特．B．普萊斯（Ernest B. Price）所著《俄日於一九〇七—一九一六簽定的有關滿洲和蒙古的條約》，美國，約翰．霍普金斯大學出版社，一九三三年版，第三四—三八頁及一〇七—一〇八頁；又見韓特書，第一〇〇頁以下。

[108] 見[79]，第二四〇—二四四頁。

[109] 見弗里德里克．V．菲爾德著《美國在向中國投資的國際財團中的股份》，美國，芝加哥大學出版社，一九三一年版，第二章〈湖廣鐵路債券〉，第十四頁以下；又見《對外關係，一九一六》，第一三四—一三八頁。

[110] 見[75]，第二四〇頁以下；又見瑪麗．懷特編的《革命中的中國：第一階段，一九〇〇—一九一三》，美國耶魯大學出版社，一九六八年版，第三八三頁以下。

[111] 在過去的二十年中，台北中央研究院中國近代史研究所的研究人員所發表的為數不多的專著，給人印象頗深，但總的說來，中國的學術研究是大大落後於國際標準的。縱使是概要性的著作如傅啟學的《中國外交史》（台北，三民書局，一九六〇，共七二〇頁）、丁名楠著《帝國主義侵華史》（北京，人民出版社，一九五八年版，卷一，第三三三頁）及其他人的著作，都無法與相應的英文著作相比，無論是廣度還是深度，都落後於他人。

[112] 見[15]，I，第二五三—二五四頁。

❶❶❸見徐鐘嶽著《中國的崛起》，英國牛津大學出版社，一九七〇年版，第二四〇頁。

❶❶❹見㊾、㊸、㊹和㊻。

❶❶❺舉一個比較好的例子，是費正清等人寫的書，見❶，第一四三、一四六、一五〇、一六八、一七四、三三四、三三六—三三八、四八五頁……。

❶❶❻見㊹，第四和第五章，又見㊽，第二九五頁以下。

❶❶❼見❶❶❺，第三九四—三九七頁。

❶❶❽有關傳教士在中國的作用，見⓫，第七一—八一頁。

❶❶❾在中美關係方面的著名學者，包括哈佛大學的費正清教授，很少有人對美國的排斥華工運動給予它應有的足夠重視。

❶❷⓪見根舍·保爾·巴斯（Gunther Paul Barth）寫的《苦難的勞力：美國華工史，一八五〇—一八七〇》，美國，哈佛大學出版社，一九六四年版，第一五七頁以下。

❶❷❶參看費正清的《一個錯誤的概念》和《中美相互影響》兩書。

附註

本篇英文原稿載紐約聖約翰大學發行之《亞美評論》第一卷第四期（一九八四）。由郭中迅譯為中文，載北京《國際關係學院學報》第一期（一九八八），文題為〈清朝人與美國佬1784-1911〉，收入本書改今題。

撰寫《李宗仁回憶錄》的滄桑

——一篇迄未發表的《李宗仁回憶錄》中文版代序

李宗仁的歷史地位

李宗仁是中國近代史上一位屈指可數的政治領袖和英雄人物。讀歷史的人，縱使以成敗論英雄，對這樣一位不平凡的歷史製造者，也不能等閒視之。

從一個歷史人物的任何角度來看，李宗仁的一生事跡原也不能歸納成「失敗」二字。他底出身是滿清末年，落後的廣西農村裏一個誠實忠厚的牧童。論家庭環境，他比後來和他同時煊赫的國共兩黨中的領袖人物都要艱苦得多。他是個真正赤腳下田、肩挑手提、幹過粗活的貧苦農民（其他做過同樣自述的高層領袖人物，往往卻是言過其實）。然而歷史和命運，三湊六合，卻漸次提攜他在中國軍政兩界，逐年上升，終於在國民黨政權在大陸上的最後一年中，成為國家元首——有歷史和正統地位的國家元首。這在中國的傳統史學上說，也可說是中國歷史上最後的一位「末代帝王」罷。「末代帝王」——尤其是傳統的宗法社會轉向社會主義社會，這個「轉移時代」的「末代帝王」，是任何讀史者所不能忽視的。

從李氏個人在歷史上的事功方面來看——讓我引一句套語——他底一生也可說是「有足多者」。他在二十來歲初主「方面」之時，居然能擺脫舊軍人的傳統，跳出當時腐化的環境而以新姿態出現。這就是一件那時軍人不容易做到的事。其後他加入國民黨，側身國民革命，論戰功、論政略，他都是國民黨旗幟下一位佼佼不群的領袖。在那些國民黨執政時期諸多決定性的大事件之中——如「統一兩廣」、「北伐」、「清黨」，「寧漢分裂」、「武漢事變」、「中原大戰」、「國共第一次內戰」（「五次圍剿」與「反圍剿」）、「閩變」、「六一事變」、「抗戰」、「國共二次內戰」、「行憲」、「蔣氏二次下野」、「中華民國退守臺灣」等等——李宗仁都是關鍵性人物之一；少了他，歷史可能就不一樣了。

就以最後這件事（蔣氏二度下野、中華民國退守臺灣）來說罷，李氏也是造成今日臺海兩岸對峙的重要人物之一。當年李宗仁曾對筆者力辯一九四九年「逼宮」之說為「誣賴」。據個人探索，我也認為「逼宮」之說有點過甚其辭。但是蔣氏當年既然退而不休，卻為什麼又要堅持「引退」呢？

原來「內戰」與「外戰」不同，在中華民族傳統的道德觀念支配之下，對外戰爭在情況險惡之時，衛國將士是應該「寧為玉碎」的。但是內戰在同樣情況之下，那便不妨「陣前起義」

或謀「局部和平」，以求「瓦全」了。蔣氏下野而讓李某「拋頭露面」，其用意顯然是在「穩定桂系」，免得它效法傅作義，在華中地區搞「局部和平」罷了。

在蔣氏那時的估計，桂系如不搞「局部和平」，它或許仍然可以「割據兩廣」以抗共軍，這樣蔣氏所直接控制的中央系也就可以確保臺灣了，這也是「守江必先守淮」的次一步安排罷。留得青山在，不怕沒柴燒。一旦國際局勢轉變，國民黨捲土重來，還怕「桂系」不聽指揮嗎？

後來桂系在「兩廣」雖然「割據」未成，但是李、白二人沒有和程潛、陳明仁等一道去搞「局部和平」，倒給予中央系人物較充分的時間去準備退守臺灣——如胡適在抗戰期間所說的「苦撐待變」！而中華民國在臺灣居然能並未怎樣「苦撐」，就「待」出一個韓戰的「變」局來。那時李、白二人如果也搞起「局部和平」來，則情勢可能早就改觀了。沒有個臺灣，整個中美關係，乃至今日三強互制的整個世界局勢，也就不一樣了。話說從頭，李宗仁一個人的意志，也是這個歷史發展的關鍵！

一九六五年初夏，李宗仁有一次忽然十分傷感地向我說，他年紀大了，想「落葉歸根」！他那片「落葉」，如果在一九四九年就「歸根」了，今日中國和世界的局勢還會是這樣的嗎？

匹夫一身繫天下安危。我們讀歷史的人，豈能小視李宗仁這位「末代帝王」的個人故事！所以我們要治「民國史」，則對李宗仁其人其事就必須有一番正確的認識。但是要認識李宗仁，他本人的回憶錄自然是最直接的原始資料。

本書正名

當然古今中外任何歷史人物——尤其是政治圈內的人物——底自述，都有其片面性。它底論斷是極度主觀的。但是一位創造時勢的英雄，對他如何創造他那個時勢的自述，其史料價值究非其他任何間接史料所可比。至於如何在這些第一手史料中去甄別、取捨、那麼見仁見智就要看治史者和讀史者——不論他是個人、是團體或是階級——個別判斷能力之高低和成見框框之大小來決定了。

筆者不敏，由於「治史」原是我的終身職業，「讀史」也是我生平最大的興趣，加以上述理想的驅策，因而在美國大紐約地區接受哥倫比亞大學之聘，自一九五八年暮春至一九六五年初夏，斷斷續續地用了將近七年的時光，在李宗仁先生親自和衷合作之下，寫出了這部《李宗仁回憶錄》的中、英二稿。屬筆之初，李與我本擬在《回憶錄》之外，另加一書名叫《我與中國》——使它和當時風行美國的《艾森豪回憶錄》另有個書名叫《遠征歐洲的十字軍》一樣。至於作者的署名則更經過哥倫比亞大學的提議、李氏的同意，用：「李宗仁口述；唐德剛撰稿。美國哥倫比亞大學・東亞研究所・中國口述歷史學部編纂發行」等字樣。出版時列為哥倫比亞大學「東亞研究所叢書第×××號」。這種安排也可說是一種三邊協議罷。

我們那時想取個「附帶書名」的原意，只是為本書「英文版」著想的。因為當時歐美社會的時文讀者們對「李宗仁」這個名字，並不太熟習，加一個「我與中國」就比較清楚了。不幸英文版之付印由於李氏於一九六五年夏秘密離美而中止。如今二十年快過去了，李宗仁的故事在歐美已不成其為「時文」，而是一本不折不扣的「史料書」了。史料書再用這個附帶書名不但失去原來意義，而且會影響本書史料上的嚴肅性，所以筆者徵得哥大校方同意，為保持本書的純學術面貌，就決定不用了。

至於本書的「中文版」，它原無加一附帶書名之必要，畫蛇添足，就更犯不著了。這件事從頭到尾是筆者個人向李建議的，取捨之間並未違反李氏之原意也。

中文稿出版的曲折

本書共有中、英文稿各一部。

中文稿共七十二章，約六十萬言。此稿內容政治掌故太多，牽涉廣泛，各方阻力不小。海外可銷量有限，出版不易，以致積壓甚久。因此在七十年代中期，當國際環境好轉，海內外學術風氣亦有顯著改變之時，本稿原國際版權享有者的美國哥倫比亞大學乃委托筆者將本書中文稿轉交香港《明報月刊》，暫時以「連載」方式，按月分章發表，以饗讀者。

哥大執事人並有正式公函給我，因為我是本書中、英二稿的唯一撰稿人，根據國際出版法我個人有權收取本書中文版的國際版稅。至於本書英文版的版稅問題，哥大歷屆當軸均一再言明，校方為本書「投資」太多，為收回成本計，大學擬以英文版版稅「歸墊」云云。

以上都是享有兩稿版權的哥倫比亞大學向我這位「著作人」主動提出的。筆者一介書生，對資本主義學術界的生意經，既無研究，更無興趣，只要他們能不動本書內容，能保持這本歷史紀錄的真面目，我就很滿意了。至於大學當局主動的向我言「利」言「權」，我多半是由他們做主而不置可否的。這可能也是我們海外中國知識分子，治學異邦，而仍然未能擺脫我故國鄉土書生的頭巾氣，有以致之罷。

由於哥倫比亞大學的授權與供稿，香港《明報月刊》乃於一九七七年四月份（該刊總第一三六期）起，按月連載至兩年之久。後因該刊前編輯以此稿過長，希望暫時停載若干期，以免讀者乏味。同時亦因哥大所發之中文稿中，竟然缺了極其重要的、有關當年「國共和談」的一章——〈第六十六章，收拾不了的爛攤子〉——需由英文稿回譯，而筆者事忙，一時未能動筆，這一「連載」便暫時中斷了。

今年（一九八〇）年初，筆者承香港《明報》發行人查良鏞先生函告，以《明報月刊》對《李宗仁回憶錄》將恢復連載，並擬刊行全書。此時適本書英文版業已問世，筆者乃著手將此缺稿回譯，並將十餘年前所撰之〈中文版序言〉修改補充以適應當前需要。惟平時教學事忙，一時無法抽空，遂拖至學期結束。後正擬乘暑假趕工之時，忽自中文報刊上讀到消息，始知《李宗仁回憶錄》中文版，已為廣西文獻委員會在桂林出版——筆者執筆草此文時，對該「桂林版」尚未寓目。

這件突如其來的出版消息，倒使我這位「撰稿人」頗覺意外。理由是：

第一，桂林出版的《李宗仁回憶錄》據說是李幼鄰（李宗仁的長子）帶回去的那份殘稿。全稿缺了上述那極重要的第六十六章，畫龍失睛，豈不太可惜了嗎？桂林的出版商事先為什麼不問我一聲呢？

第二，筆者是該書享有國際著作權的唯一「撰稿人」。全書雖是根據李宗仁大意下筆的，而李氏所提供的只是一些含混的「口述史料」（oral sources）——李宗仁旅美期間，身邊無片紙史料——至於詳盡明晰的「著述史料」（written sources）之蒐集、寫作、計畫之擬訂、新式史學方法之運用與全部文稿之撰寫等等，則全是我一手包辦的。所以哥大口述歷史學部原主持人在本書英文版〈導言〉中，便鄭重指出，本書是「一位歷史製造者和一位歷史家的合著」（全文見英文版韋慕庭、何廉合撰的〈導言〉）。論對本書撰寫過程中用力之多寡，和在史學著述上文責之輕重，在哥大發行的英文版上，我的名字尚且排在李宗仁名字之前呢。因此，按法律、按事實、按情理，這都是李宗仁和筆者二人的「合著書」；這也是李氏生前和哥倫比亞大學共同協議認可的。為什麼這本桂林版的問世，我這位「合著人」事前竟毫無所知呢？

第三，本書所用的體裁雖為「自傳體」，但是它的撰著過程卻是與「傳記體」分不開的。只是一般傳記的寫作——如薛君度所著的《黃興傳》（英文原著作於哥倫比亞大學，中文譯本最近在湖南長沙出版）——所用的資料多半以「著述史料」為主；作者的意見，也可隨心所欲，任意發表。本書的寫作，則是「著述史料」與「口述史料」並用，作者任何意見須經當事人認可而已。所以本稿實是「傳記」、「自傳」合二為一的一本現代史學著述。本書之行世，自傳當事人和史學執筆人，對當前讀者和後世史家，都應有個明白的交代。一本史學著作不是一個由天上掉下的隕石，它是有來龍去脈的。讀史的人——尤其是將來的史學家——也是要尋根究柢的。一位生前未嘗執筆為文的李宗仁先生，死後忽然從天上掉下一本自傳來，這也是對讀者和歷史的矇混。所以自傳的當事人和自傳的真正執筆人在書面聯署，目的是向讀者和歷史負責，非徒世俗所謂附驥留名而已也。當年美國報人史諾在陝北訪問毛澤東所寫的《毛澤東自傳》，仍然是史著《西行漫記》（或譯《紅星照耀下的中國》）裏的一章。史諾對中國近代史並無深入研究，該篇並未引用其他「著述史料」；他所用的倒是百分之百的毛氏的「口述史料」。雖然如此，歷史家並沒有把此篇收入《毛澤東選集》，那一篇仍是史諾的作品。美國女作家史沫特萊夫人所寫的《朱德傳》亦復如是。這些都是近代史學著述上有名的作品，盡人皆知。本書桂林版的發行人為什麼對這些前例熟視無睹，而單獨把我這位「撰稿人」的名字在書上一筆劃掉呢?!

第四，在資本主義制度下的哥倫比亞大學為著撈回原先投資的成本，也只是取消我這位「作者」應有的「版權」，它並沒有剝削我的「著作權」。在標榜進步的社會主義制度之下的廣西文獻委員會理應對歷史作家有更多的保障，它怎能比資本主義的哥倫比亞大學，更進一步，連我的「著作權」，也給不聲不響的沒收了呢?!

在百思不得其解之下，我的臆度便是：祖國的學術界和海外的學術界，不幸的隔絕太久了。因此著述界和出版商在海內外彼此抄襲、翻印、剽竊等陋習多少年來已相沿成風，視為當然。如今海禁大開，海內外著述界已由高度交流而日趨統一。但是原先的陋規惡習，還有其相沿的惰性，一時頗難怯除。近三十年來該有多少我國出版的名著，在海外被改寫、換名、盜印了?這也都是盡人皆知的事。

再者李幼鄰先生當年經商事忙。他對這一宗替他父親寫回憶錄的學術事務，原未參與，隔閡殊甚。他對本書由協議、到撰寫、到出版底一系列合約的安排，並不熟習。最近他只是以李宗仁長子的身份自黃旭初先生的遺屬手中，取得了這份殘稿（至於此稿如何落入黃家，下文當另有交代），他便把這份殘稿捐獻給廣西政協了；而接受這份殘稿的廣西人民政協當局，當然更不知道本稿各種複雜的前因後果，因而就以當年舊社會中的官場慣例，未經調查，不問情由，便把全稿一古腦出版了。

這樣一來，他們也就把一個現代史學作家當成當年官場上的「文案」、「師爺」、「秘書」

等一樣的「幕僚」看待了。這些舊時代的「幕僚」底主要職務，便是遵「長官之命」，去為長官「擬稿」；擬好了「文稿」，再由他們「主任秘書」或「幕僚長」來「核稿」一番，然後再「呈閱」，由「長官劃『行』」，便是長官的「文告」了。

但是這種舊時代的「官場慣例」和現代學術界的「科學分工」，是水火不相容的。可是筆者這部現代史學的著述，顯然是被當成舊社會的「長官文告」給處理了。在今日海內外學術界、著作界，由高度交流而日趨統一的現狀下，竟然發生這樣有欠正常的出版現象，我身為海外作家之一，不避冒昧地著文反應，在法、理、情三方面，請求有關當軸，加以澄清，也是我們幫助祖國出版界現代化、國際化的應有責任罷。

英文稿和中文稿的關係

本書的英文稿原是筆者對中文稿的節譯、增補和改寫而成——共五十三章，亦四十餘萬言。此宗英文稿於年前經筆者重加校訂，由哥倫比亞大學授權英美兩家書商，於一九七九年六月在美英兩國同時出版。為節省紙張用小號字排印。亦有六百四十二頁之多。書前有上述韋、何兩氏的〈導言〉，我自己也寫了一篇英文長序。

這中英二稿在份量上說，都不算小，甚至可以說在中國近代史傳記項下，是一部鮮有其匹、全始全終的一部「當國者」的自述。用常理來說，這中英二稿自應以中文稿為主，英文稿不過是一部「節譯」而已。誰知就撰寫的程序來說，這中、英二稿卻相輔相成，各有短長。其內容亦間有不同。此種情況之發生固亦有其常理所不測之處也。其中最主要的原因，便是這部書的寫作原是一所美國大學所主持的，美國大學對出版中文書是毫無興趣的，當然也就不願提供非必須的經費，來支持中文寫作了。

筆者當年受聘執筆，要隨時向校方主持籌款的上級報告「進度」；而學校當局對我這位「研究員」的「研究工作」之考覈，亦全以英文稿為衡量標準。幸運的是李宗仁不懂英文，我非起個「中文草稿」，則李氏便無法認可。那時筆者如為著省事，但向哥大按時「交差」，則中文草稿原無加工之必要——哥大當時所主辦的其他中國名人「口述自傳」（如胡適、孔祥熙、陳立夫、顧維鈞、張發奎、蔣廷黻、陳光甫、蔣彝、吳國楨、李漢魂、何廉等人）均無中文稿。該校在同時期所主辦的一些東歐名人的「自述」亦無東歐文底稿。筆者所撰這部中文版《李宗仁回憶錄》則是其中唯一的例外。

說實在話，這部書原是我個人循李宗仁之請，在正常英文撰述工作之外的一點「額外工作」——說是筆者個人「偷空的私撰」亦未始不可。

為著趕寫英文稿，按時向校方「繳卷」，同時並保持中文稿最低限度的可讀性，我那時精力雖旺，也還是日不暇給。工作時間，往往是通宵達旦的；而這點自討苦吃的「額外工作」，也不知道給予我多少一言難盡的「額外」苦惱，有時因之氣餒，有時因之心力交瘁，是難免的；但是筆者愚而好自用的個性，總算也有可用的一面，我是咬緊牙關、不計後果的堅持下去了——堅持著用掉數十打鉛筆，多寫了一百多萬個中國字！

那份「鉛筆稿」——多半是我在午夜前後一燈熒熒之下，埋頭書寫的——它底分量雖大，而哥大當局卻一直不知其存在。一直到一九六五年深秋，李宗仁秘密離美後三個月，哥大的律師為向法院「備案」，細查全稿撰寫程序，才被他們發現的。一旦發現，校方乃要我繳出歸公，由哥大「封存」，從此就算是哥倫比亞大學的「財產」了。該稿現在仍被鎖在哥大圖書總館的「珍藏部．手稿室」。筆者前不久曾一度被特准取閱，全稿紙張，已蒼黃不堪矣。

這部中文稿既是一部「額外工作」，而這額外工作又多至百餘萬言，因此落筆之時，我斷然沒有工夫去字斟句酌的。事實上那份草稿的撰寫方式，簡直與一般「限時發稿」的新聞記者的寫法一樣——真可說是「文不加點，一氣呵成」。要推敲、要考訂、要章節改組，就到英文稿上再去加工罷。

據筆者個人，乃至海外一般同文的經驗，寫英文在某些方面，遠比寫中文輕鬆。主要的原因便是中文須「手抄」，而英文可「打字」。打字是機器工業，快而省力——筆者本人便可於二分鐘之內很輕鬆地「打」出四十五個以上的英文字——所以一稿可以數易。必要時且可請打字員代勞，甚或錄音口述，不必揮動一指。寫中文則是手工業，一字一句都得親自手抄，一篇短稿，往往也要個把鐘頭，才能抄完。要把一份長逾百萬言「額外工作」的手抄稿不斷地改寫改抄，那幾乎是不可能的事。但是這部《李宗仁回憶錄》，卻是經過六、七年的時間，不斷地改動才完成底稿的，因為有時完稿之後，已經李氏認可了。忽然又發現了新史料。甚或新回憶（「忽然間想起來了！」），如此則部分手稿必須改寫，而這項改寫工作，我往往就捨中就英了，在英文稿上直接加工，然後要打字員重行打過就是了。

至於中文稿，手抄太困難，而海外又無中文「錄事」或「鈔胥」可以幫忙，所以中文稿需要改動，我只寫了些「眉批」，或標上一兩張簽條便算了。「改寫工作」就只好「留待異日」再做罷。

舉一兩條小例子：

民國十五年（一九二六）北伐途中，蔣、李二人「拜把子」之時，蔣總司令的盟帖上原有四句四言的「盟詩」。李先生忘記了。那盟帖也在一九二九年「武漢事變」中遺失了。所以在中文稿上我們就沒有寫下來。可是後來郭德潔夫人閱稿時，她還能記出原文。李氏乃要我「加上去」。我便把這四句譯成英文，把原稿抽出「改寫」，並重行「打」好，天衣無縫地補了進去（見英文版第一七五頁）。

但是在中文稿上，我只加了一張簽條，以便將來「整理」時，再行補寫。孰知李氏一去，「補寫」不成，而這張簽條後來又在哥大複印全稿時被暫時抽下。一抽之後，不識中文的助理員便無法復原。因此蔣總司令的這四句「盟詩」，和陳潔如女士的芳名，在中文版上也就不能出現了。

還有，當李宗仁營長於民國八年（一九一九）率部駐防新會時。奉密令逮捕新會縣長「古某」，並將其「當場硼掉」。縣長是被他殺掉，但是名字卻被他記錯了。後來經輾轉查明，那位槍死的縣太爺的名字原來叫「何文山」，湖南人，而非「古某」。在英文稿上我是根據新史料改正了（見英文版第五十八頁至六十頁）。但是在中文稿上，我也只加個簽條，這個簽條後來也脫落了。所以該章其後在《明報月刊》（總第一四二期）印出時，那位冤死鬼還是那位「古某」。我相信在新出的「桂林版」，可能仍是將錯就錯的。

以上所說的雖然只是一些小出入，而如上節所述的中文稿第六十六章〈收拾不了的爛攤子〉，則全章都是筆者最近才從已出版的英文稿第四十七章，整個回譯的。原來當我發現中文清稿中缺了該章之時，我曾專程去哥大各處搜尋，卻遍覓無著。這章稿子究竟怎樣遺失了呢？事隔二十餘年，真是線索毫無！後來我在自己的日記和其他一些雜亂的殘稿之中，才找到點影子。

事情的經過大概是這樣的：在當初我把那一章中文底稿譯成英文之後，哥大方面的美國同事閱後都嫌其太簡略了——因為這是當時大家等著要看的「最重要的一章」——我自己反覆讀來也自覺有避重就輕之感，乃決定把全稿抽出，從頭改寫。改寫再經李氏完全同意之後，未等著把中文底稿潤色後抄成清稿，我就把底稿譯成英文了，因此中文清稿一直沒有叫昭文（按：即作者夫人吳昭文女士）補抄。沒有補抄的原因，是筆者對改寫稿仍不滿意，只以「來日方長」，以後與李宗仁商量，再來個三次改寫罷。

原稿既然抽下來了，打雜的女秘書可能就忘記放回去。後來哥大的中國口述歷史檔案室又先後三遷，而直接管理檔案的女秘書又一死三換，先後不接頭。筆者原不管庶務——按規章我也無權過問，也沒時間過問——後來受調離職就更不能過問，殘餘的中文底稿第六十六章也就再也找不到了。

原先我個人對整個七十二章中文全稿的打算，是等到英文稿完工之後的遙遠將來，在李宗仁繼續合作之下，再「慢工出細活」地補充、潤色，甚或徹底改寫。因為在李氏與哥大合作之初，便同意在回憶錄英文版面世之前，不得以中文發表任何回憶史料。這本是美國學術界的生意經，所以我對於中文稿，原也打算天長地久，以後再慢慢琢磨的。這本是我個人的心願——這部中文稿太茅糙了，她是一塊璞玉，玉不琢、不成器，我是預備把她好好地改寫的。一部必然傳之後世的中國史書，怎能讓後世史學史家看出「英文版優於中文版」呢？這種心理也可說是我們寄居海外的中國知識分子，對祖國文明，所發生的班超式的愚忠愚孝罷。

誰知英文稿甫告完工之日，李宗仁忽然自紐約「失蹤」！哥大隨即循法律程序，把與李氏有關的中英文一切文件，全部封存。哥大這一鎖就鎖了十二年之久。直至一九七六年初，「中美國交解凍」已成定局之時，哥大當局始決定把這項中文稿「解凍」發還。這時李宗仁夫婦墓木俱拱，海內外人事全非。筆者亦兩鬢披霜，摩挲舊作，真是百感交侵！

筆者雖然是這部書從頭到尾唯一的執筆人，但是在體裁上它畢竟以「自傳」方式出現。在治學的基本原則上說，我今日對這部稿子，除掉改正少數筆誤之外，我是不應易其一字的。改寫和潤色，都為治學常規所不許。

但是這部書原只是一束「草稿」——一位未施脂粉、亂頭粗服的佳人。她原是學術在政治上的犧牲品。因此這中、英二稿，並不是一稿兩文；而是一個著作程序中，兩個不同階段之下的兩種不同的產品，相輔相成而各有短長。中文稿還沒有脫離「草稿」階段，英文稿在程序上卻是「定稿」，而這一定稿大體說來卻又是中文草稿的節譯和補充。這點實在是我們華裔知識分子在海外以中英雙語治中國史，無限辛酸的地方。這也是筆者要向《李宗仁回憶錄》中文版讀者抱歉、並請逾格體諒的地方。

初訪李府

《李宗仁回憶錄》的中、英二稿的「正本」雖被哥大積壓了將近二十年，其「副本」則在海內外變相流傳，易手多次。因而新書未出，舊稿已經弄出意想不到的許多古怪的「版本問題」來。筆者既是兩稿唯一的「撰稿人」，我自覺對這部稿子撰寫經過中，若干關鍵性的細節，亦有稍加敘述的必要，庶幾讀者能了解真相而不為魚目混珠的版本問題所困惑。

這部書原是美國哥倫比亞大學・東亞研究所・中國口述歷史學部主持之下撰寫的。這個「學部」（或譯為「計畫」）原於一九五七年試辦成立，也算是該校總口述歷史學部中的一個支部。這個支部的主持人是該校授中國近代史的白人教授韋慕庭（C. Martin Wibur），各項經費原是他向福特基金會、美國聯邦政府，以及其他方面籌募的，一切內部政策也就由他一人決定。筆者在拙著《胡適雜憶》的最後一章裏也曾略有交代。

韋氏為與中國流亡政要洽談方便起見，後來也邀請當時在哥大教授中國經濟的華裔何廉（Franklin L. Ho）博士參加。但是何氏的職務只是陪陪客、吃吃飯，做點諮詢工作而已，並不負絲毫實際責任。何氏是搞經濟的，同時因為他早期在國民黨中做官是屬於「政學系」那個官僚集團，歷史既非其所長，而他過去在中國政治圈中的恩怨，反增加了哥大對中國口述訪問中的不必要的困難。即以宋子文為例罷，宋氏曾多次透過顧維鈞先生向哥大表示願意參加。宋是哥大的校友，又是所謂「四大家族」中的宋家的第一要員，在後期的國民黨政權中，他是位核心人物，本身就是一部活歷史。最重要的是他還擁有整箱整箱的私人文件。

不幸當他在重慶做行政院長的時期，把他下屬的「農本局長」何廉給關了起來，據說當時何氏如沒有「政學系」的靠山，是可以喪命的。

如今大家都流亡海外，縱不記前嫌，但是把杯握手，也難免臉紅——尤其當時華人知識分子圈圈內的傳說，都以為這個口述歷史是何廉主持的。何氏對外自然也當仁不讓——所以宋子文就有點躊躇了。後來宋氏還是不顧既往，頗有參加的願望，但是在「諮詢」過程中，他的名字卻被劃掉了。

後來顧維鈞先生向我說，宋子文先生希望你也能幫幫他的忙，他想寫本《回憶錄》。我斬釘截鐵地告訴顧先生，我願抽空，為宋先生義務幫忙。但是顧先生知道我是一位「窮忙」的流浪漢，哪裏能抽出這個空，一人擔三口，晝夜不停走，哪裏又能負擔起這個「義務」呢？所以也就作罷了。

後來宋氏在西岸吃雞不幸噎死的消息東傳之後，我個人聞訊，真錐床歎息——我們治民國史的人怎能把宋子文這樣的「口述史料」失之交臂呢？

哥大這個「中國口述歷史學部」自始至終就只有兩個全時研究員。那個夏連蔭（Julie How）和我。夏女士最早訪問的對象是孔祥熙和陳立夫，我最初訪問的則是胡適和李宗仁。

李宗仁是在一九五八年春夏之交、適之先生決定出長臺北中央研究院之後，才應邀參加的。參加的程序是先由哥大校長具函邀請，李氏答應合作了，東亞研究所乃派我前往，商討有關合作的一切細節和工作方式。

記得我第一次受派往訪之時，是一個天朗氣清、惠風和暢的日子。當我開著汽車在李氏住宅附近尋找門牌號碼之時，忽見迎面開來一部黑色的林肯轎車，開車的是一位相當清秀的中年東方婦女。她見了我便把車子與我車對面平行停下，微笑地問我：「你是來找我先生的嗎？」我一看就知道她是大名鼎鼎的郭德潔了。我答應之後，她便說：「我先生正在等著你呢。」說著她便掉轉車頭，領我到他們的住宅。那是一幢只有一間車房、相當樸素的平房。據說原來是一位美國木匠的住宅，是李夫人以紐約市內房租太貴，由她堅持著買下來的。我二人下車之後，李先生已站在門前，含笑與我握手了。

李先生中等身材，穿一件絨布印紅黑格子的運動衫，灰呢長褲。他那黃而發皺的老人面孔，看來就像祖國農村裏的一位老農夫。他領我到客廳，延我「上座」。李夫人捧出咖啡、茶點之後，便又開車買菜去了——說是留我午餐，果不久，當李氏與我談興方濃之時，李夫人已經放好了一桌子的菜肴，來約我們吃飯了。這便是我在他們李家所吃的有紀錄的一百六十八頓飯的第一頓。菜肴不算豐盛，但是十分精緻可口。我順便一看她的廚房，裏面一清如水，雜物井井有條，杯盤銀光閃閃。我不禁暗自讚歎：「郭德潔原來還是一位好主婦！」——那時他們是沒有傭人的。

後來一位廣西籍的岑女士（岑春煊之後裔）也告訴我，戰前在桂林，她便時常看到郭德潔騎著腳踏車「上街買小菜」。郭是那時桂林的「第一夫人」，居然騎單車出街，也確是難能可貴的。

這時在李家我們三人且吃且談，笑語悠然。郭夫人則時起時坐，替我們加菜添湯。看著座上的主人，我簡直不相信，他二人便是「李宗仁、郭德潔」這一對民國史上的風雲夫婦！他二人言談舉止，都極其平凡而自然，沒有絲毫官僚氣息，或一般政客那種搔首弄姿的態度。

這是我對他們夫婦的「第一次印象」，也是我們其後七年交往的肯定的印象。我至今覺得李德鄰先生是一位長者，一位忠誠厚道的前輩。他不是一個枉顧民命、自高自大的獨夫，更不是一個油頭滑腦的政客。我在他身上看出我國農村社會裏某些可愛可貴的傳統。

至於郭德潔夫人，我覺得她基本上也是一位「鴛鴦」、「平兒」這一類型的好姑娘、賢主婦。不幸她命大，做了「代總統夫人」，無端地被人看成個女政客，實在是有點冤枉。人孰無過？人孰無短？李氏夫婦亦自有其過、自有其短。但他二人都不是在人格上有重大缺點的人，更不是什麼壞人。他夫婦都是深厚的傳統中國農業社會所孕育出來的一對溫柔敦厚的好人。至於這種好人是否具備其應有的現代化的知識，在二十世紀的中國，來治國用兵，那當然又是另一種問題了！

但是把二十世紀的中國裏所有治國用兵的領袖們，都從陰曹地府裏請出來，排排隊，有幾位又真的具備其應有的現代化知識呢?!

日子過久了，我和李府一家上下都處得很熟。李先生的長子幼鄰那時與其生母（李氏鄉間的「原配」）同住在紐約。幼鄰經商很忙，不常來父親家。我們偶爾一見，也很談得來。李先生的幼子志聖，那時正在紐約讀大學，長住家中；後來應徵入伍，當了兩年美國兵，又返紐復學。他是位極其誠實忠厚的青年，為人亦甚為爽快，我們相處甚得。李氏的侄兒李綸是位工程師，後來也是全美馳名的武術教師，在歐美兩洲開辦了好幾所「功夫學校」，一度也住李家，我們都變成摯友，相處無間，至今仍時相過從。這三位青年雖也是當年達官貴人的子弟，但是他們都沒有以前大陸上那些常見的公子哥兒輩的壞習氣，也頗使我刮目相看。

李氏夫婦和我處熟了，他二人也告我說，他們對我的「第一次印象」也不太壞。因為在他們的心目中，那時代表哥倫比亞大學來訪問的「博士」，可能是一位假洋鬼子，誰知卻是一位「誠實本分」的「五戰區老同事」——因為筆者在抗戰時期曾在「五戰區」做過小兵。可能就因為我們雙方相互欣賞對方從祖國農村帶出來的土氣罷，我們七年中的工作和交往，真是全心全意的合作。我的老婆孩子也逐漸變成李家的常客。內子吳昭文與李夫人也處得感情甚好；我的兒子光儀、女兒光佩，也頗得「大橋公公」和「大橋婆婆」的喜愛——那時我們訪問李家，一定要開車通過那雄偉的「華盛頓大橋」，所以孩子們便發明了這一稱呼。

相處無間，我們就真的變成「忘年之交」和「通家之好」。這樣也就增加了我們工作上的效能和樂趣。為此我也曾犧牲掉甚多所謂「華裔旅美學人」一般所認為最理想的轉業良機，而安於這項沒沒無聞、薪金低微、福利全無、對本身職業前途有害無益的苦差事。更不知道這項苦差做久了，在這個商業習氣極大的社會裏。由於為人作嫁，後來幾陷我於衣食難周、嗷飯無所的難堪絕境。

我個人那時不能入境從俗，而害了我國傳統文人的「沉溺所好，不通時務」的舊癖——這樣對一位寄人籬下的海外流浪漢的謀生養家、奉養老親、撫助弟妹來說，可能是件一言難盡的絕大錯誤罷！但是回想當年，閉門撰稿、漏夜打字的著述樂趣，以及和李宗仁夫婦的忘年友誼，此心亦初不稍悔。是耶？非耶？今日回思，內心仍有其無限的矛盾與酸楚，時難自懌！

撰稿的工作程序

李宗仁一生顯赫，他原是一位不甘寂寞的人物，生性又十分好客而健談。不幸一旦失權失勢、流落異邦，變成個左右為難、滿身是非的政治難民，不數年便親故交疏，門可羅雀。

政治圈子——尤其是中國式的政治圈子，原是最現實的名利市場。縱使是從這個名利市場破產倒閉下來的政治難民們，他們對現實性和警覺性，仍然有其深厚的遺傳。像李宗仁那樣兩頭不討好的是非人物，那時的中國寓公們和左右兩派的華僑，都是不願接近的。

他們李家原出自廣西的落後農村，本來也就門衰祚薄，至親好友，原已無多，在這特殊的情況之下，社交的圈子當然就更小了。此時李氏年事已高，每天只要四小時的睡眠。他又沒有像胡適之那樣底「讀書習慣」，平時看點一無可看的「僑報」之外，也沒有讀閒書的興趣。加以不諳英語；又不能——不是不會——開車，鄰居和電視，都不能助解寂寥。日長晝永，二老對坐，何以自遣？因而他們最理想的消磨時光的辦法，就是能有閒散的客人來訪，天南地北的陪他們聊天解悶了。

就在李府二老這種百無聊賴的真空狀態之下，忽然來了我這位「清客」，而我所要談的，又是他二老最有興趣的題目。所以對二位老人來說，我的翩然而至，也真是空谷足音，備受歡迎。因此當我最初訪問時，李先生便希望我能每週訪問三次。

我是如約而往了，每次都是自上午十時直談到深更半夜。吃了李家兩餐飯之外，有時還要加一次「宵夜」。原先我是帶錄音機去的。如此談來，錄音又有何用？所以我就改用筆記了。但是每次十餘小時的筆記，也未免太多，我又何從整理呢？

我這時與李氏工作，是緊接著我與胡適之先生工作之後。這兩件雖是同樣性質的工作，而我這兩位「合作人」（英語叫 collaborator）卻有胡越之異。

胡適是一輩子講「無徵不信」、「不疑處有疑」、「九分證據不講十分話」的大學者、考據家。他自幼聰慧，不到十歲，便已經有個文謅謅的渾名叫「穈先生」了。其向學精神，老而彌篤。我和他一起工作，真是一字千鈞、半句不苟！

李宗仁恰好是胡適的反面。李氏一輩子總共只進過三年多的「軍事學校」。他幼年在家中也寧願上山「打柴」，不願在私塾「唸書」。在軍校時期，日常所好的也只是些器械、劈刺和騎術等「術科」，做個拳打腳踢的「李猛仔」。李猛仔自然對「文科」也就毫無興趣了。他其後做了一輩子猛將，叱咤風雲；上馬固可殺賊，下馬就不能草露布了。稍為正式一點的「筆墨」，就全靠「文案」、「師爺」或「秘書」來代筆。李先生告我，他當年和蔣總司令結金蘭之好時，他遲遲未能把「盟帖」奉換的主要原因之一，便是「不好意思找秘書來代做那四句『盟詩』」。

所以李先生對我輩書生所搞的什麼考據、訓詁、辭章、假設、求證等等做「學問」的通則、規律和步驟，當然也就完全漠然了。正因為如此，他卻有堅強的信心，認為他所講的，無一而不可以寫下，傳之後世。這就是「隔行如隔山」的必然後果罷。我既是前「五戰區」裏的一個小兵，我雖明知照他老人家所說的原封寫下來，是要鬧笑話的，我也不好意思向我的「老長官」發號施令，直接告訴他：「信口開河，不能入書！」

日子久了，人也更熟，我才慢慢地採用了當年「李宗仁少尉」在「廣西將校講習所」，對那些「將官級學員」教操的辦法——用極大的耐性，心平氣和，轉彎抹角地，從「稍息」、「立正」，慢慢解釋起。

最初我把他老人家十餘小時的聊天紀錄，沙裏淘金地「濾」成幾頁有條理的筆記。然後再用可靠的史籍、檔案和當時的報章雜誌的記載——那時尚沒有《民國大事日誌》一類的可靠的「工具書」——考據出確信不疑的歷史背景，再用烘雲托月的辦法，把他「口述」的精采而無誤的部門烘托出來，寫成一段信史。

就以他在「護國軍」裏「炒排骨」（當「排長」）那段經驗為例來說罷，我們在大學裏教過「中國近代史」的人，對當年反袁「護國軍」背景的了解，總要比那時軍中的一員少尉排長所知道的，要多得多了，所以我就勸他在這段自述裏，少談國家大事或政治哲學，而「炒排骨」的小事，則說得愈多愈好。

因此他所說的大事，凡是與史實不符的地方，我就全給他「箍」掉了。再就可靠的史料，改寫而補充之。最初我箍的太多了，他老人家多少有點怏怏然。我為著慢慢地說服他，便帶了些《護國軍紀實》一類的史籍，和民國初年出版的一些報章雜誌給他看。我甚至把《民國史演義》也借給他讀。這部《演義》雖是小說，但是全書大綱節目，倒是按史實寫的。李先生對這種書也頗感興趣，也有意閱讀。我為他再解釋哪些是「信史」可用、哪些是「稗官」要刪。俗語說，「教拳容易改拳難」，要幫助一位老將軍寫歷史，實在也煞費苦心。

李先生每歡喜開玩笑地說他所說的是「有書為證」，而他的「書」，往往卻是唐人街中國書舖裏所買的「野史」。我告訴李將軍說，寫歷史也如帶兵打仗，打仗要靠正確的「軍事情報」；情報不正確，是會打敗仗的。寫歷史也要有正確的「學術情報」；情報不正確，寫出的歷史就要惹行家訕笑了。

這一類軍學參用的建議委婉地說多了，李先生也頗能聽得進去，而覺得我「箍」的有理；對我也有完全的信任——這大概也是因為「在野」的人總要比「在朝」的人更為虛心的緣故罷。這樣我這位唐少尉才漸漸大膽地向我「將官級的學員」，叫起「稍息」、「立正」來了。

大體說來，我那時起稿的程序，是這樣的：第一，我把他一生光輝的經過大致分為若干期。他同意之後，我又把各期之內分成若干章，他又同意了。我乃把各章之內又分成若干節，和節內若干小段。其外我又按時新的史學方法，提出若干專題，來加以「社會科學的處理」。希望在李氏的回憶錄裏，把中國近代史上的一些問題，搞出點新鮮的社會科學的答案來——這也是當時哥大同仁比較有興趣的部門。

可是經過若干次「試撰」之後——如中國傳統史學上「治、亂」、「分、合」的觀點和史實，在社會科學上的意義——我覺得這種專題的寫法，是「離題」太遠了。蓋李氏所能提供的故事，只是一堆「原始史料」而已。他偶發議論，那也只是這位老將軍個人的成熟或不成熟的個人意見。我這位執筆人，如脫韁而馳，根據他供給的「口述史料」，加上我個人研究所得，來大搞其社會科學，那又與「李宗仁」何干呢？這樣不是驢頭不對馬嘴了嗎？所以我就多少有負於校中同仁之囑望，決定不去畫蛇添足，還是使他的回憶錄以原始史料出現罷。

在李先生覺得我的各項建議俱可接納時，我就採取第二步——如何控制我的訪問時間，和怎樣按段按節，一章章地寫下去了。

首先我便把訪問次數減少。每次訪問時，又只認定某章或某幾節。我們先把客觀的、冷冰冰地、毋庸置疑的歷史背景講清楚——這是根據第一手史料來的；無紀錄的個人「記憶」往往是靠不住，甚至是相反的——然後再請李先生講他自己在這段歷史事實裏所扮演的角色。約二、三小時講完這段故事之後，我便收起皮包和筆記，正式訪問，告一結束。

隨後我就陪李氏夫婦，天南地北地聊天聊到深夜，這也算是我們底「無紀錄的談話」罷。這個辦法是我從訪問胡適所得來的經驗。因為這些不經意之談，往往卻沙裏藏金，其史料價值，有時且遠大於正式訪問。李先生很喜歡我這辦法。因此有時在正式訪問之後，我也約了一些哥大的中美同事和友人一起來參加我們的「無紀錄談話」。哥大師範學院的華裔胡昌度教授，便是後期時常參加這個「談話」的李府座上客。

但是就在這輕鬆的談話之後的三兩天內，我則獨坐研究室，廣集史料，參照筆記，搜索枯腸，一氣寫成兩三萬言的長篇故事來，送交李氏認可。他看後照例要改動一番。取回之後，我再據之增刪，並稍事潤色。

我寫這長篇故事，歸納起來說，亦有三大原則：

一，那必須是「李宗仁的故事」；雖然在他的口述史料之外，所有成筐成簍的著述史料全是我一手搜集編纂的。

二，盡可能保持他口述時桂林官話的原語氣，和他對政敵、戰友的基本態度。李先生說故事時雖亦手舞足蹈、有聲有色，但本質上是心平氣和的，極少謾罵和憤激之辭。他對他底老政敵蔣公的批評是淋漓盡致的，但是每提到蔣公他總用「蔣先生」或「委員長」而不直呼其名，或其他惡言惡語的稱謂。提到其他人，他就直呼其名了——這大概也是多少年習慣成自然的道理。所以筆者撰稿時，亦絕對以他的語氣為依歸，斷不亂用一字。

三，他如有少許文字上的改寫，我也盡量保留他那不文不白、古里古怪的樸素文體，以存其真。只是有時文章組織不清、文理欠通或字句訛錯，非改不可之時，我才加以改寫。例如李氏專喜用「幾希」二字，但是他老人家一輩子也未把這個詞用對過，那我就非改不可了。全稿改後再經他核閱認可。取回後，我再把這初稿交予小楷寫的尚稱端正的內子吳昭文，用複寫紙謄寫全份（那時尚無廉價複印機），我留下正本，以副本交李氏保留備查，這就算是我們的清稿了。

這樣地完成了兩三章之後，我便停止訪問若干時日。一人獨坐，把這兩三章中文清稿，用心以英文縮譯，甚或改組重寫，務使其在文章結構的起承轉合上，和用字造句的錘鍊上，進入全稿的「最後階段」，以便向校方報告「進度」，並按時分章「繳卷」。所以筆者在本文前段便提過，本書在寫作程序上，這中英二稿，並非一稿雙語，而是一宗文稿在撰寫程序上的兩個階段。中文稿實是「初稿」，而英文稿反是「定稿」也。

我打出英文稿之後，再交李先生轉請甘介侯先生以中英兩稿互校，由甘先生說明或修正，再經李氏認可之。我取回該稿之後，再請校方編者涉獵一遍，並對英語造句用辭，稍事潤色，我再做最後校訂之後，便打出五份，這便是全稿著作過程中的「定稿」了。照例也是哥大留原本，以一副本交李氏。其後哥大向外界申請資助時，提出作證的資料，便是這種英文原稿。

以上便是我和李宗仁先生的工作程序。經過長期合作，李先生總算對我完全信任。我們之間的工作關係可說是順利而愉快的。在這順利而愉快的氣氛之下，李宗仁先生最大的消遣，便是靜坐沙發之上，微笑地欣賞他自己的回憶錄，而我則日夜埋頭趕稿，也真是絞斷肝腸！

美國漢學的火候

在我和李宗仁先生一起工作的最初二年——一九五八年九月至一九六〇年秋季——對我發號施令的雖然不是我的中國「老同事」（李氏對我的自謙之辭），而我的背後卻有一個時時不恥下問的洋上司——那個出錢出力的哥倫比亞大學。

不用說大學裏的「口述歷史學部」自有其清規戒律，主管首長要我們一致遵循。我們的正式上司之外，還有些在其他名大學執教、而在本大學擔任顧問的有決定性影響力的智囊人物。他們和她們都堅持，我們口述歷史訪問人員向被訪問者所吸收的應是「原始資料」。一般盡人皆知的歷史事實應通通刪除。他們所說的「原始資料」，用句中文來說，便是什麼「內幕」或「秘史」一類的故事。

這種寫法，筆者個人是不十分贊成的。我也不知道這部《李宗仁回憶錄》裏有哪些種故事，在美國漢學家看來，才算是秘史或內幕。老實說，我那時替胡適之先生所編寫《胡適口述自傳》裏便沒有一絲一毫「原始資料」的。在中國讀者看來，那只是一篇「老生常談」。雖然他在美國學者讀來，亦自有其新鮮之處。

所以我認為像李宗仁、胡適之、陳立夫、宋子文……這些人物，都是民國史上，極重要的歷史製造者。歷史家應乘此千載難逢的時機，找出這類人物在中國歷史演進過程中成長的經過；把他們與整個「民國史」做平行的研究。這樣相輔相成，我們雖不求「秘史」和「內幕」，而秘史、內幕自在其中；我們不急於企求做「社會科學的處理」，而社會科學的處理，也自然探囊可得。

一次我問精研佛理的老友沈家楨先生說：「你們修持佛法的人，搞不搞『五通』呀？」「五通」也者，俗所謂「千里眼」、「順風耳」、「他心通」等等「廣大」之「神通」也。

沈君說，「不搞！不搞！」

「為什麼不搞呢？」我又問。

沈君微笑說，「火候到了，自然『五通』俱來……我們不能為修『五通』而學佛……」

「火候到了！」真是禪門的一句偈。

「火候」不到，如何能談「通」呢？

那時筆者亦已放洋十載，在美洲也曾參加過洋科舉。但是筆者畢竟是中國農村裏長大的，帶著中國土氣息、泥滋味的山僧，又怎能和美國的科第中人參禪說偈呢?!

李宗仁那時是堅決地支持我寫作計畫的當事人，堅決到幾乎要拂袖而去的程度。這反使我十分為難——因為我自己並不那樣堅持我的一得之愚。林沖說得好：住在矮屋下，哪得不低頭呢？事實上，李先生全力支持我的原因，也倒不是贊成我免修「五通」。他主旨是想乘機寫一部控訴書，或鳴冤白謗書——這一點卻正是哥大的清規戒律所絕對禁止的——歷史不歷史，對他倒是次要的。但他至少是不願做個專門提供「內幕」和「秘史」的學術「情報員」。雖然他這條「資格」，最後可能導致他死於非命，他所能提供的「內幕」也實在是很有限的。老實說，這部書上所有的重要關節，很少我是不能在「著述史料」中提出註腳的。

在這兩個壁壘之間，我這個撰稿人何擇何從?!當時也真是一言難盡、煞費心裁！

李傳以外的雜務

筆者與李宗仁先生合作，前前後後雖然拖了六、七年之久，但是我為這中英兩稿的「全時工作」，實不出三整年——雖然這兩本一中一英的回憶錄都是部頭相當大的書。它們也是哥倫比亞大學中國口述歷史學部唯一完工付梓的兩部書。

在全書尚未殺青之時，我又被調去訪問已故黃郛將軍的遺孀，黃沈亦雲夫人。黃夫人是位能詩能文的才女，那時正在紐約撰寫她底《亦雲回憶》。她並帶來數箱黃郛將軍——那位「攝閣」國務總理、「塘沽協定」的主持人、「蔣介石的把兄弟」——經手的絕密文件。

我的任務是幫助她清理並考訂這幾箱無頭無尾的「密電」和「私檔」，並襄贊她老人家改寫其回憶錄，同時把她自撰的「中文初稿」，增加史料，改頭換面，譯成英文。

那時寓居紐約一帶，昔年的中國政要，有意來哥大加入「口述歷史」行列者，可以說是成筐成簍的。大學人手有限，應接不暇；所以我上項助理黃夫人的工作，乃被硬性規定——限六個月完工。我便以這迫切的時限，把冗長的《亦雲回憶》的中文稿，以英文改編「從初稿伸縮寫成英文稿二十五章」（見一九六八年臺北傳記文學社出版《亦雲回憶》中文版上冊、作者自序二），凡八百餘頁，亦三十萬言。

那幾箱「黃郛私檔」是筆者在海外所見真正的「內幕」和「秘史」——關於「閩變」的秘史。我在「民國史」上，很多心頭上的不解之結，一讀之後，均豁然而釋。我對這些「密電」所發生的「考據癖」，大致與胡適之對《紅樓夢》的興趣，不相上下罷。

黃夫人對她丈夫這幾箱遺物的內容是不太了解的。我細讀之後，向她解說，黃夫人就想改寫她的《亦雲回憶》了。她改是改了，並另寫一篇「自序」——〈自序二〉。但迫於時限，所改無多。我在她譯稿上由她批准的「改寫」，也「改」的有限，實在是件很可惜的事。

黃稿甫竣，校方又改派我接替對顧維鈞先生的訪問。我接替的工作階段，正是顧氏「學成歸國」、兼任外交部和大總統府的「雙重秘書」，親手譯洩「二十一條」；其後經過「巴黎和會」、「華府裁軍」，又繼任外長，遞升內閣總理，代曹大總統「捧爵祭天」；北伐後隱居東北，襄贊「少帥」；「九一八事變」後，參與國府外交、招待「李頓調查團」，以至率團出席「國聯」，並首任中國「駐法大使」的那一大段——也就是顧氏畢生經歷上，那最多彩多姿的一段。

其外顧氏還藏有外交私檔三十七大箱，他有意捐存哥大。這對我這位學歷史的來說，也真是一座寶山。經顧氏面托、校方授權，我又負責把這三十七箱文件和顧氏四十年的英文日記接收過來；並負責整理、編目和摘由。為此哥大當軸又調我以助教授身份，兼該校中文圖書館主任，並要我訂出中國文史資料的整理和擴充計畫。十目所視，十手所指，這項工作是萬般繁重的。

這個中文圖書館，不提也罷。我接手時，它哪裏是個圖書館？簡直是個偉大的字紙簍。幾乎半數以上線裝書的書套都可搖得叮咚作響。那些二、三十年代出版的報紙本書報，由於長期高熱烘烤，無不觸手成粉。撫摩之下，真令人心酸淚落和憤恨。

對這二十餘萬本珍貴圖書的搶救，我自覺責無旁貸。中文部的華裔同事們如魯光桓、王鴻益、湯迺文、劉家璧、汪魯希、吳健生諸先生與我早有同感。因而在我於一九七二年秋初捲袖下海之時，大家同心一德，通力合作。他們也被我這個「主任」推得團團轉。這是我祖國文明的珍貴紀錄。我們只想把這宗世界聞名的漢籍收藏搶救下來，如此而已。

但是誰又知道我們這幾位隱姓埋名的「天朝棄民」，日以繼夜的為大學做了這樁無名無利的苦工——我們的薪金都屬於當時哥大最低層的一級，卻惹出校中有關部門意想不到的嫉忌和打擊。而最令人啼笑皆非的卻是我們的問題出在我們眾口交讚、遠近聞名的工作成績——這成績，縱遲至今日，該校上下還是繼續認可的。為什麼道高一尺、魔高一丈呢？這才使我逐漸感覺到我個人已被捲入美國學府內所司空見慣的、最醜惡的「校園政治」。我們這個芝麻綠豆大的「中文部」，要生存下去，它這個「主任」就得應付人事、援引黨與，甚或諂笑逢迎，踢它個校園內的「政治皮球」！

筆者一介書生，偷生異域，要如此降志辱身?!為著是保持這份嗟來之食呢？還是為著對這宗漢籍收藏的「責任感」呢？「責任感」與「自尊心」原是一個銅元的兩面，二者是分不開的。一個善於逢迎的人，他的靈魂裏是不會有太多「責任」的。但是相反的，如果只是為著「責任感」，來「拔劍而起，挺身而鬥」，別人根本不知道你責任何在，那你也只是個市井暴徒而已，市井暴徒能完成什麼「責任」呢?你犧牲個不明不白，「烈士」、「義士」云乎哉？

最壞的卻是我那時的頂頭上司。他是我所碰到的美國同事之中，在美國聯邦政府中，官做得最大的，但是也是個最無恥、無能、全無責任心的人。他最大的本事便是觀風使舵、逢迎吹拍，日久技窮，終於在政海滅頂，最後淪落在哥大混飯吃。

他對我們的專業，甚至對一般圖書管理的普通業務，是一團漆黑。他也從不關心業務。但是他對校園政治，則觀察入微，頭圓手滑。這種無恥的失業政客，都是當時的校長誤以為是人才而延攬入校的，結果他自己亦深受其累，終至學潮迭起而罷職丟官。

加以當時哥大校內的「中國學」名宿，老實說，也不知道大學的漢籍收藏究有幾本書。他們各有一個專鑽的「牛角尖」，只要在這「尖」內，他們所需要的「資料」能一索即得，也就心滿意足了。尖子以外的萬卷典籍，乾掉、霉掉、爛掉、偷掉，管他鳥事?!我這位「主任」，日不暇給地在忙些啥子，他們除掉那一索之需之外。也全不知情，也從不關心。再者，這些尖子與尖子之間，往往亦各是其是，積不相能，在彼此齟齬之下，有時還難免拿無辜的第三者出氣。所以要他們並肩而坐，為我這堆烘爛了的中國圖書說點公道話，那簡直是緣木求魚！後來我的繼任人，他在詳閱我遺留下來的一些文件之後，對我在那種環境下，毫未懈氣的幹了七年，而感覺驚異。他是兔死狐悲、物傷其類啊！

對「回憶錄」的最後趕工

就在上述這段極其糟亂的發展過程之中，李宗仁先生仍不時找我去吃飯聊天，討論修改和出版他英文版回憶錄的瑣事。他老人家是位中國前輩。對洋人習俗，初無所知。在洋人看來，我撰寫《李宗仁回憶錄》，只是「受僱執筆」。一旦調職，我這執筆人和哥大這宗「財產」的關係，便要看當初「聘約」了。合約不清，則憑大學隨意決定。它如要我為它的「財產」繼續工作。按法它是要對我按工計值的。大學既不願出此「值」，它也就不好意思，無酬地，要我續「工」了。

無奈那時李先生已存心離美。他總希望在動身之前，把這份稿子做一結束，所以他仍然不時電催，促我加油。我既是中英二稿唯一的執筆人，又怎能因「受調離職」，便拂袖不管呢？加以李先生是我的前輩，我二人都是中國傳統孕育下來的「中國知識分子」，關於「無酬之工」，我連「暗示」也不敢微露了。所以在李氏不斷催促之下，我還是在大學公餘之暇，漏夜為英文稿趕工，以期不負所望。所幸那時精力猶盛，有時整夜打字，直至紅日當窗，我才假寐片刻，便要往哥大上班了。

這部英文稿我終於殺青了。李公一切認可之後，我又為他與哥大出版部擬訂合約，一切順利，不幸此時哥大出版部主持人因為婚姻問題請假，一時無法回任來簽署合約。李宗仁先生夫婦等不及，便悄然離美了。為山九仞，功虧一簣，夫復何言。事隔十五年，最後始由筆者專負文責、獨挑大樑來出書，其命也夫？

李宗仁給黃旭初的信

我和李宗仁先生七年合作的工作情況，當然只有我二人知道的最清楚。但是他那時和在香港居住的「老部下」、前廣西省主席黃旭初氏通信，亦偶有報導。李氏逝世之後，黃氏曾將他二人的有關撰寫回憶錄的通信，在香港出版的《春秋雜誌》上，擇要發表，下面幾段，是談到我們當年工作的情況，黃氏寫道：

一九五九年……九月十二日李（宗仁）又來函說，回憶錄已寫至圍攻武昌，只唐德剛（安徽人）一人工作，整理文字、抄寫文字、譯成英文，全都是他，故進展緩慢。完成後或有百萬字等語……

一九六一年一月二十日李又來函云：「去春已竣事之回憶錄，中文有六十萬字。依工作慣例，應由唐德剛繼續整理，因哥大另有時間性之工作須唐擔任（剛按：此一「時間性之工作」、係指為黃沈亦雲夫人譯改回憶錄，並整理「黃郛私檔」事。因黃夫人那時擬返回臺灣定居），對此不擬出版之回憶錄，待後整理。」（剛按：「不擬出版」云云，係指中文稿，因李氏與哥大有先英後中的出版承諾也。）

李氏一九六五年六月離開美國到瑞士，我（黃旭初氏自稱）得他七月八日由蘇黎世來函云：「哥大當局集中精力整理英文回憶錄工作，正擬與我商洽今年秋間訂立合同出版事宜，而我事前已啟程來此，只好停頓，唐德剛以副教授兼哥大圖書館中國館長，一身數職，趕理英文稿，常至深夜尚未回家，所以中文稿之整理充實，不便向其催促。」（以上三段引自一九七〇年八月一日香港出版的《春秋》雜誌，第三一四期，黃旭初著〈李、白、黃怎樣撰寫回憶錄？〉第十五頁。）

李宗仁在上引諸函中所說的我們工作情況，均係事實。只是在他離美之前，我把英文全稿已「趕理」完工，哥大出版部所擬的合約亦已擬就打好，而終以陰錯陽差，李氏未及簽字，便秘密離去，這也是命中注定該如此結束的罷?!

李宗仁返「國」始末

李宗仁夫婦於一九六五年六月，秘密離開紐約赴蘇黎世，然後再由蘇黎世專機返大陸，在當時是一件國際上的大新聞。這新聞原是我首先向哥倫比亞大學當局打電話，其後再由哥大校長寇克氏向新聞界宣佈的。

李氏返「國」定居，是他早有此意，但是其發展的過程，卻是透過不同底路線的。

我個人所得最早的線索似乎是在一九六三年的春天，他那時有意無意地告我，他「要去巴黎看戴高樂」！李宗仁和戴高樂有什麼親戚關係呢？

原來戴高樂於一九六二年冬在法國大選中大獲全勝之後，威震西歐，憧憬當年拿破崙之餘威，他要在西歐政治中壓倒英國，在世界政局中擺脫美國，而自組其以法國為首、立於美蘇兩大集團之間的「第三世界」（le tiers monde）——「第三世界」這個名詞，是戴高樂最初發明的，其意義與今日所使用的顯有不同——但是環顧全球，能與法國攜手，共奠「第三世界」之基礎，與美蘇兩大集團爭霸者，那就只有剛剛脫離蘇聯集團、同時仍與美國對峙的「中華人民共和國」了。

所以在六十年代初期，戴高樂主義形成後的第一著棋，便是「與北京建交」！

至於巴黎、北京之間的秘密建交談判的「內幕」，歷史家雖尚無所聞，而戴高樂想討好北京，幫同人民政府解決「臺灣問題」，則是意料中事。

加以戴高樂在法國政壇登臺之時，正值「金門砲戰」，華府、北京的緊張關係已達使用原子彈的邊緣，這時北京深感莫斯科之不可恃，亦顯然有另覓友邦的意圖。法國乃乘虛而入，戴高樂因此想——也可能是循北京之請——來居間調解國共之爭，以為中法「關係正常化」的獻禮，而國共之間的牽線人，當然最好是一位由左右為難、轉而為左右逢源的中國政客。這樣，戴高樂可能就想到在美國當寓公的李老總，而李老總也就要到巴黎去看戴高樂了。

可是李氏巴黎之行，始終沒有下文。這後果，老實說也是在我當時的逆料之中。因為戴老頭沒有讀過中國近代史，他不知道這位在政治上已一敗塗地的李寓公，在蔣、毛之間，絕無做政治掮客的可能。國共之間的政治掮客是有其人，但絕不是李宗仁——這是當時筆者個人的觀察，李宗仁之所以去不成巴黎的道理。

可是一九六五年夏，李宗仁卻偕夫人悄然而去。他之所以決定離美返「國」的道理，據我個人的觀察：第一，他原是一位不甘寂寞的人——國共兩黨中的領袖們有幾位是甘寂寞的呢？在美國退休的寓公生活，對他是太孤寂了點。他有時搓點「小麻將」來打發日子。找不到「搭子」之時，有時就兩對夫婦對搓也是好的。

有位年輕的主婦告我說，「陪李德公夫妻打麻將，『如坐針氈』。」原因是他打那「廣東麻將」，「花色又少」、「輸贏又小」、「出牌慢的不得了」、「說話又非常吃力」！

李先生最大的嗜好還是聊天、談國事。我和他工作的最初三年，有時就帶了一批談客去和他「談國事」；李公真是一見如故，談笑終宵。後來我不常去了，李先生遇有重要新聞，還是要打電話來和我「談談」，有時我不在家，李氏和昭文也要為「國事」談了半天。他那一口「桂林官話」和我的「上海老婆」談起來，按昭文告我也是「吃力的不得了」。

和這些青年的家庭主婦「談國事」，李代總統也未免太委屈了。想起北京的「人民政協」之內，勝友如雲，吹起牛來，多過癮！只要北京不念舊惡，鋪起紅毯，以上賓相待，那自然一招手，他老人家就「落葉歸根」了。

第二，他回「國」，也是受他底「華僑愛國心」所驅使。紐約地區十六年的寓公生活，已把李氏蛻變成一位不折不扣的「老華僑」。有時我陪他老人家在「華埠」街上走走，喝喝咖啡，我就不覺得這位老華僑和街上其他的老華僑有什麼不同之處；而街上的華僑，多半也不知道這老頭是老幾，知道的，也不覺他和別人有何不同。

只要良心不為私利所蔽，華僑都是愛國的。他們所愛的不是國民黨的中國或共產黨的中國，他們所愛的是一個國富兵強、人民康樂的偉大的中國——是他們談起來、想起來，感覺到驕傲的中國！

那「十年浩劫」之前的「中國」，在很多華僑心目中正是如此，她也使老華僑李宗仁感到驕傲。想想祖國在他自己統治下的糜爛和孱弱，再看看中共今日的聲勢，李宗仁「服輸」了。在一九四九年的桂林，他沒有服輸，因為他是個政治慾極盛的「李代總統」；一九六五年他服輸了，因為他是個爐火純青的「老華僑」。

國民黨罵他的返「國」為「變節」。他如不「變」，又向誰去「盡節」呢？他們對他的「桂系」是深惡痛絕的，他的「桂系」對他們也痛絕深惡。拆伙了，「黨」也就沒有什麼可以留戀的了。

李宗仁也是能言善辯的，這樣一想「落葉歸根」，也就是無限的光明正大了。

但是促使李宗仁先生立刻捲鋪蓋，還有個第三種原因——郭德潔夫人發現了癌症！

在李夫人發現這種惡疾之前，他二老的生活雖嫌孤寂，然白首相偕，也還融融樂樂。丈夫以不斷翻閱自己的回憶錄為消遣，亦頗有其自得之樂。夫人則隨國畫家汪亞塵習花鳥蟲魚，生活亦頗有情趣。

郭德潔殊有積蓄，亦雅善經營。在五十年代中，美國經濟因朝鮮戰爭而復甦。股票市場甚旺。李夫人以小額投資，亦頗有斬獲。據她告我，她在股票市場中，有時還「買margin呢」！筆者生財無道，到現在為止，我還不知「買margin」的真正步驟，只知道那是有相當風險的「買空賣空」的股票交易之一種罷了。不過「藝高人膽大」，她在六十年代初的小額投資亦頗有虧損。不過那都不會直接影響到他們的日常生活的。

可是李夫人一旦發現了癌症，這就是個晴空霹靂了。

一九六四年李夫人在醫生數度檢查之後，終於遵囑住院。在病院中，她時時想起「老頭子一人在家，如何生活？」越想越不自安，一次在午夜之後，乘護士小姐不備之際，她披衣而起，溜出醫院，叫了部計程車，逕自返家。這位失蹤的女病人曾引起病院中一陣騷亂；但是她既開溜之後，決定再也不回去了。

郭德潔原是一位美人，衣著一向整齊清潔。她雖不濃粧艷抹，但是淡淡梳粧薄薄衣，雖是半老徐娘，猶自儀態翩翩。縱在身罹絕症之時。仍然輕顰淺笑，不見愁容。英雄兒女，硬是不愧為頂刮刮的「第一夫人」——晚年的郭德潔比晚年的江青，漂亮得太多了！

她在真正的「年方二八」——十五雖有餘、十六尚不足的荳蔻年華，便被那戰功赫赫的青年將領、李旅長，在桂平縣的城門樓上，居高臨下的看中了。他原是和一位「拍馬屁的營長」躲在城門樓之上，好奇地偷看美人的。可是「一看之下，便再也忍不住了！」（這句話是李公乘夫人去香港探母之時，和我一起燒「火鍋」時，親口含笑告我的）。因此將心一横，停妻再娶，郭美人便是李旅長的「平頭」夫人了。

她原是位木匠的女兒，出嫁之前還在小學讀書——那時革命風氣瀰漫，小學生是時常「出隊」遊行的。在這遊行隊伍之前掌旗的便是她。雖是一位小家碧玉，然天生麗質，心性聰明，年未滿二十，便著長靴、騎駿馬，率領「國民革命軍第七軍，廣西婦女工作隊」，隨軍北伐了。北伐期中的第七軍，真是所向披靡、戰功彪炳。那穿插於槍林彈雨之中的南國佳人、芙蓉小隊，尤使三軍平添顏色。

李夫人告我，北伐途中、一般同志都把她比做甘露寺裏的孫夫人，和黃天蕩中的梁紅玉。所到之處，萬人空巷，軍民爭睹丰采，也真出盡鋒頭。她軍次我們安徽蕪湖時，曾往「孫夫人廟」祭奠求籤。籤中寄語，這位不繫明珠繫寶刀的劉先主娘娘，竟要與我們將來的代總統夫人結為姊妹呢！

郭德潔也確是一位聰明人。她雖連廣西落後的國民小學也未畢業，但是從「旅長娘子」做到「第一夫人」，言談接應，均能不失大體。在紐約期間，我看她與洋人酬酢，英語亦清晰可用。笑談之間，不洋不土。

我知道她很敏感，因此每次有洋客來訪時，我如是翻譯，我總介紹她為「麥丹姆」，而避免用「密賽斯」。每當我介紹「麥丹姆」之後，我總見她有一點滿意的微笑。

我們的麥丹姆平時也是很有精力的。烹調洗漿之外，開著部老林肯，東馳西突，隨心所欲；她那土老兒的丈夫，只好坐在一旁，聽候指揮……可恨造物不仁，這樣一位活生生的中年夫人，頓罹痼疾，和平安樂的李府、不出數月，便景物全非！

一九六五年初夏的一個深夜，我獨自開車送李宗仁先生回寓。時風雨大作。駛過華盛頓大橋之上，我的逾齡老車，顛簸殊甚。這時李公忽然轉過身來告我說，據醫師密告，他夫人只有六個月的生命了。言下殊為淒涼。

我悽然反問：「德公，您今後做何打算呢？」他說他太太已不能燒飯了。為著吃飯方便計，他們恐怕只能搬到他開餐館的「舅爺」家附近去住，好就近在餐館寄食。我知道李夫人有位兄弟在瑞士開餐館，我想他們不久將要搬往瑞士去住了。殊不知那次竟是我和李宗仁先生最後一次的晤面，今日思之，仍覺十分悽惻也。

那時——一九六五年——正是我在哥大最忙亂的年份。圖書館內雜事如毛。我週日工作繁忙，是斷然沒有工夫回家午餐的。可是就在我送李先生深夜返寓的幾天之內。一次不知何故忽然返家午餐，餐後正擬閒坐休息片刻，突然門鈴大響，有客來訪。開門竟是郭德潔夫人，含笑而來。她雖然有點清癯，然衣履整潔，態度謙和，固與往日無異。

李夫人沒有事前打電話，便翩然來訪，這是前所未有的事，也使我夫婦二人受寵若驚。我們問她何以突然光臨，她說是她兒子志聖開車送她去看醫生，路過我處，所以順便來看看我們。志聖則因無處停車，只好在車中坐候，由她一人單獨上樓來訪。

她看來不像重病在身，和我們亦如往昔地有說有笑，談了個把鐘頭，才依依不捨而別。這是我夫婦和她的最後一晤。兩個星期以後，我們才恍然大悟——李夫人此次來訪，是特地來向我們道別，也是永訣了！

天下就有這等巧事嗎？我至今一直在想。我這個絕少回家午餐的人，就回來這麼一次，卻正好碰著她前來辭行，真是不可想像的事！

她一去，我們就從此永別了！

歸「國」後的餘波

一九六五年七月十六日，星期五，我於下午工畢返寓時，在信箱裏發現了一封自蘇黎世的來信，一看便知是李宗仁的筆跡。信是給我的，裏面卻寫著「德剛、昌度兩兄」。他說近年來身體日頹，加以妻子病重；午夜捫思，總覺樹高千丈、落葉歸根，所以就離開「我的第二故鄉美國」了。

信中又說年來致力國民外交，希望中美早日和好——李氏在返「國」前數年，曾與戰前中國駐波蘭公使張歆海數度聯名致書《紐約時報》，倡導臺海罷兵，中美和好——誰知卻隔閡日深。自覺無能為力之下，所以就決定「重返新中國」了。「但願人長久，千里共嬋娟」，我們的友誼將不因人處兩地而稍有區別云云。

此時胡昌度不在紐約，我接信後未經他過目，便直接交到哥大去了。因為李公一去，我們將如何處理這宗百萬言的回憶錄呢？

正當哥大上下會商對策之時，紐約各報與電視，已同時以頭條新聞報出了七月二十日李氏專機飛抵北京的消息，接著便是毛、周等歡讌的場面。舉世哄傳，這位過了氣的「李代總統」，旦夕之間，又變成了國際新聞人物。在新聞記者搜尋之下，我們這部百萬言的《回憶錄》，居然也成了當時的重要新聞。

這時在紐約與李宗仁一向很接近的人，最感緊張的莫過於甘介侯先生了。因為美國「聯邦調查局」要追查李氏與北京之間的「搭線人」（middleman），各報並盛傳在李家經常出入的還有幾位「共產黨員」。此時正是美國害恐共病最嚴重的時期。為追尋共黨，麥加錫參議員所搞的白色恐怖，在知識分子之間，餘悸猶存，而甘介侯與當年執政的共和黨又有前隙，因此恐惶尤甚。

原來當國民政府在大陸上潰退時期，蔣、李兩派人物在美國爭取「美援」的活動，都有其「一邊倒」的政策——蔣派專交共和黨，李派則專交民主黨。甘介侯那時身任「李代總統駐美特派員」，便是搞民主黨活動的中堅人物。

在中國大陸政權易手之後，共和黨人為打擊政敵，便要追查民主黨執政時期「失去中國」的責任，庶幾以「通共賣國」的罪名來對付民主黨中的官僚、政客與職業外交人員。如此則甘介侯自然是最好的見證了。他們要使甘介侯對民主黨官員，反咬一口，乃不惜用盡一切利誘威脅的手段，來套甘某入彀，以便使其去國會挺身作證，這樣他們的政敵就要鋃鐺入獄了。幸好甘氏亦老於斯道，未入圈套。但是身在虎穴，又已冒犯虎威，欲擺脫乾淨，談何容易！

甘氏告我：某一位貴婦在游泳池內對他以重利相誘，甘氏婉卻其請。她惱羞成怒，兩眼一瞪說：「甘博士！再不聽話，將見爾於六尺地下！」

甘介侯一個窮光蛋，慢說六尺，三尺他也就夠受的了。惶恐之餘，最後還是李宗仁出資以一百元一小時的重價，僱請律師，以「外交特權」為護身符，而倖免於難。

而甘氏開罪於共和黨更嚴重的一次，則是對艾森豪總統的有辱君命。

據李宗仁告我，某次艾森豪的幕後大員，紐約州長杜威，約其密談，謂有要事相商。李以不諳英語，乃遣甘介侯為全權代表。原來艾帥為防臺灣落入中共之手，而又嫌臺灣的「獨裁」，因有意「送李代總統回臺，重握政權」云云。杜威言外之意，艾總統有意在臺灣策動一武裝政變，然後乘機送李宗仁返臺「從事民主改革」。杜威因以此不存紀錄的密談，勸李宗仁合作，共成大事。

當李氏事後把這一驚心動魄的密議告我之時，我問他當時的反應如何。李說他既在美國做難民，自然不便與美國當局公開鬧翻，所以他就委婉而堅定的拒絕了。

李並感慨地告我：美國人所批評蔣先生的那幾點都是千真萬確的事實，他和蔣氏針鋒相對的鬥了幾十年，也是事實，「但是要我借重美國人來把蔣先生搞掉，這一點我不能做……」

李宗仁當然也知道，做美國人的傀儡，並不比做日本人的傀儡更好受！

後來李氏回大陸，在新聞記者招待會上也曾暗喻此事，但未提杜威之名。那時的退休總統艾森豪聞訊大怒，因亦隔洋與李氏對罵。他說李宗仁在扯個「黑色大謊」！但據筆者所知，「謊」則有之，不過說這「謊」的是李宗仁或是艾森豪，那就只有上帝知道了。

李宗仁既然不願做艾森豪的傀儡，那個和艾的手下的二杜——杜勒斯、杜威，打交道的便是甘介侯了。在甘氏看來，共和黨的政客們對他的要求既無一得遂，李宗仁在美時他還可躲在李氏背後，虛與委蛇。如今李氏一去，托庇無由，一旦共和黨舊賬新算，藉口把甘介侯這小子捉將官裏去，那真比捉隻小雞還容易呢！因此甘先生便大為著慌起來。

一日清晨我剛進哥大辦公房，便發現甘氏在等我，神情沮喪。一見面他就抱怨「德公太糊塗」！

「德剛，」甘公告我：「我來找你是告訴你，以後我二人說話要『絕對一致』啊！」

「怎樣絕對一致法呢？」我說。

「你知道他們在找 middleman（中間人），你我皆有重大嫌疑！」

甘氏口中的「他們」，自然指的「聯邦調查局」的密探了。後來這些「他們」，把「我們」這批與李宗仁很接近的人，都調查得一清二楚。據說其中只有一個涉嫌重大的「中國人」，他們尚未找到，這個人的名字叫「韋慕庭」（編者按：韋慕庭是哥大主持口述歷史的美國教授自己取的中文名字），「我們」得報，真噴飯大笑。

這時我看甘氏實在狼狽不堪。我便笑問他道：「甘先生，您是不是 middleman 呢？」

「共產黨怎會要我做 middleman 呢？」甘說。

「那你怕什麼呢？」

「德剛，你初生之犢不畏虎！」甘說：「你不知道美國政治的黑暗！可怕！」

最後我和甘先生總算達成一項君子協定——這在英文成語裏便叫做「誠實是最好的政策」！我二人既均非「中間人」，他們如果要對「我們」來個「隔離審訊」，我二人是不可能說出一個「絕對一致」的故事來的。對「他們」最好的辦法就是各自「據實告之」！

十五年過去了，甘先生當時慌張的情況，我今日想來仍如在目前。我一直沒有把這事看成什麼大災難，但是甘某卻是個「驚弓之鳥」！記得我在《李宗仁回憶錄》中，原擬有最後一章，叫做〈退休也不容易〉（Uneasy Retirement），想談談美國民主、共和兩黨的「對華政治」（不只是「對華政策」）。那也是甘介侯建議，不要燒紙惹鬼、少談為妙而擱筆的。缺了這一章，我始終心有未甘，大概就因為我是個「初生之犢」的緣故罷。

李宗仁之死

李宗仁先生回「國」不久就碰上了「文化大革命」。但是在「文革」爆發之前和初期，他還與我一直有書信往還。有時他還寄一些書報雜誌給我，而最令我感動的則是他返抵北京後的第一封信。在那信中，他說他曾極力為我打聽我母親的下落。他寫道：「近據中央某部轉告，令堂今與令妹在蕪湖同住，情況甚好，千萬放心……」讀之令我垂淚。

其外他還在信中和我大談國事。他回「國」時大概正值劉少奇夫人王光美自動下放農村「蹲點」之後。光美以「第一夫人」之尊而隱名下放做農婦，這在李氏看來，「新中國」委實太「新」了。他在信中對王氏稱讚不置。王光美這位有名的美人，據說在馬歇爾調停國共之爭時，曾出入於李宗仁的「北平行營」之門。李氏的幼子志聖告我，那時他是十分幼小，但是卻記得那位曾經領他去看電影的漂亮的「王阿姨」。

「賤日豈殊眾，貴來方悟稀。」誰知這位王阿姨如此「命大」，後來居然做了「國家元首」

的夫人！可是誰又知道，「文革」一起，李宗仁被迫交出「名單」，這位「第一夫人」又因此被斷為潛伏的「國特」，而一度被判「死刑」呢——這是筆者最近才聽到的、可靠的「口述史料」。更又誰知道，李宗仁因有交出「潛伏國特」名單的資格與可能性，而為與此事有關人員所疑忌，據可靠的傳聞，李氏就是被他們用慢性毒藥毒死的。這一疑案，如是事實，真是千古奇冤。

筆者訪問李宗仁先生先後達七年之久。承他老人家肝膽相照，真是說盡他的一切隱私。有時我就想從他底記憶裏發掘一點外界最有興趣也是最不易取得的有關國民黨特務機關——「中統」和「軍統」的史料。孰知他竟一無所知。就連「軍統」在南京所開設的「珠江大飯店」這個常識，他也是從《金陵春夢》上看來的。

他對國民黨的特務活動既一無所知，誰知卻因這可知而不知之知，而以「國特」之名橫死故國！李先生那樣一位厚道的長者，晚年落葉歸根，竟然和劉少奇，林彪、賀龍、彭德懷、陶鑄……以及千千萬萬的無辜百姓同罹此「浩劫」，能不令讀者歎息垂淚?!

《回憶錄》的版權問題

至於李先生對他的《回憶綠》的出版問題，在回「國」之前，他是迫不及待的，一直在催著出版。可是回「國」之後，他就從北京來信說「不要出版」了。

上文已提過，這份由昭文所抄的《李宗仁回憶錄》的中文清稿，一共只有兩份，哥大存了正本，李氏存了副本。但是在六十年代的初期，他為徵詢他老部下黃旭初先生對本稿的意見，乃把這副本寄給了黃氏。後來他匆匆束裝取道瑞士返「國」時——因黃氏僑居香港——乃未及索回。因此此一副本乃落入黃旭初之手。

此時恰好黃氏也正在撰寫他自己的《黃旭初回憶錄》，並分章在香港的《春秋》雜誌上連載。李氏返「國」之後，不久便捲入「文革」漩渦而消息全無。黃氏乃將李宗仁的回憶錄大加採用，改頭換面地寫入了他自己的回憶錄裏去。因此筆者在李稿中的許多筆誤和未及改正的小錯誤，也被黃旭初先生誤用了。

黃氏在港逝世之後，才又由黃氏遺屬將此一「副本」轉交給李氏的長子李幼鄰。幼鄰於七十年代末期侍母（李宗仁原配）返桂林定居時，乃又將此稿送交「廣西壯族自治區」、「人民政協文獻委員會」。該會顯然不知此稿的來龍去脈——因為幼鄰本人亦不知道——他們並未徵詢我這位「著作人」的意見，便逕自出版了。

萬里飄蓬，幾經抄襲，昭文所手抄的這個複寫紙副本，也可說是閱盡興亡了。

在一九六五年李宗仁返國時，此一副本既在黃旭初之手，李氏自己身邊就有個英文稿副本了。據說當年毛澤東主席接見李氏時，曾詢及此稿，有意批閱。可惜毛氏不諳英語，而李氏又無中文稿，毛主席乃面囑將此英文稿發交「北京外國語學院」，譯回中文。

這宗「奉諭回譯」稿是否全譯了，筆者在海外，當然無由得知。至於這個回譯稿現存何處，筆者當然更無法打聽。不過我確知其存在，因為李先生在一九六五年底寫信給我，囑我轉告哥大當局，停止出版英文稿的理由，便是他「重讀」這份「譯稿」，覺其與「原中文底稿，頗有出入」的緣故。

李氏之言，分明是藉口，因為這份英文稿之完成是經過他逐章、逐節詳細核准的，在離美之前，他還不斷地催著要出版呢！回「國」之後，主意改變，這在當時不正常的中美關係影響之下，是完全可以理解的。因此我這位受影響最大的「撰稿人」，對他這一「出爾反爾」，倒頗能處之泰然；但是哥大當局那些戇直的洋學者們則認為李氏此函有欠「誠實」！他們因而把這批文化公案移送法院，讓美國法律加以公斷。

我當然是這一項法律程序中跑不掉的第一位「見證」。在律師盤詰之下，我也是一切「據實以告」！至於這件「案子」其後如何由法院公斷，我這位「見證」是無權過問的，只知道其結果是按美國出版法以及國際版權協議，這宗文獻，全部被判成「哥大財產」。因為在本稿撰著過程中，李宗仁先生只是本稿「口述史料」的提供者，他並不是「撰稿人」；而本稿的真正撰稿人卻又是哥大的「僱員」，所以哥大對它自己的「財產」，有任意處理之「全權」。

哥大顯然是根據此項法律程序，便把全稿封存了。

在研究室被搬得一空之後，我拍拍身上從五十年代上積下來的塵埃，洗清雙手，對鏡自笑：十年辛苦，積稿盈笥，而日夕之間，竟至片紙無存！這對一個以研究工作為職業的流浪知識分子來說，履歷上偌大一個空白，對他底影響是太大了。但是頭巾氣太重，沉溺所好，不能自拔，入其境而不知其俗，咎由自取，又怨得誰呢?!

千呼萬喚的英文版

那時的哥倫比亞大學雖循法律手續「封存」了它那份「財產」，但是學術畢竟是天下之公器。這份中文稿既經黃旭初借用出版了一部分，哥大的英文稿屢經訪問學人的閱讀與傳抄，亦頗有變相的流傳。

這份英文稿，因為寫當其時，在五、六十年代，也曾是有地位的出版商爭取的對象。當哥大的出版部以其篇幅浩繁而感經費支絀之時，柏克萊的加州大學則向哥大協商轉移。該校政治系主任、名教授查穆斯．約翰生（Chalmers Johnson）博士並曾為本稿寫了一封他認為是中國的「民國政治史上不二之作」的、逾格推崇的介紹信。這一來這一部稿子，乃又自哥大出版部於六十年代後期，轉移到加大出版部去。

那時中國大陸上的「文化大革命」正在如火如荼地進行著。李宗仁先生亦消息全無、生死莫卜。加大當局有鑑於這部文稿歷史複雜，出版部負責人乃專程來紐約找我加以澄清，並問我對英文稿能否負擔全部文責，這本是我義不容辭之事，我遂正式以口頭並書面，向加大負責人表示，不論本書在法律上版權誰屬，我個人均願獨負文責。他聞言欣然同意。這便是在後來的英文版上，我的名字被列於李氏之前的最初動議。其後相沿未改者，無他，只是一位治史者對他所寫的一部傳世的歷史著作，署名負其全部文責而已耳。

加大既已決定出版本書，他們乃廉價僱用一位據說粗通中文的美國退休外交官來擔任美國出版過程中，例行的核校工作（copy editing），他由於個人關係，且向哥大要去了一份複印的中文清稿，來幫助核校（這時已有廉價複印機）。誰知這位年高德劭的「中國通」自己卻在這時捲入了另一樁文化漩渦。無暇及此——同時他的中文根基，似乎做兩稿互校的工作亦難以勝任，但是他卻抓住了本稿，死不放手。他前後一共「工作」了七、八年之久，卻只「核校」了十五章。如此一年兩章的「校」下去，那麼七十二章就要化掉他老人家三十六年的退休時光了。

加大當局為此事而甚為著急，一再要我去催他，並轉請哥大負責人去催他。可憐我這位「著作人」卻身無「版權」，我催多了，人家總是說：「干卿底事！」多次自討沒趣之後，我也只好索性不管了。聽其自生自滅罷。我所怕的是旁人在稿子上亂動手腳，那就不可收拾了。

最後這位校稿人終於倦勤停筆，把稿子退回加大，而加大出版部也由於他拖延太久，時效全失——美國是個時效決定一切的社會——為顧慮出版後虧本的問題，也就廢約不印了。這時美國由於越戰的關係，銀根已緊，這一失去時效的「鉅著」，便再也沒有出版商願意去碰它了！

一九七五年年底，這批文稿終於輾轉又退回哥大了。這樣哥大負責人才把這已失時效的一隻大雞肋發還給我，要我覓商付梓。大學當局並以正式公函告我，兩書出版時，我可以收取中文版的版稅。

這樣一來，中文稿始由香港《明報月刊》分期連載，前文已有交代。可惜這時李宗仁先生已早成歷史上人物。年輕一輩的知識分子，許多人已經不知道李宗仁究竟是什麼人物了。該刊連載過久，編輯先生感到乏味——這也是新聞界的常情——所以連載未及半部也就中斷了。

我們重覓英文稿出版人也是歷盡艱辛的。一本「鉅著」（超過六百頁）如新聞價值已失，在一個資本主義的國度裏，是沒有生意人願意出版的——要不然，便是：一，作者先墊鉅款，出版後如有錢可賺，再慢慢歸墊，否則拉倒；二，本書殺青工作上一切雜務——如核校、製圖、索引等工作，按例都是由出版商負責的——這時都由作者自己負擔，將來銷路好，再由版稅中逐漸扣除歸墊。

我這位兩袖清風的作者，哪裏能拿出印刷費呢？我縱有心張羅籌借。我將來既無版稅可抽，我又何以償欠呢?!

如此，就只好眼看這部拖延二十餘年，我個人，乃至我的小家庭，都被它拖得心力交瘁的歷史著作，便要永遠「藏諸名山」了。在萬無一望的情況之下，我把死馬權當活馬醫，乃轉向我自己服務的「紐約市立大學」研究部申請資助。

紐約市大此時正在全校宣佈「破產」之後，一連串的減薪、裁員，直至目前為止，它老人家還欠我們教職員半月薪金未發呢？

我的摯友，最忠實無欺的君子，李佩釗教授，他在市大服務已二十一年，領有「終身職」聘書，這時竟慘被裁撤。他一時想不開，可能也感到苦海無邊，生趣全無，竟於一夕之間懸樑自盡，遺下弱妻幼子，慘不忍睹。

市大在這種經濟絕境之下，我遞去「出版補助」的申請書、原是「知其不可而為之」、「聊以盡心焉」而已。誰知天下事往往就出於意外。我的申請書竟獲市大各階層一連串的同情。最後竟在極艱難的情況之下，總校允於少額研究費項下，撥款支援。

市大既已解囊，哥大亦不甘示弱。一班新當權的年輕執事，遂亦自該校研究費中，酌撥若干，以為資助。市大、哥大這兩項合資，原不能算小，但以今日的美金比諸今日的工資，這數目也不算大。「不足之數」，我這位「作者」就只有「歸而謀諸婦」了。

我們是有兩個孩子進大學的小家庭。夫婦二人日出而作、日入未息的收入，也只是從手到口，所餘有限。但是這部書已經把我們拖得夠慘了。我壯年執筆，歷時七載，為它犧牲一切、通宵不寐的情況，記憶猶新。如今殺青在望，我個人亦已兩鬢披霜……。無論怎樣，它是應該和讀者見面的了。我二人乃決定，咬緊牙關，不顧一切地，把不足之款，和剩餘工作承擔下來。

去年六月，這部《李宗仁回憶錄》的英文版，總算以最原始的印刷方式面世了。雖然他底孿生兄弟——那本「廣西人民出版社」所印的「中文版」我至今還無緣一晤呢！新書既出，我回想二十多年的曲折遭遇，真不禁捧書泣下！

出版後的感想

如今這部比《史記》部頭還要大的《李宗仁回憶錄》，互有短長的中文、英文兩個版本，總算都與讀者見面了。在英文版的〈序言〉裏，我對李宗仁先生在中國歷史上的地位曾有評析。暇時當另譯之，以就教於中文版的讀者，此處不再贅述。但在英文版序言中，筆者對此書的撰述經過，以及古怪的版本問題，則語焉未詳——因為這些都是將來「中國史學史」或「目錄學史」上的瑣碎而專門的問題，西文讀者是不會感覺興趣、甚至嫌其囉嗦的——可是對中文版的讀者們，尤其對那些專攻中國近代史的專家們，筆者就應該有個比較詳細的交代了，否則他們一定會奇怪，這中、英兩版為什麼「不盡相同」？更糟的便是將來嚴肅的考據學者，在中、英二稿中，可能都會鬧出個「雙包案」來。言念及此，我覺得這個問題，現在非交代清楚不可，因為在目前知道本稿撰述經過詳細情形的，只有哥大已退休的教授韋慕庭和筆者個人等三、二人而已。所以筆者才不憚煩地冒美東百度以上的溽暑天氣，裸背為本書製四萬言長序以闡明之。尚乞中、英兩版的賢明讀者，批閱後不吝指教！

最後，筆者更不揣冒昧，以撰寫本書時，親身體驗的辛酸，來略誌數語，以奉勸今後，中國知識界和我有同樣短處的書獃子：你如有聖賢發憤之作，你就閉門著書，自作自受。能出版，就出版之；不能出版，就藏諸名山，傳之其人。你有自信，莫愁它沒有傳人。

不得已而與人合作，也要一是一、二是二，搞個乾淨俐落。千萬不可把你嘔心瀝血之作，婆婆媽媽地弄成個妾身未分明的狀態。因為一個作者著書，正如一個藝術家，創造一件藝術品；一個花匠，培護一園名花；一個養馬師，養育一匹千里名馬……。你對你心血結晶品的感情，絕不是主權屬誰的問題。問題是你能看她有個美滿的結果和如意的歸宿。美女嫁情郎，寶劍贈英雄——主權豈必在我?!但是你如眼睜睜地看著美人入匈奴，寶劍當菜刀，名駒入肉舖，而你在一旁，無能為力，其心境之痛苦，實非筆墨所能洩於萬一。

筆者為這兩本拙作，披肝瀝膽，前後凡二十有二年。回顧它在過去二十二年中所經歷的滄桑，而我這位原作者，卻始終在「隔岸觀火」，心情之沉重，怎敢諱言?!

古人說：「知我者，謂我心憂；不知我者，謂我何求！」

在本書今後千千萬萬的讀者之中，筆者自信，知我者當不乏其人也。

一九八〇年七月二十八日於北美洲北林寓廬

——原載《傳記文學》第四十七卷第五期

桃園縣的「下中農」

在美國與中共學術交流的整個計畫推動之下，我由「紐約市立大學」派往中國大陸做「交換教授」，授「美國史」六個月。離鄉撇井三十餘年，一旦身返故里，晤兒時伙伴，觸景生情，其中酸甜苦辣的情緒，實非親歷其境者所可想像於萬一。同時透過深入的觀察，我覺得今日大陸上最苦的還是農民。什麼水利、電力等建設，不是沒有，但是由於人口的失去控制，和工業發展的緩慢，農民底衣食住行、教育、衛生等最基本的生活條件，卻改善得極其有限！

筆者幼年是在大陸農村的泥土裏長大的，對那時農民的疾苦，知道的太深刻了。良心驅使我誠心誠意的希望他們在過去三十年內，能有個徹底的翻身。

三十年不是個短日子！他們今日仍然很苦，胡為乎而然呢?!迷惘之餘，這才使我想到對台灣農民的生活，也做點粗淺的瞭解和觀察。這就是我撰寫本文的原始動機。

不敢麻煩公家

今年（一九八一）八月下旬，承在臺北舉行的「中華民國建國史討論會」中幾位老朋友的邀請。我在紐約取得了可以進入臺灣十天的「過境簽證」，飛到臺北。我想在這極短的停留期間，利用會外餘暇，到臺灣農村裏去看看。但我不敢也不願麻煩官方。我只是私下向我在臺灣省公路局任職的表弟表示，希望他能替我借一部小汽車，並利用他本省籍夫人的親友關係，替我在臺灣鄉間，找一個「最具代表性的『中等農民』的家庭」，讓我不拘形跡的去訪問一下。

在三十多年前的大陸上，表弟便一直是聽我使喚的「小鬼」，我是他底「大王」。我們之間的感情，真比親兄弟還要親。後來我去美國，他在一偶然機緣下，進入臺灣。在臺灣娶妻生子，家庭十分幸福。工作也相當順利。他生性厚重，人緣又好，三十年的定居，也可說是臺灣的老鄉里了。但是當我們又碰到一起時，在心理上，他還是我的「小表弟」——雖然最近他已有了一個孫子——我這個「大王」，還可把他這「小鬼」使得團團轉，甚至他底幾個可愛的孩子，也被我這位「遠道而來」的「表伯」動員了起來。男公子替我做照相師，小女孩則替我做閩南語的翻譯。

組織了這樣一個有效率的「考察隊」，我就真的深入臺灣農村了。

八月二十一日的臺北，晴朗而熾熱。一大早表弟便帶了一部有空調的小汽車來接我下鄉。我們從「高速公路」直奔臺中，再轉入支線，在鄉野中隨意遨遊——看看農村的外貌。表弟說，臺灣真是個「寶島」，物產豐盛；而我在土地膏腴之外，也顯然看出了人民勤奮和政府復興農村的成績。

在臺灣農村中，我們很難看到破爛失修的房屋——這一點，今日美國的農村都沒有做到。在美國農村中，我們可以隨時隨地看到一些破爛、失修或廢棄的農房，斑斑山野頗不雅觀；台灣農莊雖小，然大體都收拾得乾乾淨淨的，一眼看去，甚是賞心悅目，顯出朝氣。

我們在農村中盡情巡迴。中午則開到南投午餐，下午繼續遊覽，直到深夜才開到埔里的一家小食舖去吃「一魚三味」。一日之遊，到處都使我體察到人民安居樂業的昇平氣氛。這些鄉里小飯館，差不多都有冷氣設備，服務人員，笑臉迎人，繁忙而溫和有禮。他（她）們也都能說一口清晰的國語，不像香港、廣州，乃至上海，居民仍以說方言為當然。筆者在上海見到我幾位「安徽佬」的堂弟妹，他們私下彼此交談，有時且用「滬語」，真把我這位「二哥」氣得鬍子直豎。但是今日在臺灣反而處處說國語，也真是難能可貴。

後來我們又訪問了我們司機老王的家。

老王自稱是「毛澤東的小同鄉」，他那口「湘潭國語」，便遠沒有他那時髦而美麗大方的本省籍夫人，說得流利。她告訴我，她小的時候是被「賣」到臺北的，所以是「地地道道的『

本省人』」，但是她今天「本省話已不大會說了」。

老王住的是一所兩房一廳，外加浴室、廚房和前後兩面陽臺的現代公寓。窗明几淨，壁紙花色鮮明。室內十九吋彩色電視機、電冰箱、音響、洗衣機，收錄兩用機、高腳電風扇……一應俱全。沙發、桌椅也樣樣入時。美中不足的是他們的長子，去年在考大學期間，不幸游水被溺死。他夫人以漂亮的國語，為我說東說西，足使我忘記作客臺灣。我想我故鄉合肥人民的生活水平，也能達此程度，那該多好?!

桃園張家

「建國史討論會」開得相當忙亂。一禮拜會期之後，我的「過境簽證」已到期，本該立刻出境，然終承大會「接待組」諸執事先生的幫忙，把限期延長了幾天，直至九月四日。就在限期屆滿的前一日，表弟果然替我在桃園縣鄉下，找到了一家「頗具代表性的『中等農家』」，讓我去拜訪一番。

九月三日的早晨，也正是颱風過境之後簽證將限滿之時，天氣不算太熱。我們一行再度自臺北動身，循「高速公路」南下桃園。車行約五十公里右轉入支線，再轉便轉入一條鄉村小徑。就在這條小徑的開端，有一位中年人坐在一輛發光的摩托車上，正在等著我們。表弟和他招呼一下，他便掉轉車頭為我們做嚮導。

這條小徑雖也是柏油碎石路面，但卻「小」得出奇。在車內外看，我覺得路面比車身還要窄。幸好我們的老王技術好，一路有驚無險。他開了約一兩公里，再穿過一條窄得怕人的石橋，車子便在一座村莊前的洋灰廣場停下了。

下車後，表弟替我介紹，這位領導我們的中年人叫張學意，他便是這座房子的主人——一位最具代表性的臺灣農民。今天我們就來拜訪他。

張君極其謙恭地領導我們進入他底住宅。那是一座低矮的平瓦房，一進門便是張家的客室，約十四、五英尺見方。下面是一面平整光滑、現方塊赭黑色花紋的水磨洋灰地面。這水磨地面如果打上蠟，是會光彩鑑人的，不打蠟也一樣的光滑可愛。頭頂上面的天篷，則是長條、經過化學處理的、栗殼色木板鑲成，整齊而美觀。四壁是白色石灰粉牆，加點黑色線條圖案。靠下方則是晶潔的玻璃門窗，我們就是從這個門進來的。

客室上方，放有一座臺製十九吋、「三洋牌」、裝有防塵門扇的彩色電視機，機上橫臥著一架大型立體音響，喇叭箱則放在地下兩側。左側牆邊便是一張三人籐座木框沙發，下端橫放著一張同型單人沙發，再下邊靠牆邊有一張籐面「搖椅」，沙發前則是一張精緻的咖啡檯。

張君很熱情地招待我們坐在這木製沙發上，敬菸奉茶，我們就這樣子「聊」了起來。

阿增的大家庭

張先生是客家人，祖籍廣東陸豐。他曾祖是位「苦力」，於清末受僱來台「開墾」。後來娶妻生子，便在臺灣落戶了。定居後他又搬了幾次家，直到學意的父親張阿增中年時，才遷來此地。他們現在的門牌地址是「桃園縣，楊梅鎮，瑞塘里，七鄰，草瀾坡，十七號」。

阿增不識字。在「日據時代」，他向當地地主租了「兩甲地」(亦即兩公頃，或三十市畝，合四·九四二英畝)，當了「佃農」。阿增(現已七十六歲)有兩個兒子，長子便是張學意君，現年五十二歲；次子學國，比哥哥小九歲，現在也已四十三歲了。學意在日據時代進過小學和初一，學國則於光復後在「高級農業職業學校」畢業。他弟兄二人又各生子女五人。學意的長女秀珍，今年二十六歲，已於去年結婚，嫁了位「外省籍的軍人」，已隨夫遷居，所以現在的張家還有九個孩子。他們和學意、學國兩對中年夫婦，以及阿增老夫婦，同吃同住，一家十五口，三代同堂。

但是按照政府戶籍法的規定，他們十五人卻被分成兩「戶」，今日臺灣農村習俗仍是以男為主的，「戶長」都是男人。張家兩戶中的「長房」是以學意為「戶長」，他一對夫婦，四個孩子做為一「戶」，另加祖母(阿增的妻子)，共有七口。「二房」學國一家，則以祖父阿增為「戶長」，一戶八口。雖然在戶籍上他們一定得分成兩「戶」，他們自己在生活上和財產上則並未「分家」。一家個別的收入都合在一起，各盡所能，各取所需，大家公吃公住。由於阿增不識字，學意很自然的就變成一家的實際「首長」了。

佃農翻身的經過

據學意告我，在日據時代，他們當「佃農」的生活是十分貧困的（原因很多）——「閤家每月只能吃到一次肉！」學意那時也「從未穿過長褲子！」

光復後稍好，但也好得有限，家中有時吃的還是「番薯飯」。

但是在民國四十二、三年（一九五三、四年）間，生活便漸漸開始好轉了。原因是那時政府推行了「耕者有其田」的土地改革政策。國家用日本遺留下來的工商業做抵償，收購了所有地主的土地，然後再以這土地低價分給無地農民。一般農民可以「分期付款」的方式，先耕後付，於十年之內，向政府購得全部土地所有權，但是每戶分地最高額則以三甲（四十五市畝）為限。

這樣一來，他們張家乃於旦夕之間，由無地的佃農一躍而成為擁有兩甲地的自耕農了。至於他們其後在「十年之內」，一共向政府付還了多少「低償」的地價，學意已記不清。我想這數目字不難查到，也就未向他追問了。

吃肉的次數隨著土地改革而多起來，張家田莊上生產量也增加了——最後竟然增加到一倍以上。主要的原因是政府成立了「中國農村復興聯合委員會」（簡稱「農復會」），供應化學肥料，並改良農作物的品種。這樣連他們村前池塘內所養的淡水魚的品種，也一道的「改良」了。生產量大增之後，農民底生活自然也就一天天地好起來。

但是人民生活的改善，天助之外，還要靠自助。他們桃園農民在土地改革之後，生產的積極性提高了。在日據時代，他們原已有「農會」的組織，但那老「農會」不發生太大的作用。現在這個新「農會」組織擴大了。工作也積極起來，農會之下，他們又組織了「農田水利委員會」，擴大了水源，也掌握了最經濟有效的灌溉技術。農會同時對會員農場裏的產品，也做出了最有組織和最有效的推廣。在政府有計畫的輔導之下，「穀賤傷農」這一傳統現象是基本上消除——穀價由政府做有計畫的調整和控制。

據張君告我，他們擁有兩公頃土地，一年兩熟的農場上，每年可實收穀子兩萬六千台斤，約值新臺幣二十萬元（約合美金五千三百元）。除去成本和一切開支，他們可淨得新臺幣八萬元（美金兩千一百元）上下。

農會的職權既然一天天地大起來，透過這個組織，農民也就真正變成他們根生土長的土地上的主人翁了。學意的弟弟學國現在便是楊梅鎮農會的產品推廣員。因為成績卓著，農會也發給他每月一萬五千元的報酬。

隨著臺灣工商業急劇的發展，農村人口一天天地流向都市，農忙時人手不足，散工和僱農的工資乃隨之直線上升，據說最高的近來已達到八百元新臺幣（美金二十一元強）一天。人工太貴，只好改用機器，所以張家也以八萬新臺幣的代價購了一部「拖拉機」，其後又買了「插秧機」和「收割機」。但是他們一共只有兩頃地，還不足五英畝，這些大機器顯然是缺少足夠的「用武之地」。兩公頃的地一下子犁掉了，人反而嫌無事可做。有勤勞習慣的人，一旦閒起來，他們就要找「兼差」，學意便是這樣在農忙之暇，在「臺灣客運公司」找了個兼差。農場上的事愈來愈少了，他這個「兼差」反而逐漸的變成他的主要職業了。

在「臺灣客運公司」裏，張學意的工資是新臺幣一萬三千元（約合美金二百六十餘元）一月。

我把他兄弟二人每年的年薪（另加「獎金兩萬元」）所得加一加，竟多至三十五萬元（合美金八千元上下）。另外學意、學國的太太也都在做些「成衣加工」；十幾歲的孩子們，不時的也都能三萬五萬的賺回來。這樣一個農民的家庭，也實在太富足了。張君微笑的說，真正的好轉也只是「最近十年的事」。「最近十年」為什麼有這樣大的變化呢？這也是我想知道而還沒有知道的事。

「張先生，」我說，「這樣一來，你兄弟二人的工資，不是比你農場裏的收入，還要高得多嗎？」

「是的嘛，」他說，「薪金現在是我們的主要收入，農業反而是我們的『副業』，……沒有薪金收入，專靠農業，生活是改善不了太多的。」

「你兄弟二人都在外邊做事，那麼『田』留給誰來種呢？」我不禁惘然。

「五點鐘下班回來再做嘛，」他回答的甚為輕鬆，「我們有機器，化不了多少時間。」

「你們一切都用化肥，那麼人畜的糞便都不用了。」我再追問他一句，因為他家中除了十五個人之外，還有兩頭豬、三條狗和若干隻貓。

「糞便用在菜園上。」他說。

中農家庭的收支

張學意君是一位謙謙君子，有著中國淳樸農民最可敬可愛的鄉村氣味。他不太愛說話，但是他回答我的問題卻是有條不紊。我的問題，或許在他聽來都是一些不必要問的問題，他所回答的也只是臺灣農村裏，盡人皆知的一些常識，所以他說起來顯得極其平淡而輕鬆。而我這位重洋之外飛回來的外行，則對他每一句回答都感到新奇和驚異，因為我每問一個問題，都使我想到我自己故鄉中，農民現有的和過去的生活狀況。所以我尤其歡喜替他們張家算賬。

照我算來，他家庭每年都有很多的結餘。剩下的錢都存到銀行去嗎？我不免要問。張君說，他家內現款不多，有錢也不存入銀行，因為他們農村裏一直流行「入會」的辦法——以前大陸上也有——那就是「會員」大家分別集資，每年按時抽籤，誰得籤，誰就取得當年大家所集的全部「會錢」。

張家或許在前些年也得過籤——總之，他們兩年前曾以現款二百五十萬元，投資房地產，在附近鎮上買了一所有「二十五坪」面積的「舖面」房屋。房價似乎是十萬元一坪。張君沒有告訴我這座房產出租後的房租所得——可能也因為他尚未詳細核算。但是我以市面最低利率百分之五來替他算一算，則他家所得房租至少也在十二萬五千元左右。

這樣一來，我倒可替他張家一年的收入排個大致不差的流水賬，項目大致如左：

一，兩兄弟工資總收入——三十五萬元

二，房租或利息收入——十二萬五千元

三，妻子兒女零工工資——十萬元

四，農產品純收入——八萬元

五，農業副產品（豬和魚）——三萬元

上五項合計總收入——六十八萬五千元（約合美金一萬八千元強）

關於張家一年支出的情形，我也大致替他算了一算。

在過去的中國農村裏，通常一家最大的支出便是食糧。在張學意和我談到他家中開支的情況之時，他說他二十萬元的農業收入，要扣除十二萬元的「成本」。這十二萬元中，除掉種子、肥料和機器「折舊」之外，顯然也包括他全家食糧的總消耗，因為他說他們食糧自給，副食品蔬菜、雞、鴨、鵝、魚，也都自給。平時主婦們上鎮市去「買菜」，少許油、鹽之外，所買的只有豬肉一項。每年這項豬肉的消費，可能也略當於他們售出兩頭豬的價格。

所以他們張家基本上還保留了我國傳統農村自給自足的若干遺風。他們平時賺的錢，是賺一個留一個的。

因此除掉十二萬元的農業「成本」，和日常的豬肉消費之外，他家最大的開支便是田賦、灌溉水費、日用電費和日用瓦斯費了。他們每月支出電費五百，每年六千；瓦斯費每月三百，一年三千六；田賦每年七千；水費七千。

所以張家每年要用現款支付的租稅和生活費，約在四萬五千元上下。另外再化錢，那就屬於教育和奢侈品之列了。例如張君的小姪女現在校中學「古箏」，一部古箏的價格便是七千元。至於張家妯娌的金首飾的消費，那自然又當別論了。

總之，經過我和張君計算之後，我答出個大致不差的結論，那便是他們張家在一切必須的消費之外，每年要結餘三四千美金做存款來儲蓄，那實在是舉手之勞的事。張君微笑，認為我這一估計，不太離譜。

富翁的遠景

我們暢談之後，張君又率領我們一行去參觀他住宅的各部門。這是一幢有五十坪面積的老農莊。有一半翻成西式住宅——客廳和臥房——一半依舊。廚房中灶頭亦有老灶和瓦斯灶兩種。全屋雖無自來水，但屋後那口由巨石緊蓋的水井，卻由馬達抽水，用水管通向廚房。廚房內外且有各種家用的大小機器如揉麵機、抽水機、脫水機等等。我問張太太為什麼不買一部洗衣機。

「啊，農人的衣服泥土太多，不能用洗衣機，」她說，「池塘內洗很方便，我們用個『脫水機』就足夠了。」

按財力，他張家也可裝空調和電話的。但是他們全家一致都說空調無必要。鄉村清風習習，並不熱。筆者本人也住在紐約郊區（鄉下），的確知道空調無必要，尤其是經常在戶外工作的農人，室內室外溫度懸殊太大，對健康也不好。

至於那架美國佬不可或缺的電話，中國農民或者尚無使用它的習慣。平時無此必要，正如張君所說的，「要用電話，到鎮上去打好了。」

他們張家現在也有足夠的財力，把老屋全部翻修或重建。但是他們不能做，也不願做。原因是由於臺灣工業的迅速成長，他們「瑞塘里」這一地帶，已被劃成工業擴展區。區內政府不許再興建普通民房住宅。

這一規定，在生活上對張家雖有不便，但在經濟遠景上，他們是竭誠擁護的，因為農村土地一旦劃為工業區，地價勢必隨之上漲。

張家現有農場地兩甲，合六千坪。劃為工業區之後，地價已漲至五千元一坪。全場地價總值如今已超過三千萬新臺幣，以目前臺、美幣兌換率來折換，則張家之地現在已值美金七十八萬元有奇。再加上他們既有的生財，則張家今日已是一個擁有一百萬美金財產的大富戶！

由一個「未穿過長褲子」的佃農，轉化成一位百萬富翁，是個「奇蹟」嗎?!不是！我們讀西洋史的人，知道這類事跡太多了，沒啥稀奇。在西歐、北美工業革命的歷史中，這例子是千千萬萬的。張君的好運道，只是工業化過程中，通例之一，不是什麼「例外」。

但是久處通都大邑之後，今日突然面對張君那樣淳樸的鄉村氣味，和傾聽他那誠實無華的農人的語言，再看看他家中那位耳聾、蹣跚的祖母，和赤足而害羞的兒童，我是感慨萬千的。我國傳統的良民氣質，和農村生活，太健康、也太可敬可愛了。若說我們五千年文明，是真有什麼偉大的話，它便是建築在這些基礎之上啊！但眼看著它就要被狡猾而污濁的「都市」所淹沒了。

「現代化」！「現代化」！你是人類生活史上的「魔鬼」和「強姦犯」?!還真是什麼「進

步」啊、「發展啊」?!但是我看看張家的情況，我也不斷地想起我的故鄉來。兩地農民本質上是完全一樣的，但是二者之間的物質條件和教育水平，就有天壤之別了。

張家底衣食住行

我叫我的青年「照相師」把學意的夫人——張謝李妹女士，照幾張相做紀念。張太太是一位溫和而端莊大方的中年婦女，雖然已是望五之年，看來卻比她實際年齡年輕得多。她底髮型是臺北市上通行的一種，相當美觀。身穿的是一套迪綿綸的西式服裝，十分整潔，顏色也很調和，長褲上的褲縫，熨得筆直。足下一雙「半高跟」，也很入時。我想這就是一位所謂「農村婦女」嗎?至少，她底婆婆卻是一位百分之百的「劉姥姥」啊!

她底丈夫，在我底好奇的詢問之下，也含笑地承認他有「西服四套」。弟弟學國也有三套。我未見過穿西服的張學意，但是看到他夫人的衣著，我卻不難想像出，張學意穿西裝革履，是個什麼樣子。

據學意告我，他們的男孩子最常穿、也最喜歡穿的是「牛仔褲」。女孩子穿西式衫裙，有時也喜歡打扮打扮。我在他女兒精巧的繡房之內，也看到整架的化粧品。關於這一點，我倒不需要這位貧寒出身的爸爸，來向我解釋呢。

我們要和學意的那位赤腳的小姪女一起照相。她臉一紅，躲起來了。問她名字也不答。可是當她在小瓦斯灶上燒魚的時候，卻被我們包圍了。她在幫忙燒中飯，正在煎著一條圓圓胖胖的魚——頗像我們長江裏的鯽魚。表弟告訴我，這是一條「改良品種」的「吳郭魚」。我想或許是一位姓吳的和姓郭的水產學家「改良」出來的吧。不得其解，只好望文生義了。

這種魚，據說是他們老祖父張阿增的偏好。他老人家苦了一輩子，幸好老運彌佳，兒孫滿堂。如今七十六的高齡，家中大小事務，他是不管了；但是每日清晨，老人家卻歡喜牽著孫子，送他們上學。孩子們上學了，他便拿著魚竿到池塘邊、樹蔭下，去釣他有偏好的「吳郭魚」，一直等到家人叫他午餐才回來。下午午睡睡醒，到門前去等待散學歸來的孫子們，也是他底樂趣。

唐詩上說，「野老念牧童，倚杖候柴扉。」這種淳厚的田家風味，在近代中國恐怕只能向書中去找了。想不到在桃園楊梅鎮的張家，還保留些許往古的遺風！

我在張家東張西望，總覺得有什麼美中不足似的。啊，有了！原來他們家裏有九個孩子，卻沒有一部腳踏車。在大陸，幾乎遍地皆是腳踏車。在美國，凡是有孩子的家庭也都有，而張家獨缺。這是什麼原因呢？學意說，「我們已有三部機車，……孩子們不喜歡腳踏車。」

一個農家居然有三部摩托車，這在以前中國的農村是不可想像的。但是張君卻說，他好多鄰家都已不要機車了，他們改用載貨載人兩用的無篷小卡車。他一提起這「小卡」，我立刻也就想到了。因為我在美國農莊做過工。美國農人最歡喜用這種小卡。他們有時且在車身之上，配製一套可以做睡眠用的小活動車廂。暑期裝上這車廂，他們就可以駕車出去做露營旅行了。我本人也在這種旅行車廂中睡過。它甚為經濟、舒適而方便。看樣子，臺灣農民之利用這種小卡來度假，為期也不遠了。

教育和娛樂

正當我仍和張君絮絮不休之時，他那位正在服兵役、穿著軍服的兒子張頌彩回來了。他是一位眉目清秀、二十二歲、「高職」畢業的青年，習汽車修護，現在則是一位現役憲兵。學意的二子頌宏，二十一歲，「成功中學」畢業，今年參加「大專聯考」未取，現註冊入「臺大補習班」、「丁組、社會科」，用功補習，預備明年再試。三子頌安，則正在「農工高職」二年級，習「農工電機科」。

張君那位已出嫁的女兒秀珍，也是「實踐家專」畢業。實踐家專是所謂「三專」，亦即是學生在高中畢業後，再入校讀三年畢業的專科學校。二女秀玉二十三歲，則是「萬能工專」畢業，萬能是「二專」，她學的是會計，現在一建築公司服務，待遇也很好。

張家「二房」的孩子都還小。最大的張頌光是個男孩，十八歲，現讀高職三年級，習電工，專業是「室內配件」。這時他正暑假在家，抱著個自用的大籃球，來和我們握手拍照。頌光矮而黑壯，一望而知是一個十分誠實的農村青年，渾身上下沒有臺北青年所習見的都市氣味——雖然他家離臺北不過五十公里。

頌光下面是四個妹妹，尚分別在高初中和小學就讀。她們底志願，自然也都是高職和大學了。

他們張家這十個孩子的教育程度，著實使我震驚。我想起我自己家中——傳統所謂「書香之家」——叔伯兄弟姊妹的教育程度，和我的一位三十來歲的外甥女，至今還是個文盲的情形，不禁為之黯然。

我問張學意君平時有什麼娛樂？他說電視、電影之外，他歡喜聽「柔和的音樂」，其外則是讀書、閱報。他家中也訂了些報刊。其中包括一份臺北的報紙，和一份孩子們歡喜看的《青年戰士報》。

學意的夫人和弟媳則參加當地的「婦女會」，學習烹調和縫紉。孩子們的學校一般都有「家長會」——美國同類組織叫做「家長教師聯合會」（P.T.A.）——家長們可以通過這個組織而從事各種社交活動。我想這也是所謂「已發展國家」中的自然現象吧。

政治和選舉

「你們鄉村的政治組織採取何種形式呢？」我換了個題目向張君發問。

他說他們最小的政治單位叫「里」，里有「里長」，由人民公選，三年一任。他們現任「瑞塘里」里長莊水貴君便是一位「無黨籍」的民選里長。里之上有「鎮」，「鎮」有鎮長，也是民選，四年一任。現任「楊梅鎮」鎮長謝新鑑君，則是國民黨黨員。鎮以上是「縣」，設「縣長」，也是民選，四年一任。桃園縣的縣長便是那大名鼎鼎的許信良。許信良因久假不歸，現已被省政府停職。暫派現任省府委員、國民黨黨員的葉國光代理。不過葉氏只代理到今年十一月十四日原許任期滿為止，屆時桃園縣當另選縣長云。

我所認識的臺灣朋友們都說，臺灣人民的政治意識極濃厚。每次地方選舉期中的「政見會」，參加的群眾是人山人海的。這也是民權起步的表現吧。

後來我又向一些「省內」、「省外」的政論家請教，省內農民對政治遠景的看法如何？他們都認為農民對地方政治的參與是十分踴躍的，希望有真正的民選政府出現。但他們不希望把政治局面搞「亂」，「亂」會影響經濟的穩定和成長，那是對他們不利的。所以政府應善體民意，因勢利導才好。他們認為社會上一般老百姓，「人心不思亂」，甚至「怕亂」，實是臺灣和平、安定遠景的最大保障。

我默察張學意君一家的情形，如張君在臺灣農村社會中確有其「代表性」，則上述這項結論，可能也是正確的。

見微知著？

筆者與張君一晨之談，所得的啟發實在太大了。我的訪問雖短，但也可說是對當前臺灣農村的「個案研究」（case study），或「例案探討」（sample investigation）。這在今日流行的社會學的法則上說，也可叫做「見微知著的法則」（micro-level approach）吧。張家這「例案」（sample）雖小，但是這個「平凡的他」，則是目前整個社會中的一個細胞，它發展的正常與否，或健康與否，每可看出一個社會整體發展的取向。

張君告我，他一家生活的情形，只代表臺灣農村中的中下層，本質上還算不得「富農」，因為他還不夠資格報一般人民所報的「所得稅」呢！他一家二戶，上有老、下有小，食者眾、生者寡，所以按規定，他每月工資中的「所得稅」就免扣了。

學意又舉例說，大多數的鄰家都比他好。例如緊隔壁的「申家」，因為孩子少，他們夫婦一日所得，便是「一千元以上」（約合美金二十六元強）。如此則每月收入在美金八百元左右。

八百元在美國不算高。但是美國人生活費用大，一般人從手到口，收入大部住掉、吃掉，今月有錢今月了；而這些臺灣的自耕農，則賺一個，留一個。老同學、專治臺灣經濟的侯繼明、王作榮兩教授也告訴我，今日臺灣人民的儲蓄率，曾高到百分之三十。這是個可驚的數字。但是我近看「申家」，則可知這一數字形成的「所以然」了。

所以如果「申家」算是臺灣的「中等農民」（這名詞是張君說的），那我望文生義，只好把張學意和他底家庭，列為臺灣的「下中農」了。

這裏我得千萬聲明：至於申、張二家在臺灣農村中，究有多大的「代表性」，我是「望文生義」、「人云亦云」的。我個人在這個名詞上，到目前為止，並未找到確切的「學術性的根據」。

不過我個人是搞過長期的「口述歷史」的。我認為「耳聞目睹」之言，雖不可輕信，也不可完全不信。因為它有時反比長篇大論的「學術報告」，更中肯、更可靠。至於如何對待這些口述材料，對一位學歷史的來說，那就存乎一心了。

在訪問張家之後，斗室沉思。我想：應該不應該把它寫下來呢？經過反覆的考慮，我對我自己的答覆是正面的。因為我認為，這至少是當代中國社會經濟史中，一點點誠實無欺的「口述史料」。

記得以前有一位史學老教授告訴我：為保存史料而保存史料，便是一種貢獻。所以我就決定把它保存下來了。至於這份「口述史料」究竟有沒有絲毫「史料價值」，那還是讓讀者們去裁判吧。

——原載《傳記文學》第三十九卷第五期

《通鑑》與我
——從柏楊的白話《資治通鑑》說起

我近來最羡慕柏楊。

羡慕他，不是因為他名滿天下、稿費如潮、美眷如花。

我羡慕他已經有這把年紀，還有此「勇氣」、「決心」和「機運」，來「啃」一部有二百九十四卷之多的、世界第一流古典名著《資治通鑑》！

在海外待久了，才真正體會出所謂「學術的世界性」。我們這部《資治通鑑》，不管從任何文化的任何角度來看，它都是世界史上第一流的古典名著和鉅著！在人類總文明的累積中，找不到幾部。

「啃」是樂趣、是福氣、是運氣

我為什麼說柏楊在「啃」呢？這也根據我自己的讀書經驗。癡生數十年，啥事未幹過，只讀了一輩子的書。如今謀生吃飯的「正常工作」便是讀「正書」。工作之暇，去尋點消遣、找點「娛樂」，則去讀點「歪書」（借用一句我鄉前輩蘇阿姨的名言）。結果呢，工作、娛樂，正書、歪書，弄得一天到晚「手不釋卷」。

據說夏曾佑、陳寅恪諸大學者，胸藏萬卷，讀到無書可讀——他們嫌天下書太少了。我是個大笨蛋，越讀覺得書越多，好書太多、讀不勝讀——我嫌天下書太多了，有時真有點同情秦始皇帝。

書多了，讀不了，真恨不得有千手千眼，來他個「一目十行，千目萬行」。針對著這個「需要」，聰明的美國文化商人，便提出了「供應」——他們搞出個賺錢的行業叫「快讀」（rapid reading），這也是今日美國商場很時髦的生意。

但是根據我自己的笨經驗，有些書——尤其是大部頭的「古典名著」——就不能「快讀」。相反的，對這種著作要去「啃」，像狗啃骨頭一樣地去「啃」。我個人的體會便是，在午夜、清晨，孤燈一盞，清茶一杯，獨「啃」古人書，真是阿Q的最大樂事。可是在當今這個「動手動腳找材料」的商業社會裏，你哪有這種福氣和運氣，去啃其愛啃之書呢？

先師胡適之博士曾經告訴我說，讀名著要寫劄記，然後消化、改組，再自己寫出來，這樣才能「據知識為己有」。這條教訓，對我這個笨學生、懶學生來說，還嫌不夠呢！因為有些「知識」我「消化」不了，「改組」不了，「寫」不出來，我就把它肢解一番，放在冰箱裏去了。

所以要把一部「古典名著」真正搞「透」了，最徹底的辦法，還是翻譯——漢譯西、西譯漢、古譯今。

「翻譯」工作，一定要對「原著」，一字一句，翻來覆去的「啃」，是一點含糊不得的。

荀子說，「古之學者為己，今之學者為人。」

所以專就「為己」之「學」而言，翻譯一部鉅著，真要有不世的「機運」和「福氣」．進而能「人己兩利」，兼以「為人」，豈不更好？

咱也「讀」過《通鑑》

羨慕柏楊譯《通鑑》，我還有點私情，因為咱也讀過《通鑑》。通鑑姑娘也是我的「少年情人」（childhood sweetheart），一度卿卿我我，恩愛彌篤；為著她，我也曾闖過點「言禍」，而為士林泰斗所不諒。

說句更丟人的話，在下做了一輩子「學人」，如今將到「已無朝士稱前輩」的昏庸階層，我一輩子也只讀過這麼一部大部頭的「古典名著」。她和我白頭偕老，我也仗著她招搖撞騙一輩子，終老不能改。

更慚愧的則是，我對《通鑑》只是「讀過」，而沒有「啃過」。

「讀」書——如果沒有個人拿著戒尺或皮鞭站在後面的話——是會偷懶的。再到難懂之處、不明不白之處、半明半白之處、索然無味之處，你會學楊傳廣跳高欄的——一躍而過，永不回頭。所以從「治學」方面來說，「跳高欄」和「啃骨頭」，就是兩個截然不同底境界了。

對於這部鉅著，我也曾「跳高欄」地跳過一遍，從頭跳到尾。我對《通鑑》有偏愛，數十年來，時時刻刻想再「啃」她一遍；但是數十年來，就從無此「機運」、「勇氣」和「決心」來幹這傻事。今見柏楊為之，於我心有戚戚焉。

宣傳「新生活運動」的副業

我什麼時候也「讀」過一部《通鑑》呢？

說來好笑，那是當年蔣委員長在南昌推行「新生活運動」推出來的。

記得那年我正在家鄉一所「縣立中學」讀初二。我們那所學堂雖小，口氣倒大——以「南開」自比。平時功課不輕，「暑期作業」尤重。但是這年——「新生活運動」開始之年——我們的「暑期作業」忽然全部豁免。原來蔣委員長要我們全部中學生，在暑期中「宣傳新生活運動」。

為此，我校在學期結束之前，還辦了一個短期宣傳訓練班，並學唱「新生活運動歌」。這個歌，我到現在還會唱。前年還在家鄉，對那些搞「五講四美」的小朋友們，唱過一遍。那歌的開頭是：

> 禮義廉恥，表現在衣食住行
> 這便是，新生活，運動的精神
> ……

另外還有一首「宣傳使用陽曆歌」。什麼：

> 使用陽曆真方便，二十四節真好算
> 上半年來七念一，下半年來八念三

原來陰曆裏的什麼「立春」、「小滿」……等所謂「二十四節」是不定期的。使用「陽曆」了，則每月兩個節日，排得整整齊齊的，好不「方便」也?!

唱歌之外，我們又練習了一些當時山東韓青天所不能理解的「走路靠左邊」、「扣好風紀扣」、「刷牙上下刷，不應左右拉」等等新生活的規律。

準備停當，暑假返家，我就當起「新生活運動的宣傳員」了。在下原是個「好學生」、「佳子弟」，老師怎說，咱怎做。

我家是在農村裏，住的是毛澤東要「打」的「土圍子」。我的家叫「唐家圩（土音圍）」。我是那大土圩子裏的小「土少爺」。附近農民中，看我長大的人，都尊稱我為「二哥兒」。可是這次返鄉我這個「二哥兒」要向他們做宣傳可就難了。

那正是個農忙季節，農民們三三兩兩地在水田內工作，我如何向他們「宣傳」呢？最後總算蒼天不負宣傳員，我終於找到了一群最理想的「宣傳對象」。

原來那年雨水不多。我鄉農民乃結伙自大河內車水灌田，俗名「打河車」。那便是把深在河床底下的水，通過一條「之」字形的渠道，用三部足踏大水車，連環把河水，車向地面。那大水車每部要用六個人去「蹬」，三部車便有十八條蹬車好漢——這豈不是我最理想的「宣傳對象」？

我拿了鉛筆和拍紙簿，靜立一旁，等他們停工，好向他們宣傳「新生活」。

果然不久，那第一部車上一位名叫郭七的大漢忽然大叫一聲「哦……哦……」，接著那十七條大漢也跟著大叫「哦……哦。」水車停下了。郭七卡好了水車，便坐下來抽他的旱煙。另外的人則在水桶內用瓢取茶喝，還有幾個小漢則溜到河下，泡在水裏。

我想把他們集合起來，來聽我講「走路靠左邊」，顯然不易做到了。「扣好風紀扣」就更難了，他們之中有幾位連褲子也沒穿，只在屁股周圍圍了一條又髒又大的白布——他們叫「大手巾」——哪有「風紀扣」好「扣」呢？

我認識郭七，他是我的老朋友，所以我還是想試試，要郭七把他的隊伍集合一下。誰知郭七卻用他的「旱煙桿」敲敲我的臂膀，嬉皮笑臉的說，「哥兒，去偷一包『大前門』來抽抽嘛！」

郭七這話並沒有冒犯我。事實上我以前也替他不知「偷」了多少包「大前門」呢？但是這次我是來「宣傳」「新生活」的。宣傳新生活，怎能繼續做「小偷」呢？所以我們二人，談判決裂。

「哦……哦……」郭七吹了個大口哨，十八條好漢，又去騎他們底水單車去了。

我只有失望而歸。

認識了司馬光

「宣傳員」做不成了，但是晝長無事，我卻學會了用馬尾絲扣「知了」（蟬）的新玩藝，樂趣無窮。

一次我正拿了根竹竿，全神貫注地向樹上扣「知了」，忽然發現背後站著個老頭子。回頭一看，原來是我那位足足有三十多歲的老爸爸！父親問我為什麼不做「暑期作業」，而在此「捉知了」？我據實以對——我這期的「暑期作業」，非不為也，是不能也。

「好吧！」老頭子說，「那你就替『我』做點『暑期作業』吧。」

說著，他把我捕捉的「知了」全給「放生」了。

「替『我』做！」他又老氣橫秋地重複一遍。

跟父親回到家裏的「書房」。這個三開間、全面落地玻璃窗、面向一座大花園的「書房」，有個現代化的名字叫「唐樹德堂家庭圖書館」。這個洋名字是當年「清華學校足球隊中鋒」唐倫起的。唐倫是我的三叔，他那足球隊的隊長名字叫孫立人。

在書房內，父親搬下了一個小木箱，這個精緻的黃木書箱上，刻了幾個碗口大的紅字《資治通鑑》。

父親抽開木箱蓋，取出一本線裝書給我說：「這書，你的程度，可以讀。」

這是我第一次看到有那樣漂亮的「線裝書」。那時我最恨線裝書，但對這部書卻一見鍾情。那米黃色的紙，那麼賞心悅目，字體又那麼端正、整齊、清晰，書又是嶄新的，真是美觀極了。

我接過書來，立刻便被她美麗的裝潢迷住了——真可說是「愛不忍釋」。再翻翻內容，覺得並不難讀——因為我有讀《史記》的底子——故事也頗合我胃口。

「知了」早已忘記了，「老頭子」何時離去，我也未注意。拖了一張圓籐椅，我便在那花香陣陣的紫藤架下，讀起《通鑑》來了。

這對我是個難忘的時刻。事隔數十年了，書被燒了，房子被拆了，人也被整死了……，但是此情此景，卻隨時在夢中和冥想中，不斷地出現。

替老子讀書

記得自那天起，我替父親做「暑期作業」，便一刻未停過，終日一卷在手，除掉睡眠和洗澡之外。有時我自黎明開始，一讀便讀到日落西山，蚊雷陣陣，我還不肯放書。我讀得那樣入迷——直使母親抱怨父親，父親自己也懊悔不迭。原因是我有讀書生病的前科——一場傷寒，幾乎把小命送掉。

其實我那場病，與讀書並無關係。「書」只是替「病」揹黑鍋而已。但是那時無現代醫藥常識的鄉巴佬哪裏知道呢？

我把《通鑑》讀得太沉迷了，有些不明真相的老長輩們還誇獎我「用功」呢。可是我如把《通鑑》換成《七劍十三俠》，他們便不會那樣想了，而事實上我看《通鑑》卻和看《七劍十三俠》的心情，並無兩樣。講一句八十年代的漂亮話，我只是覺得「歷史比小說更有趣」而已，「用功」云乎哉?!

不過讀歷史和讀小說，也多少有點不同。因為讀歷史有個逐漸向前發展的「境界」，一個接一個迫人而來，讀小說則是一泓秋水，就沒有這種感覺了。

那時我讀《通鑑》的境界，似乎每日都在迅速改變之中。最原始的便是我對在我家中出出進進的、滿口之乎者也的老食客、老前輩的印象逐漸改變了。他們都是些能說會道之士，講起話來，都是出口成章的。

漸漸地我覺得他們所講的故事一一都在我書中出現了，而書中的故事和他們所講的，則頗有出入。

他們都歡喜掉文。漸漸我也覺得他們所「掉」之「文」大有問題（與「書」上不對嘛！），有時竟漏洞百出，有時甚至驢頭不對馬嘴。

這些老長輩們一向都是我底「法力無邊」的老師，他們對我們這批孩子們的「訓誨」，也是居之不疑的。誰又想到在一兩個月之內，在我的「老師」司馬光比照之下，一個個都面目全非了呢？

秋季返學，更不得了，班上同學似乎也比以前顯得粗野無知。那位一向向我誇口、說什麼「你數理比我好，我文史比你好」的潘駝子的「文史」，似乎也法寶全失。

不用說，那教我們歷史的女老師，在課堂上時時出岔子——我當然不敢更正她。就是我們一向頂禮崇拜、教國文的蔡老師，他底學問，似乎也跑掉了一半。

天乎，讀了一部《通鑑》，境界上竟然有這樣大的轉變！是我自己長大了？還是被司馬溫公改造了呢？

做《通鑑》的文抄公

升入高中之後，我底第一位國文老師竟是個不折不扣底「江南鄉試」試出來的「舉人」。他自己也和范進一樣，頗為自命不凡。一次「作文」時，他出了個題目叫「三國人物選論」。我一下就「選」中了「五虎上將」中的關張二將，另加軍師孔明。在兩小時的時限中，我繳了一篇「作文」，大意我還有點記得；在文章的結論上我說：

關羽、張飛皆有國士之風也。然羽有恩於士卒而無禮於士大夫。飛則有禮於士大夫而無恩於士卒。各以短取敗，可悲也夫！

至於「軍師孔明」呢？我也一反傳統的「諸葛用兵如神」的老調，說武侯「用兵非其所長也」。

文章繳上之後，舉人老師顯然大為欣賞。他把我叫到他桌子旁邊，問長問短，著實嘉獎一番，並用硃筆劃給我「九十九分」。他扣了「一分」，原因是「小楷欠工整」。

最初，當老師叫我進去時，我很有點緊張，怕他給我不及格。因為我這篇大文，大半是從記憶中，抄我老師司馬光的。做了文抄公，按理是該拿鴨蛋的。我拿了九十九分出來時，雖然受寵若驚，但是我也覺得奇怪，為什麼舉人老師連部《通鑑》也未讀過呢？

其實他老人家讀是讀過的，只是年老昏庸，忘記了；不像孩子們，一讀就記住。一下當起文抄公來，連堂堂舉人公也給我唬住了。

在中國科舉時代，是「一舉成名天下知」的。一個「舉人」還了得！在民國時代舉人絕種了，剩下幾個老頭子，簡直是「珍禽異獸」。想不到這些「鳳凰」、「麒麟」都被我一部《通鑑》——唬住了，餘下的飛禽走獸，對一位「通鑑讀者」，就只有莫測高深之嘆了。

「學會鬼拉鑽」

記得幼年時代，曾學過「少林拳」。有位師父教我們一套拳法，叫「鬼拉鑽」。它底口訣是：學會「鬼拉鑽」，天下把勢打一半！

「鬼拉鑽」是如何打法的呢？其實最簡單。一，蹬下「馬襠」；二，左右兩拳輪流快速出擊，一秒鐘打它十幾拳——如土木匠「拉鑽」一樣。據他說學會這一套簡單拳法，當之者，無不被打得鼻青眼腫，三江五湖，鮮有敵手！

我發現，自從「宣傳新生活運動」鎩羽歸來、替老頭子讀了兩個月的《資治通鑑》，居然也學會了一套「鬼拉鑽」。其後所到之處，只要之乎也者一番，自然就有人說你「漢學底子好」。反對你「漢學底子好」的，你使出「鬼拉鑽」來，一秒鐘你就可把反對者打得「鼻青眼腫」，「三江五湖，鮮有敵手」！

江湖上有名了，以後不論你加入什麼同鄉會、同學會、校友會、研究會、歌詠團、伙食團、麻將社、橋牌社、登山隊、旅遊隊……你都不會失業。他們會選你做秘書、文案、書記、通訊員等等要職，使你不負所學。

筆者的「現職」便是「國立中央大學、旅美校友會、第二書記」，專司向三岸校友寫八行書！

論「年高德劭」，我本應榮任校友會會長的。恨只恨我那些「沙坪舊侶」不知敬老尊賢，連個「第一書記」也不讓我幹，因為那一崇高職位還要「兼管其他會務」，量材器使，我只能「專搞筆墨」！

我為什麼被下放去「專管筆墨」呢？據說是因為我「漢學底子好」，滿口之乎也者。之乎也者哪裏來的呢？全部出於《資治通鑑》！為什麼專讀《通鑑》呢？那是「替老子讀的」！「老子為什麼要強迫你讀《通鑑》呢？」無他，在下是「我的老師」蔣中正（我在中大時，蔣先生兼校長，稱「我的老師」並非招搖）的壞學生——把「新生活運動」宣傳糟了的結果。一著之錯便幹了一輩子幕僚、師爺、教書匠！

諸史之根，百家之門

我個人在中學時代，「讀」了一部《通鑑》，那雖然是一個偶然又偶然事件的結果，但我卻深深感到這偶然中，充滿著幸運——我「偶然」地摸上了治學的正途。積數十年的觀察和經驗，我覺得中國史學家治史——不管治啥史：世界史、歐美史、通史、斷代史、秦漢史、明史、清史、民國史、政治史、學術史……，第一部應熟讀之書，就是《通鑑》。

《通鑑》是有其酸溜溜底「臣光曰」底哲學的。我們的「臣光」先生是要上接春秋、下開百世的。但那一套是寫給皇帝看的，看官們既不想做皇帝，則大可一笑置之。你不信，他也不會扣你右派帽子的。

但是我們的溫公卻有治學的雅量。他遍存諸史之真，廣納百家之言。他沒有改寫歷史，沒有「以論帶史」，更沒有「以論代史」。簡言之，我們的司馬溫公沒有糟蹋歷史，而糟蹋歷史，則正是今日大洋三岸史家之通病！

還有，我們讀歷史的怎能不讀點「原著」呢？

朋友，你要知道，「讀原著」實在是我們中國人特有的福氣呢。讀西洋史，有幾本「原著」好讀？上帝垂示的《聖經》就不知「翻」了多少觔斗，最後才來污辱我們漢文漢語，印出那種醜惡不堪的東西。

筆者也曾一度「啃」過格本的《羅馬衰亡史》。老實說，我就嫌這位盎格魯．薩克遜的作家，用他生花的英文彩筆，隔靴而搔那講拉丁語羅馬皇帝之癢。我的同事之中，今日尚有以拉丁文作文的，但是他們隔靴而搔的醜態，恐怕連長眠地下的格本也要笑掉大牙了。

俗語說，「隔重肚皮隔重山」，冒認異族做祖宗，你再有生花妙筆，也無法傳神的。君如不信愚言，你去讀讀英譯《紅樓》、英譯《史記》，便知鄙言不虛也。

我們是有福讀我們自己的「原著」了。但是古典浩如煙海、真偽雜糅。遠在宋朝便已有「一部十七史，從何說起」之歎。今日再來摩挲古籍，那就更無從摸起了。所以溫公的長處，便是把十七史精華，並旁採百家，納於一爐，從而融匯貫通之。精讀此二百九十四卷，則趙宋以前，諸史精華，盡在其中矣。採精去蕪，君實（溫公）獨任之，毋待足下煩心也。

司馬光是個小心謹慎的迂夫子，他不像他遠房遠祖司馬遷那樣天馬行空、大而化之。正因為他「迂」、他小心翼翼，所以他才能用了十九年的工夫，編出這部千古奇書、諸史之根的《資治通鑑》來。

章實齋說得好：「六經皆史也。」

歷史實在是一切人文學科的總根。離開歷史，則一切人文學科皆是無根之花。《通鑑》既是諸史精華之薈萃，則《通鑑》也是通向一切諸家經史子集的總樞紐；掌握此一家，則其他諸子百家之雜學，自能絡脈暢通，無往不利。

本乎此，我敢大膽地說，《通鑑》一書，實在是諸史之根、百家之門。以前為著指導青年人研究「國學」，梁啟超、胡適之兩先生曾為諸後生擬訂一份洋洋數十部的國學基本書目。

在下如也練出上述兩前輩之功力，有人也要我擬一「國學基本書目」，那我就老實不客氣，一書定天下──《資治通鑑》。

若有人焉，真把那部二百九十四卷的大書「啃」得爛熟，他還要請求國學大師們來替他開一紙「基本書目」嗎？我看不必了吧！

到了那樣的火候，山人就自作主張了！

「繆大書箱」的真功夫

前已言之，我在中學時代，學了一套「鬼拉鑽」，完全是個「偶然事件」。我老子要不是討厭我「捉知了」，他是不會要我學的。斯時我祖父已去世，否則他也不許他兒子，強迫他兒子的兒子，去讀什麼《通鑑》的。胡適之先生生前便誇獎先祖是位「新人物」。「新人物」怎能叫兒子的兒子讀《資治通鑑》呢？

廢話少說。

且說我這套「鬼拉鑽」拉到重慶沙坪壩就失靈了。我發現在那兒，我那些師兄師姊們也各有一套。旁觀之下，便再也不敢學香港街頭的李小龍，去「找人打架」了。

我們沙坪壩那座大廟裏，當時還有幾位老和尚，他們的功夫，可就不是「鬼拉鑽」了。在一次野餐會中，我和那位綽號「大書箱」的繆鳳林老師在一起吃燒餅。繆老師當時在沙磁區師生之間，並不太 popular。他食量大如牛，教師食堂內的老師們拒絕和他「同桌」，所以他只好一人一桌「單吃」。

「進步」的同學們，也因為他「圈點二十四史」，嫌他「封建反動」。我對他也不大「佩服」，因為我比他「左傾」。

可是這次吃燒餅，我倒和他聊了半天。我談的當然是我的看家本領《通鑑》。誰知我提一句（當然是我最熟的），他就接著背一段，我背三句，他就接著背一頁——並把這一頁中，每字每句的精華，講個清清楚楚。

乖乖！這一下我簡直覺得我是閻羅殿內的一個小鬼，那個大牛頭馬面，會一下把我抓起來，丟到油鍋裏去。

繆老師那套功夫，乖乖，了得！

後來郭廷以老師在紐約告訴我，說繆老師曾一度避難來臺。但是在臺灣卻找不到適當工作，結果又返回大陸，終於被共產黨整死了！

其實今日臺灣——甚至整個海內外——哪裏能找到另外一隻和他容量相同的「大書箱」?!

繆公之外，我也發現那群教我中國文史的老教授如胡小石、金靜庵、顧頡剛、賀昌群、郭廷以，乃至授西洋史的沈剛伯諸先生，無一而非《通鑑》起家的。他們大半都「啃」過《通鑑》，不像余後生小子之只會「跳高欄」也。自此以後，我也咬牙切齒，恨我自己，不學無術。那點花拳繡腿，遇到真教師，人家一巴掌，就可把你打入大相國寺的糞坑裏去。自此以後，我一輩子的志向，也就是想下點「啃」的功夫。可是就一輩子沒有真正「啃」過。一大把年紀了，碰到有人把我也列入「學人」之列，實在自覺臉紅。

胡適和《通鑑》

離開沙坪壩不久，我在美國就遇到另一位老師，那位反對古文的老祖宗胡適之了。那時最使我瞠目結舌的便是發現胡老師居然也是讀《通鑑》起家的。「歷史」原是他的「訓練」，而他受「訓」期間的看家本領，便是《通鑑》！胡適也是「我背一句，他背一段」的「大書箱」——他讀《通鑑》是從十一歲開始的，他「啃」過《通鑑》。

胡博士（今後我當拚命叫我老師「博士」，以免人家誤會）覺得奇怪的，是我這個「小門生」也讀過《通鑑》，而且也是幼年期讀的。我告訴他我未讀過《續通鑑》，因為我那位老爸爸把《續通鑑》藏起來了，不讓我讀。

胡老師聞言，連說「可惜、可惜」，但是卻又說「不晚、不晚」。後來我這位恩師大人（我現在是叫他「恩師」呀！）終於把他書架上整套《通鑑》、《續通鑑》和《明紀》，都送給我了。書內還有恩師親批的手跡，還有恩師親書的讀通鑑札記呢！

可是那時令我奇怪的便是，我的恩師十一、二歲時，便「啃」過《通鑑》（顯然獲益匪淺），為什麼他啃過的骨頭，卻偏不讓那些可以啃、也情願啃的青少年後生去啃呢？我自己如果不是貪著「捉知了」，不就連「讀」的機會也沒有了嗎？

所以我以後和我的恩師抬了好幾年的槓。我認為「中學國文教科書」裏，白話和文言是可以「和平共存」的，白話文不應該搞「民主專政」！

我為什麼要重違「師訓」呢？理由很簡單：吾愛吾師，吾更愛真理！

談談《白話通鑑》

我個人讀《通鑑》，是愛讀其原文的。

可是近些年來教讀海內外，我也覺得倒楣的「古漢語」太難了。要青少年們再去享受點古典文藝訓練，簡直是不可能。那種詰屈聱牙的怪東西，連他們的老師——乃至好多名震一時的海外名學人——已經很難應付了，何況他們。

未碰而先怕，這種「先怯症」一般青年是很難克服的。「古典文藝」豈真如此難哉？胡適之輩十一、二歲就可通曉，豈真「神童」哉？非也！免再惹是非，且說句洋文遮蓋、遮蓋，那只是 damage already done 而已耳。

搞「古漢語」既然連老師、學人都要傻眼，那就至少要讀點「名著今譯」。真讀了「今譯」，再回頭去翻翻「古本」，「古漢語」往往會豁然而悟的——咱們方塊字、文言文，就有這點玄妙，它可無師自通。

讀「名著今譯」——我承認這是個人成見——第一部鉅著，應該就是《白話通鑑》。各界職業仕女、知識分子，週末少打八圈麻將，看看《通鑑》，是會變化氣質的。

麻將不必「戒」嘛，少打一點！抽空看看有趣味而又有用的書，稍稍變換變換山外青山的社會風氣，這才叫做「有文化的國家、有文化的社會」嘛。同時也可為兒女做做榜樣。

在學的青少年大中學生，課餘之暇、情書情話之暇，搞一點學術性的「鬼拉鑽」，也不是壞事嘛。年紀大了，你會發現它的好處的。

至於學在下這行、靠歷史吃飯的——尤其是終日「動手動腳找材料」的大學者和旅美名學人——倒真要把《通鑑》這種大部頭「溫習溫習」呢。

胸無丘壑，腹無名著，只是終日撿垃圾，到頭來，還是難免不通的。筆者淺薄一生，午夜夢迴，每每悚汗不已。謹以個人感受，質諸同文，不知以為然否？

不過話說回頭，讀古典名著今譯，亦非易事。古文亦有古文的局限性，如果把它毫無技巧地直譯為白話，則其詰屈聱牙的程度，或有甚於原文。

所以搞「通鑑今譯」，為著讓大眾讀起來有興趣，則譯者表演點「文字秀」，也是絕對必要的。

吾友柏楊，飽學之外，搞「文字秀」也是天下少有的。以他的博學，以他的彩筆，司馬光之力作，將重光於海內外，是屈指可待的。

我羨慕柏楊，這大把年紀，還能搞「為己之學」，來啃這塊大骨頭！

我更敬重柏楊，在「為人之學」方面，能把《通鑑》這部世界第一流鉅著，譯成白話，以饗大眾，真是為中華民族子孫造福。

筆者嚕嚕嗦嗦搞了這半天，問良心實在不是為好友柏楊伉儷拉生意、做推銷員。天日可表，我講的實在是肺腑之言。

一九八四年三月九日寫於美東春雪封校之日

——原載《傳記文學》第四十四卷第五期

從「人間」副刊談到臺灣文藝

對臺灣的文藝界，我個人原是非常陌生的。五十年代後期雖也在《自由中國》投過稿，但在該刊關門之後，我便未在臺灣報刊上寫過一個字。一直到一九七七年劉紹唐先生來美國拉伕，要我替自己的英文作品（編者按：此處指《胡適口述自傳》）做點翻譯漢文的工作，這樣我才替「劉傳記」寫了些「打差文章」。本擬譯完就擱筆——對臺灣底文壇實況，和寫作陣容，並未深入觀察，也無心及此。

我之開始閱讀臺灣的文藝作品，和群眾性的學術著作，老實說，實在是從翻閱「人間副刊」開始的。那時承《中國時報》大批按時航寄贈閱。我原是中國農村出來的，不習慣於浪費。眼看這樣萬里外航空寄來一束束、印刷精良的報紙，不加翻閱，便胡亂丟掉，未免太浪費了。由於「免罪過」心情的驅使，我才一篇篇地翻看一下，這樣才使我逐漸深入，不能自拔。

三十年代，讀中小學時代，我曾經是個「副刊迷」。對那時的副刊作家，什麼魯迅、老舍、茅盾、巴金……等人的作品，都可倒背如流。彼時政府的「文網」還算不上太密；這批人又托庇於租界，所以能暢所欲言，而讀報的青年，又正是崇拜英雄最忠實的年齡，一卷在手，廢寢忘餐……在我個人編狹的記憶裏，三十年代真是我祖國當代文藝和學術的黃金時代。

後來抗戰開始了，報刊少起來，而左右各派大作家的框框反而愈來愈重。青年大學生的腦袋又一天天地獨立起來，不願意「讓人家牽著鼻子走」，因此對「框框文學」興趣也日漸減退。甚至覺得「時下少可看之書，坊間多欠通之作」呢。

在許多知識分子的經驗裏，大學時代往往都是他一生「學問」的巔峰時期，他瞧不起這、瞧不起那。可是在我的記憶裏，「三十年代」仍是個迷人的時代，她一去不復返，多惹人懷念啊！這大概也如「初戀是最甜蜜的」一種心理在作祟罷。

那時大中學裏的「文藝青年」，對魯迅的迷戀，和今天的張純華姑娘，對他孫子的一往情深，也頗有些相同之處罷！

可是當我在五年前接觸「人間副刊」，我就覺得我自己的孤陋寡聞，和淺薄落伍了。不但當大學生時代的輕狂心理久已消失，甚至我對「三十年代」的懷念也連根動搖了。有時我細嚼「人間」上的諸家作品，覺得他們都寫得很好，甚至可以說是篇篇珠玉，非小可所能及，而編者的編排技巧、選稿、插圖，皆深具匠心——彈一句老調，真叫做「超過國際水平」——令我看得眼花撩亂，愛不忍釋！「三十年代」裏哪有這個水平?!

由於「人間」的勾引，我閱讀中文報刊的範圍也擴大了，越看越覺得，今日的臺灣文藝界，是把三十年代的上海、北平，拋入古物陳列所了。

現代中國文藝，在這個寶島之上，邁進了一大步，我們在海外歡喜翻閱「中國現代文藝發展史」的讀者們，對臺灣寫作界的千百個文藝耕耘者，真要脫帽致敬。

今昔對比之下，我對當前臺灣女作家的表現，尤其感到驚異。

記得大約兩三年前，我讀到張曉風女士所寫的悼念我的老友顧獻樑先生的文章——那時我還不知道張曉風是位「女作家」——她說獻樑守不住錢，守不住朋友，也守不住太太，雖然他底兩位夫人都是最善良的婦女，但是他死後卻落得無數青年學生在為他垂淚、治喪。我讀後為之悽然者竟日。

獻樑是我的老友，是一位頗有才華的文人，對文學和藝術，都有火熱的愛心。他年齡比我大，學問比我好，閱歷也比我多。我可說一向都是「以兄事之」的。後來他應聘返臺，我們底往還就少了。一直到一九七〇年冬，我回臺灣，他於午夜時分，到我旅邸相訪，懇談數小時。那是我們最後一次的傾談。這時他給我的印象，便是一位十分潦倒的文人——真是冠蓋滿京華，斯人獨憔悴。以獻樑的才華和經歷，他本不該惆悵若是。分手之後，我心中頗為惻惻，而不得其解。一直等到我讀完張曉風女士的悼文，我才若有所悟。

因為我對亡友顧獻樑先生了解的太深刻，讀到張文才有扣我心弦的感應，而久久不能忘。也由於我讀到這一類「女作家」的作品，才又使我想起我在三十年代所讀的什麼「小雨點」、「

小讀者」、「小札」……一類，大名鼎鼎的「小」字號女作家的作品來。兩兩相比，七十年代的作品，畢竟比三十年代的要成熟得多了。

去年有幸我在紐約聽到丁玲女士的講演。看那位老太太在台前走來走去的神情，和聽她那一篇惹起很多青年作家和她抬槓的講辭，我坐在後排暗想：這就是我讀初中時代所朝夕傾慕的「丁玲女士」嗎？

後來我們又一起吃晚飯，交談之間，我狠狠地注視著她，想從她那蕭疏的白髮之間，找出些羅曼蒂克「三十年代」底痕跡。可是我一絲也找不到了。

「三十年代」畢竟是一去不復返了。代之而起的，是臺灣這個小島上「七十年代」的過去，和「八十年代」的將來！

「文藝」畢竟不是生薑，老的不一定最辣；「文壇」也不是市場，在那兒劣幣不一定可以驅逐良幣；而「歷史」卻是一面篩子，優良的作品，一定要經得起歷史的考驗！古往今來的佳作、鉅著，無一而非是歷史的篩子篩出來的。

言念及此，我個人亦深覺自疚。因為我自己不是搞文學的，而我在前些年，卻聽信海外文藝界的友人，說臺灣的文藝是「藍色窗簾的文藝」。朋友們是低估了這片一度有「文化沙漠」之稱的寶島了。

臺灣文藝之有今日的成果，當然是它所擁有的千百個作家共同努力的結晶。但是這批作家們，話說回頭，原只是一批有戰鬥潛力的「散兵游勇」，如不經過一些「總司令」型的編輯，加以「收編」、「整訓」，日久他們也就渙散、消失，而他們今日之有如此的集體成就，論功行賞，信疆和其他各報刊的主編先生，都是應該居首功拿頭獎的。

願將滿苑繁花果，
獻與殷勤種樹人！

將來的「中國文學史」是不會辜負你們的。

近年在紐約、前年在大陸，我便向那些新從「牛棚」裏「解放」出來的文藝界好友們，直言無隱地道出我對臺灣近年文藝發展的觀感。希望大陸上也能及早恢復三十年代的水平，從而超越之。

我個人也是不太贊成美國式或日本式絕對「自由化」的道路。人類的社會生活，是應該有若干道德的和法律約束的。但是搞文藝和學術，不坐「牛棚」，就戴「紗帽」，總歸也是不太正常的。我們總應把「牛棚」和「紗帽」之間的距離拉長，使文藝工作者和學術工作者，在兩者之間，有適當的生存餘地。（下略）（本文係節錄旅美史學家唐德剛先生致《中國時報》人間副刊主編高信疆先生函）

——原載《傳記文學》第四十二卷第四期

殺一個文明容易建一個文明很難

——對漢字拉丁化的意見

唐德剛講述
湯　晏整理

一九八一年聖誕節後一個星期日（二十七日）下午二時至六時，紐約唐人街華人聯合會二樓，有一個文字改革討論會，出席這個會議者均是專家學者，如紐約市立大學教授唐德剛、沈善鋐，哥倫比亞大學張之丙，西東大學楊力宇，紐約州立大學鄺治中，專家李鑫矩、袁曉園等十餘人。

與會者都曾發言，有人認為，中國文字太難，不易學，必須要加以改革，也有人認為中文不科學，不能進入電腦，所以要改革，而改進之道，過激派則主張用拼音。也有溫和的主張，就現有的文字基礎上求改進。有一些人，對自己提出的意見很像陳獨秀，悍氣十足地「不容他人之匡正也」。討論會上意見分歧，但高見還是不少。其中，唐德剛教授的發言最多，對漢字拉丁化的意見也最為中肯。

唐德剛說漢字拉丁化最早倡議者是明末清初的耶穌會傳教士，洋人習中文，以羅馬字拼音來幫助記憶。清末勞乃宣也曾略加嘗試。後來趙元任也用羅馬字來拼音，也都只是幫助發音，並不是要代替漢字。而真正要廢除漢字、代之以「拉丁化」的文字，則是吳玉章等一批左翼文人在一九三二年以後才推動的，其中且有國際背景（第三國際）。

中共何以要搞漢字拉丁化？

唐德剛認為這是半個胡適的結果——只搞「大膽假設」，不搞「小心求證」。這也是整個共產黨的毛病所在。中共假設方塊字難、拼音字容易。最早創此說者為遜清末葉《馬氏文通》的作者馬建忠。後來從此說者為蔣廷黻及郭沫若。一九三八年蔣廷黻說：「我國的文字原來比歐美各國的字母的文字難，而社會又把文字知識的標準定得很高。青年的文字負擔之重實在可憐極了。我國小學和中學的課程在國文一門上所費的時間比歐美各國要多一倍。」

一九五三年郭沫若也說過類似的話，郭說使用漢字，在一個受教育的過程上，自小學至大學較拼音文字國家的學生起碼要延長二年。

馬建忠認為中國文字本不難，因為無文法所以難學，故作《馬氏文通》。蔣氏本人很早出洋，文字粗通。至於郭沫若一不懂拼音文字，二沒有搞過雙語教育，也是外行。唐德剛認為大陸上主張文字改革者均是五四遺老——新文化遺老。新文化已變成老文化，新文化已不再新了。新文化運動後繼無人，剩下一些半吊子的五四遺老，老朽昏庸，以前郭沫若就是一個標準的例子，毛澤東也是。

在這次座談會上，一位電腦專家發言時，就是從郭說，並予誇大。他說中國人學漢字要比拼音文字的國家多花費十五年，即損失十五年光陰，唐德剛聽了這位專家的話，首先起來反對這種說法。他說：「這是大膽假設，但沒有小心求證，太誇大了，太渲染了。這種說法，我以前相信，但自從哥倫比亞大學轉來紐約市立大學教書後，就不再相信了。」他說中國一個高中畢業的學生，能夠看報是沒有問題的，但是他所執教的紐約市立大學，全部學生總數有十餘萬人，每年新生，都是紐約市高中畢業招來的，而其中有半數看不懂《紐約時報》。大學生看不懂本地的報紙，豈不是笑話，但這是鐵的事實。所以唐德剛認為中國文字比拼音文字難學的理論不能成立。

然後，唐德剛以他自己的經驗來現身說法，他說：「我讀中學時，我化在英文、數理化上的時間最多，而在中文上所化的時間最少，大約只有百分之五。而我現在用的中文，也就是憑以前化百分之五的上學時間學來的中文。」然後唐德剛笑著說：「我的中文並不太壞呀！」

接著唐德剛特別強調拼音文字亦並非想像中那樣容易。他說：「拿紐約地區為例：中國僑胞約有十餘萬人，其中的百分之九十不能說英語、不能看英文報。也許有人說這與教育程度有關。那麼拿我們留學生來說，今日旅美華裔受過高等教育的專家、學者、博士、碩士何止千萬，但能寫得出一封清順無訛的英文信者，我相信不到百分之二十。所以有人說拼音文字比方塊字容易，我不同意這種大膽假設。」

他進一步說，中國的漢字有多少呢？如以《康熙字典》為準，加上附錄則全數約五萬字。「

我的國文不算太壞，有一次我拿《康熙字典》來測驗我自己，到底能認多少字，結果只有十分之一的認字率。所以中國文法科大學畢業生認字總數不出五千字，平時使用已經足夠了，而我有了這五千字的基礎，曾去做過大學國文教師。」

反觀英文，全部字數約十六萬字，我們看《紐約時報》第一版為例，沒有一天不發現生字，如果一個人想要把五磅重的星期日的《紐約時報》全部讀通，則非識五萬字不可，五萬字則比《康熙字典》所有的字還要多，我們非識全部《康熙字典》所有的字始能看懂星期日的報紙，豈不是笑話。唐德剛說：「拼音文字就是如此的啊！」所以我們學英文，用的字十倍於中文。他舉一個例子，中文「國會」，到了英文裏就有 congress 及 parliament 之別。他說這個還算好的。試舉「羊」字為例，則就花樣更多了。他說在我們單音節的字彙裏，認識一個「羊」字，便可認出「羊」族有關的字來，如「公羊」、「母羊」、「羔羊」、「山羊」、「綿羊」、「羊肉」、「羊毛」等等，我們一看字組便知字義。但在拼音文字裏，音節太長，單字不易組合。

英語裏羊總稱 sheep，公羊叫 ram，母羊叫 ewe，山羊叫 goat，羔羊叫 lamb，羊毛叫 wool，羊肉叫 mutton。一九六七年是羊年。中國年元旦清晨，紐約美聯社總社編輯部編輯老爺打急電來問這「羊年」是公羊之年，還是母羊之年，或是山羊之年。唐德剛說：「把我難倒了。」一個小羊過年就弄得我如此傷神。那我們驊騮開道路的「馬家」過年，那還得了！

拼音字字彙多，認字是拼音文字中最大的麻煩。讀中文識四五千字，即已足夠，識了七百個字也就可以寫信了。而在英文裏，唐說識了七百個字，卻還不能看懂菜單。所以天下的文字都是一樣的，不是方塊字難而拼音文字容易，這要看學習的人的個人條件，尤其是年齡。在十歲以下學，天下無難字；在二十歲以後去學，則天下沒有不難的語文。

關於語文的功用，胡適曾說過，自哈爾濱向昆明劃一直線，三五千公里之內皆說國語。而反觀歐洲，即使在今天，只一山之隔，乃有德、法、意等各種不同的語言，其間差別原因何在？唐德剛說是因為中國有統一的方塊字限制了方言的發展，在歷史上也是靠這方塊字來統一這個幅員廣袤的大帝國，不然也像歐洲一樣，小國林立，也沒有統一的歐洲語言。

唐德剛說：文字自有它的 social function 外還有 historical function。而文字改革的人是 technicians，只懂「文字」工具的文字，不懂這個工具的 social and historical function。對於文字改革，唐認為社會學家、文學家和史學家遠較文字學家來得重要。

第二個主張漢字拉丁化似是而非的理由是方塊字不能搞電腦。漢字與電腦的問題，唐德剛認為有兩個途徑可以解決：一是改革文字，一是改革電腦。然後，在二者之間權衡輕重。他說：「電腦是什麼東西？只有幾十年的歷史，電腦如果今日不行則明日就不一定還是不行。而我們的漢字有幾千年輝煌的歷史，如今要革有幾千年歷史漢字的命去遷就只有幾十年歷史的電腦，這就是削足適履。」

解決之道，唐德剛說：「我主張從改革電腦著手，切不可以去改革文字。且改革電腦較快也容易成功，從文字上著手慢而且甚難。文字至少幾百年始能成熟，不成熟的文字，同樣不能適用於電腦。」

至於有人說，方塊字不科學，唐德剛極力反對此說，他說：「科學不科學是我們叫出來的。我國文字很美，文學講美，文學不能精確，一精確就不美，這不關文字問題。以前我們字彙中不分男女，但五四遺老硬將外國一套搬來，其實男女不分，有什麼不好？」

如果將漢字拉丁化以後的現象將如何呢？唐德剛說，那真是不堪設想。五十年後，中國即變成北朝鮮、越南或像北美洲的印第安人紅番一樣，一切要從零開始。一千萬本漢字圖書包括十三經、二十四史、諸子百家、叢書、類書，以及《毛澤東選集》、《紅樓夢》、《水滸傳》、《三國演義》、《世界日報》、《中國時報》、《人民日報》、《中報》、《明報》、《傳記文學》、《胡適文存》等等都沒有人看得懂了。有人插嘴說，也沒有人看懂《胡適雜憶》了（編者按：《胡適雜憶》為唐德剛中文著作之一）。唐德剛說，不僅《胡適雜憶》沒人看懂，連瓊瑤的小說也要變成「古漢語」而無人看得懂了。一講到「古漢語」，唐德剛就很生氣，他說：「今年春天，我到大陸去講學，在山東大學碰到一位教授，我問他教什麼課，他說他教『古漢語』。我起初認為是他教甲骨文或鐘鼎文，原來他教的就是文言文，什麼是『古漢語』，就是普通文言文而已。」唐德剛用英文說：「I feel very hurt.（我很難過）」

唐德剛乃從「古漢語」講到西方古文——拉丁文及希臘文。他說拉丁文及希臘文，為眾所周知是西方的 dead language（死文字）。無論是希臘文或拉丁文，對德國條頓族或英國盎格魯．薩克遜民族而言都是外來語。當英語、德語文學（即方言文學）發達時，他們放棄拉丁文及希臘文，一如漢文對北朝鮮、越南及日本一樣是他們的外來語，所以他們主張放棄漢字，而我們自己中國人則不能這樣做。中國文字即中國文明，是一個傳統，unique，一脈相承，全世界只此一家別無分號。八千年來人類歷史還未找到第二種語文可與方塊字比。它替我們保留了十九世紀以前人類最豐富的紀錄。它保留的總量超過人類文明史上所有其他文字所保留的總和。其次，人類史上很多學科的第一部書都是用文言文寫出來的，如《孫子兵法》、《齊民要術》、《營造法式》、《本草綱目》等都是各科目的始祖，這是很了不起的。

唐德剛指出文言文是我國本土產生的應用文字，它和語體文有血肉難分的關係，它不像希臘文或拉丁文是過時的、全死的外國文字。比如孔子在二千多年前罵人說：「老而不死是為賊」，現在老百姓罵那些該死而不死的禍國殃民的老頭子還是用那一句話。唐德剛問大家說：「你說這句是文言文呢？還是白話呢？」一千多年來，全國人民雅俗共賞的唐詩宋詞，如什麼「床前明月光」、「清明時節雨紛紛」、「車如流水馬如龍」，是死文字呢還是活文字呢？

關於文言文，唐德剛說英文也有文言文。他說。《紐約時報》及《倫敦泰晤士報》是文言文報。紐約的《每日新聞》與《紐約時報》是二種截然不同的報紙。《每日新聞》是語體文（

spoken language），而《紐約時報》社論是半文言，《倫敦泰晤士報》是百分之七十五的文言。唐德剛說：「我以前在哥大讀書時，自己覺得英文不夠瀟灑，想學點文言文，所以天天看《紐約時報》及《倫敦泰晤士報》。然而英文文言文極其嚕囌，英文語體文一頁如寫成英文文言文則要二頁，而中文正相反，文言文較白話文更為簡鍊。因為我們口語很嚕囌，但文字很簡潔。」他說：「去年夏天我去台灣參加民國史討論會，臺北一家出版公司要我寫林紓傳。林琴南是古文大家，他當年反對胡適提倡白話文，無所不用其極，而我是胡適的學生，為林紓作傳，我當然要用白話文寫。寫了三四千字，但因為有篇幅限制，擠不下，不得不改寫，還是擠不下。經過再三改寫之後，結果改成五百字，塞下去了，但最後發現我寫的林紓傳是一篇文言文。」他又說：「我們捨簡潔而就嚕囌，那算是進步呢？還是現代化呢？」唐德剛問大家，要大家作答，在座諸君均笑而不答，無辭以對。這個又牽涉到繁體字與簡體字的問題。

他又說，如果我們放棄漢字，則一部六千年的文明史等於宣佈了死刑，漢字變成古埃及的「神書」、「希臘文」、「拉丁文」，我們的文化遺產全部損失了。一部新的文明史從頭開始，我們要重頭再造一個新文化，這又待何年何月才能造成呢？

唐德剛最後以幽默的口吻說：「我們如果一定要廢漢字，則辦法很多，但漢字拉丁化或拼音方案是最不足取的一種辦法，是最壞的一條途徑。因為創造一個拼音文字很難，不如來學一種現成的拼音語言，來得更方便。化五十年造一種新文字，不如化五十年學一種現成的文字。」

他所提出的幾個辦法，一是蒙古化，大家學俄文；一是學印第安人的辦法，以英文為主，以拼音為輔；三是印度化，印度境內語言最多最複雜，所以必要時得用英文。大家學英文，英文變成印度的second language（第二種語言）。唐德剛說：「如果我們漢字拉丁化或拼音化，則我國文化遺產消失殆盡，如果印度化，即大家學英文。再不然，在五十年內將古籍全部譯成英文，則我們尚可以保存一點點文明，文明當不致完全消失。何況英文也是世界上美麗的文字之一種。」他說：「西方希臘、羅馬文明中斷，一是他們本來的東西就不多，他們沒有十三經、二十四史等等。還有他們在文字滅絕之前，好東西都已譯成了英文或法文。當年我在哥大讀書時不修拉丁文就是這個道理。試問哪一種拉丁文典籍沒有英文翻譯？但如果把我們四庫全書全部拉丁化或拼音（不管哪一種拼音）則成什麼樣子，豈不變成有字天書，誰也看不懂，如譯成英文還可以看。」接著唐德剛很激動地說：「我主張連中文spoken language（口語——即中國話）都取消。」道理何在？他說：「一九六五年我去印度，發現印度人英語講得不好，很難懂，但印度人聽得懂。所以我建議中文連spoken language也取消，則大家可以全心全力學英語，要學得徹底一點、學好一點，則以後移民也方便，來美留學也不要考托福了。」唐德剛講這番話，是挖苦與諷刺主張拉丁化或拼音化者的話。但席間一位專家居然認為唐德剛對文字改革的意見是反對漢字拉丁化，但主張全盤英語化，以英文英語來代替漢字及漢語，則大謬特謬矣。

這位專家不懂幽默，誤解唐德剛的意思，在座諸君子聽了大驚失色。這一點倒很像《禮記》

的〈檀弓篇〉裏記孔門弟子誤解孔子說「死欲速朽」的道理一樣。

最後唐德剛呼籲中共居廟堂者及一批五四遺老不要隨便宣佈中國文明死亡。結尾時他很沉痛地說：「殺一個文明很容易，建一個文明很難。」

——原載《傳記文學》第四十卷第六期

前人著史後人評

首先我要向劉紹唐先生道歉，因為我拿的護照，按規定只能停留十天，今天上午就該走的。我本應該自始至終參加這個座談會，但因護照問題弄亂了，還不知能停留幾天，所以我要先走一步，去解決這個問題。

我個人覺得研究中國歷史應該分兩大階段：一個是傳統的，一個是現代的。我的看法，傳統和現代要分開來，這兩個不同。我們過去的二十四史、二十五史都是傳統的，現在要寫的「二十六史」、「二十七史」，就是現代的、新的。現代寫的方法與古代不同。現代歷史有幾個特點：目前我們是處在兩千年來未有之大變局中，過去唐朝和宋朝沒有什麼大分別，唐朝與漢朝之間也沒有什麼大不同。但我們這七十年與歷代卻完全不同。一切在過去找不到先例。以時局為例，我們現在的中國一分為二，這又與南北朝不一樣，南北朝時北方是胡人，南方是漢人，跟南北宋也不一樣。因為我們現在的一分為二，一面是漢人，另一面也是漢人，這種分裂也是前所未有的，昔日是華夷之分，今日是國共之分。治史的方法、觀點各方面也不同，現代的方法與傳統的方法也完全不同。趙爾巽修《清史》、司馬遷修《史記》的方法與現代絕對不同。古代修史的傳統有官修、私修。官修也好，私修也好，但大家都認為當朝史家不修當朝的歷史，要等下一朝代才寫上一朝代的歷史。我們今天開歷史學會卻是要當朝人寫當朝的歷史，這是自古以來所沒有的。過去當朝的人只寫當朝的實錄，不寫當朝的歷史，這是現在與過去所不同的。還有一點，現在大陸修大陸的中國歷史，臺灣修臺灣的中國歷史，觀點完全不一樣，用不同的材料，有不同的approach。最糟糕的是海外來的人，我們這些被約來與會的都是海外學歷史的，而海外的人被約來修中國歷史，將來說不定弄成另一套海外的人修海外人的中國歷史。這種怪事，也是二千年來所未有的。所以我們的傳統同現在好多地方不同，但是我們已經在寫歷史，三方面寫的方法不同、史料也不同。因此我認為我們不應該強不同以為同，大陸修大陸的，臺灣修臺灣的，海外修海外的，官修也好，私修也好，但我的看法，殊途必將滙合，各自努力將收分工之效。大家在不同的觀點下盡量去做。場合不同，方法不同，開會形式不同，開會的背景不同，觀點不同，在不同的方法下盡量去做。譬如在臺灣，劉紹唐先生的「野史館」就應該與國史館配合，大家互相配合而不互相嫉忌。歷史寫的結果，是非好壞，當朝人是不能決定的，這都是身後事。寫《後漢書》的有十九家，其後逐一淘汰，只剩下最後出來的范曄一種，其他的都失傳了。這是什麼緣故呢?因為他們都沒有范曄寫的好。范曄被殺頭，因為當時人們不喜歡他，但他的書卻傳下來，因為別人的都不及他的。所以我說歷史寫得好壞要由後人來決定。我認為當朝的人不妨分頭努力，野史館、國史館……，互相配合，以不同的觀點、不同的地區、不同的方法……，盡量去做，寫出不同的歷史來，讓後人來一個評定，來一個綜合，哪一個是真的、是好的，哪一些是真的、哪一些是假的。

在座的黎先生是我的老師，李先生是歷史的創造者，也是我的前輩。其他諸位先生也都是先進，我實在不該再多佔諸位的時間。

謝謝各位。

——原載《傳記文學》第三十九卷第五期

《紅樓夢》裏的避諱問題

——《胡適的自傳》譯註後案

唐德剛先生「註」

近六十年來的「紅學家」，從早期的蔡、胡、陳、錢，到最近臺灣的「幼獅十八家」，有著錄可考的至少在三百人上下。如果這三百篇也可文以類分的話，筆者不揣淺薄，就斗膽把他們分為三大派：

第一，「猜謎附會派」。這派的附會猜謎且有笨巧、大小之分；也有政治、哲學、入世、出世之別。自蔡孑民先生而下到潘夏（重規）先生，和潘公在香港新亞書院所成立的「紅小組」和組裏的「紅衛兵」們，胡適之先生便一桿子把他們都打入「笨猜謎」，筆者不敢附和胡說，且名之曰「大猜謎」。大猜謎也不只蔡、潘兩家。近三十年來把「大觀園」一分為二，剖成「兩個階級」的李希凡、藍翎等「鬥爭派」；和把「紅樓夢」劃成「兩個世界」的余英時先生的「

人文派」；以及一些「佛道派」、「玄學派」，也都和舊「索引派」的出發點差不多，大家都在搞大猜謎。

這個大派之下，也還有些小派或巧派。他們要在茶餘酒後把曹雪芹這部大「謎書」或大「淫書」來揭揭底。例如「賈寶玉『初試』雲雨情」，這個「初試」的對象是他底大丫頭襲人呢？還是小姪媳可卿呢？又如「因騏驎『伏』白首雙星」，所「伏」的是目前的「白首雙星」——史太君和那位「呵呵大笑」的老混帳張道士呢？還是作者沒有交代的將來的小白首雙星「一芹一脂」呢？曹雪芹這枝筆十分狡猾，狡猾到使我們小小的童子軍帳篷內也沒有太平日子好過的程度。這是種小猜謎或巧猜謎。但是不論謎底有巧拙，猜謎者人物有大小，其猜也則一，要「猜」，那答案就debatable了。

第二派則是比較實際的「傳記考證派」。這一派的老祖宗便是有「考據癖」的胡適之先生。「考據」是個科學玩藝。要考據就得讓證據說話，不可有先入為主的觀念。如果先把「階級」這個觀念扣牢，然後「找證據」，把曹雪芹來個「階級分析」，那麼曹雪芹的「階級成分」也就永遠查不清。《紅樓夢》這部鉅著也就永遠讀不完了。

第三派大致可以叫做「文學批評派」。批評也有大、小之分。胡適說：「《紅樓夢》不是一部好小說，因為它沒有一個plot。」這話雖是西洋文學批評中的老調或濫調，但是這也是個從大處著眼的大批評。紀曉嵐評《文心雕龍》〈原道篇〉，說：「文以載道，明其當然；文原于道，明其本然。識其本，乃不逐其末；首揭文體之尊，所以截斷眾流。」現在受西洋文學訓練的「紅學家」所搞的都是這個「大批評」派。從好處說，他們是「識其本，乃不逐其末」。從短處說，讀《紅樓》的人，如不從十來歲開始，然後來他個五大遍（毛澤東就說他看了六遍），不把《紅樓夢》搞個滾瓜爛熟，博士們也就無法「逐其末」了。這大派便是當代文學界新興的青年職業批評家。

等而下之的則是那些把《紅樓夢》讀得爛熱的業餘牛皮匠。他們對《紅樓夢》有由衷的愛好，而他們所熱中討論的話題則集中於劉勰所說的什麼神思、風骨、情采、章句等方面的細枝末節。這一派雖多半是業餘性質，但是《紅樓夢》卻是個無底洞。一旦不幸翻身落洞，則草蛇灰線，也是治絲愈棼、瓜蔓無窮的。

《紅樓夢新探》等鉅著的作者趙岡先生便是位經濟學教授，他搞「銅臭」搞膩了，也想到怡紅院隨喜一番，聞點「花香」。結果花香銅臭兩難分，只好解衣下海，亮相一番。

筆者不學，三十年來讀閒書，閱盡諸公「考紅」之作，感染亦多。年前執筆寫胡適之先生的文學觀，便有意為紅學一世祖以下的九流十家來個——如胡氏所說的——「結結賬」，把存歿諸家次第甲乙來寫點紅書讀後感。然深恐懸崖撒手，墮入深淵，自討苦吃，乃知難而退。

不過林黛玉畢竟是我們的大眾情人。《紅樓夢》也是中國知識分子人人必讀之書。學人不讀紅樓夢，方帽加頭也枉然，因而有時偶有所見，還是要湊點熱鬧。

例如「紅學」裏的「避諱」問題，就是一樁有趣的小公案。原來在《紅樓夢》的早期抄本——「甲戌本」、「庚辰本」和「戚本」裏，作者對他兩位祖父輩人物曹寅、曹宜，似乎都有「避諱」的跡象。

「庚辰本」第五十二回晴雯補裘至深夜，作者不願提「寅正一刻」，而說是「只聽自鳴鐘已敲了四下」。下面的「雙行小註」（胡適說是「作者自註」）說是避「寅」字諱。胡適據此而肯定作者是曹「寅」的孫子。周汝昌亦同意此說。

可是海外兩位大紅學家周策縱、潘重規兩先生則不能接受。潘君並指出第二十六回中的「庚黃」「唐寅」的故事，說作者「又寫又說，又是手犯，又是嘴犯，」而否定此說。策縱並舉出雪芹的曾祖原名「爾玉」，因說「《紅樓夢》裏的玉又從何避呢？」

這潘、周二問題均不難回答，宗法社會裏「避諱」這件事，原是可避則避之，並不是死避。韓文公說：「其父名仁，其子不得為人乎？」正是這個意思。周公所舉的「玉」字，更不成理由。古人所謂「二名不偏諱」。孔子母親的名字叫「徵在」。所以孔子就「言徵不稱在，言在不稱徵」了。韓愈的「諱辨」不是說得很清楚的嗎！

至於曹雪芹不說「寅時」，是否是「避諱」，吾人固不得而知，但是至少那位「批書人」是如此說的。如果那位「批書人」正如周汝昌所說的是「史湘雲」，難道我們還不相信那雲鬢纖腰的美人史湘雲，而偏要去相信那兩位白髮蒼蒼的老頭子潘重規、周策縱乎?!

不特此也。曹雪芹不但避「寅」字諱。他顯然還避「宜」字諱呢！周汝昌在《紅樓夢》最早的兩部鈔本——「甲戌本」和「戚本」——上面發現個大秘密，他認為是「鈔胥」之錯。那就是在這兩個抄本裏，所有的「宜」字，都被抄成「宜」（三橫畫）。這個「三橫畫」的不成字的字「宜」，裏面顯然有文章了！

低能的「鈔胥」（俗稱「錄事」）的抄書工作，是可能一誤再誤的。胡先生便曾指出他們把一個草書的「真」字抄成「十六」。筆者本家前輩有位紈袴子，有次用重金請「槍手」代作文章，投考秀才，結果還是名落孫山，因為他把槍手所起的文稿上草書的「希聖希賢」中的「希賢」二字抄成了「乂布上天」了。

所以抄書一誤再誤，是可以理解的。但是「甲戌本」和「戚本」裏所有的「宜」字都抄成「宜」，筆誤的可能性就微乎其微了。這兩個古本都最接近作者的原稿。在原稿裏作者把「宜」字一律故意寫成「宜」，這可能就是一種避諱的寫法。曹雪芹為什麼要避「宜」字諱呢？因為「曹宜」是他的親祖父？還是因為「曹宜」是他們「五慶堂」裏最後一位顯赫的人物呢？我們就要向「紅學家」們繼續請教了。

「避諱」這個東西是我國宗法社會裏最荒唐的制度之一。但是任何壞的東西，往往也有其好的一面。「避諱」在我國後來的「校勘學」和「版本學」上所發生的功用實在太大了，它多少是被當今的紅學家們忽視了。

再者，六十年來「紅學」發展的過程中，還有個極大的弱點，那便是搞「紅學」的人——自胡、蔡、陳、錢到俞平伯、周汝昌、夏志清、潘重規、余英時……，他們都是「批評家」、「考據家」、「哲學家」、「思想家」，卻很少「作家」；所以「紅學家」們多半不知「作家的甘苦」，和作家們從靈感、幻想、經驗等等到構思、佈局、創作、增刪等等的艱苦歷程。所以他們每每為「文章自己的好」這一不知不覺的潛意識所支配，而亂下雌黃。胡適之、周汝昌都犯這個毛病。周汝昌在書中那種與高鶚簡直不共戴天的心理，便是最明顯的例子。

「紅學界」裏有豐富創作經驗的唯魯迅與林語堂二人。可惜他二人都不願用情哥哥尋根究底的考據憨勁，但是他二人卻代表「紅學」裏的作家派，他們的話是有其獨到之處的。林語堂先生認為「後四十回」不是高鶚的「續作」，而是高氏對曹雪芹原有殘稿的「補寫」。這一論斷是十分正確的！

至於周汝昌對高鶚的謾罵，林氏就說「周是不配談高鶚的人」（見《平心論高鶚》一書）。這句話雖說重了點，也倒不失為作家派的紅學家底持平之論。

總之，對「紅學」的考證和批評，自胡老師開其先河之後，到今天還是個無底洞，下一切結論都為時尚早。但願海禁大開之後，將來會有更多的傑作出現！

周策縱先生「案」

策縱案：德剛在這註裏說，避諱的事，「原是可避則避之，並不是死避。」這話就某些朝代說固然很對，但在別的一些時代卻不然。「二名不偏諱」也是如此。陳垣在《史諱舉例》裏已說得相當詳細。他已指出：「唐以前兩字兼避，已成風俗，至太宗時始禁之。然禁者自禁，唐時二名仍偏諱。」並說：「宋金以來，二名無不偏諱者。」清朝自康熙時代起就講求避諱。陳氏說：「雍乾之世，避諱至嚴。」這正是曹雪芹寫書的時代。試看康熙的諱「玄燁」、雍正的諱「胤禛」、乾隆的諱「弘曆」，無不二名皆偏諱。當然，文人對於自己的祖父，當時是否可不避諱，還值得仔細研究；除非能找出一些不避諱的實例來，就很難斷言曹雪芹可以不避。「爾玉」二字也許較疏遠，「寅」字就較近了。如果說曹雪芹不肯寫「寅正初刻」是為了避諱，而對「唐寅」的寅字又可以不避，這能說得通嗎？我看更嚴重的問題還是：把「唐寅」的寅字還開了那麼一個大玩笑，尤其是牽連到那極不莊重的春宮圖。作者在這裏大可用仇英而不必拉出「我的朋友」唐德剛的貴宗賢來。在雍正、乾隆時代，會有人把自己祖父的諱來開這種玩笑嗎？自然，我們也很難說曹雪芹不能有這種驚世駭俗之舉，他既然可以把許多「家醜」也和盤托了出來，也許就無所謂避諱罷。不過這仍是我們的「想當然」而已。至少我們可以說，就「

唐寅」一例說來，《紅樓夢》裏並不避名叫寅的祖先的諱。其實《紅樓夢》作者本來非常注意避諱的重要性，所以特別指出「紅玉」犯了「寶玉」的諱，便要改名「小紅」。既然如此，又怎麼會把自己祖父的諱來開那個大玩笑呢？除了第二十八回「唐寅」之外，第十回張太醫還說了「寅卯間必然自汗」。第十四回有鳳姐「至寅正」被平兒請起來梳洗。第六十九回天文生也說過尤二姐可於「寅時入殮」的話。「寅」字在書裏至少出現了四次。因此，《紅樓夢》大約在有些地方也許避「寅」字諱，但在別處卻是不避的。這就牽涉到全書是否一人所作的問題了。有人自然會說，曹雪芹也許當時是用缺筆避諱的辦法，由於現存的抄本並非雪芹的手稿，也許原稿「寅」字是缺了筆劃的罷。這個說法本已犯了「以無據為證」的毛病，因為誰也不知道曹雪芹的手稿到底缺了筆劃沒有。事實上，過去作者如抄錄故書，雖可用缺筆之法避諱，自己的創作則多須改字或避用。錢大昕在《十駕齋養新錄》卷十四裏已指出過：「朱文公注論語、孟子，正文遇廟諱，則缺筆而不改字；注則無不避者。其注易亦然。」至於德剛指出：至少「批書人」已認定不說「寅時」是避諱，那末，這「批書人」自然已認定小說作者的先人一定諱「寅」。胡適這個看法自然是十分合理的（周汝昌還指出過二十二回戚本批語對硯台謎語批說「隱榮府祖宗姓名」是指璽字，也是對的）。問題只在這「批書人」到底是誰？這點如果還無法肯定，那就很難下結論了。而且「批書人」為什麼不注意到「唐寅」不避的例子？所以我認為，那另一位「白髮蒼蒼的老頭子潘重規」如要否定曹雪芹的著作權，也許還「查無實據」，但在這一點上提出疑問來，卻「事出有因」，還值得我們再四思量。德剛要緊跟著「那雲鬢纖腰的美人史湘雲」揚長而去，我們這些老頭子有何話可說？只祈禱不要等他跟了半天，纔發現前面走著的是個毛髮森森的彪形大漢，那時可別錯罵周公的本家汝昌詩人把你捉弄了呢！

唐德剛先生「再案」

德剛再案：《紅樓夢》裏的「避諱」問題，原是極有趣的。不但史湘雲夫人注重避諱，林黛玉姑娘也很注重。黛玉的媽媽叫賈敏，所以黛玉說「敏」時就以「密」字代之，寫「敏」字時也「缺」一兩筆。這是在他老師賈雨村的註冊紀錄裏，有老卷子可查的。

總之，《紅樓夢》是個無底洞，筆者這個「老頭子」絕不願與另外兩個專家「老頭子」來「聚訟」這個好玩的小問題。還是讓那些歡喜打官司的紅學家們去討論吧。

周策縱先生函

德剛：前兩天才寄你紅樓夢會議邀請書，就收到來信，要我又替胡公的口述自傳封面一撾，撾是撾過寄去了，這兒又寫了一點抬槓「後案」，不知還來得及附在《胡適的自傳》第十一章）註末嗎？如不便就算了，我怕誤導讀者，想來澄清一番，恐怕越說越說不清吧，最後的話還得你來說，所以我還是寄到你處，如以為可，就請轉寄給劉紹唐先生，如無緣入書，便可改做〈胡適的自傳譯註後案：《紅樓夢》裏的避諱問題〉，做為《傳記文學》的補白如何？（下略）

匆祝

年安

策縱　一九七九年十二月十七日

——原載《傳記文學》第三十六卷第二期

曹雪芹底「文化衝突」

──「以經解經」讀紅樓之一

《紅樓夢》和其他許多世界名著一樣，是一部名副其實的「百讀不厭」之書。它能夠叫人家一讀再讀的道理，便是它能使讀者在不同的年齡、不同的知識水平、不同的社會階層，甚至不同的地區──不論是國內或是海外──讀起來都會發生不同的領悟和不同的夢境。人生自幼及長到老，原是變化無窮、遷徙不定的。在簡易、變易、不易的諸種情況之下，每次一翻《紅樓夢》，都會覺得它是一部新書，所以又要把它重看一遍，或至少是再看一部分。這樣《紅樓夢》便永遠看不完了。

在我自己的記憶裏──我想這也是和我同輩知識分子的共同經驗──我幼年啟蒙未幾，那些黛玉、寶釵一類的名字，便和林沖、武松、趙子龍、關雲長等等絞在一起，分不清了。這也是傳統中國當年的一種社會教育罷，在我尚未讀過《三國》、《水滸》和《紅樓夢》，我對那些書裏的故事，有許多都已相當熟悉了。

筆者是在一個農村中的大家族裏長大的。我們那個大家族──迺至我所熟悉的和我們門當戶對的大家族——當然論人才、論錢財，是無法與「榮、寧二府」相提並論的。但是那種有條不紊的宗法結構和錯綜複雜底人事糾紛，以及表兄妹之間談情說愛的故事，和榮、寧二府裏所發生的，倒是一模一樣的，有時甚至有過之、無不及。所以《紅樓夢》裏所描寫的大小事故，在剛會看小說的我們那批青年讀起來，真是如見其人、如聞其聲。

可是一個學歷史的大學生，坐在重慶防空洞中看《金玉緣》，其領悟就又不一樣了。在大學時代我就覺得《紅樓夢》是一部內容豐富的社會史料書。它所描繪的是滿清盛世、上層階級腐化的社會生活。書中主要的大情節當然難免於虛構和誇張。但是全書中的細枝末節——言談嬉笑、吃喝嫖賭等等數不盡的小故事，倒是反映出當時社會生活的實況。小說家下筆，能使讀者讀來有「栩栩如生」之感也者，就是他善於反映當時社會生活的實情。

且看「這裏茗煙走進來，便一把揪住金榮，問道：『我們×××』」，這段筆者實在不應抄下去。但這種生動的故事，你能說是假的？在這回「茗煙鬧書房」裏，作者提供了我們傳統士大夫——例如樊樊山、易實甫等，所不以為恥的；美國人士認為民權所在，憲法應有明文規定的；而筆者不忍照「原文」引述的有關「同性戀愛的史料」！這種對當時社會史料做了有聲有色的保存，實在不是《細說清朝》的黎東方教授和編撰《清朝全史》的蕭一山、張其昀諸先生所能做得到的。

劉姥姥不也是告訴我們：「這樣螃蟹，今年就值五分一斤，十斤五錢，五五二兩五，三五

一十五，再搭上酒菜，一共倒有二十多兩銀子。阿彌陀佛！這一頓的銀子，夠我們莊稼人過一年了！」（第三十九回）

這不是康熙時代的「物價指數」嗎？在蕭一山的《清代通史》裏，哪廂去找呢？曹雪芹對「可卿救我」那場香艷的夢，可能是胡吹或暗諭；對物價，他就犯不著另造了。寫小說的人也不會想到要擾亂市場、坐收漁利！

當然《紅樓夢》中所描寫的也有許多足使讀者迷惘的生活情趣，和美中不足的闕筆。例如賈府中自老太太而下，大家都歡喜吃「野味」。那年冬季多風雪，住在「園子裏」的寶二爺和青年姑娘們，一日三餐都要踏雪回到賈母上房來喫飯，未免太辛苦了點。老祖宗為愛惜兒孫，就叫他們在園子裏自開其「小灶」罷。至於開小灶所需的柴米油鹽和一般肉類和菜蔬，大家可按「分例」到總管賬房裏去支取，可是那些名貴的「野雞獐狍各樣野味」，就只好到王夫人或賈母那裏去「分」了（第五十一回）。

《紅樓夢》裏提到賈母以「野味」賞人的，還可找到很多條。足見賈府上下都嗜食野味，《紅樓夢》的作者本人有此同好，也就可以想像了。「野雞獐狍」，對廣東佬說來，可能確是珍品；但是長江流域的人和北方人，可能就沒有這種嗜好了。大家偶一食之則可，像賈府上下那樣常年不斷地吃，這情況可能就不多了。

筆者在大學時代，對《紅樓夢》描寫人物方面，最感到遺憾的，則是作者的闕筆。我們的作者對書中男主角寶玉的描寫，真是從頭到腳，處處顧到，無一絲遺漏。他對寶玉烏油油的「辮子」，不厭其詳地一提再提（見第三回及第二十一回）。而對我們女主角黛玉的繡花鞋，則隻字不提！

我國傳統社會裏，女子做「女紅」，整日價手不離針的，多半是在做繡花鞋——因為鞋在日常生活上需要量最大，也是家庭婦女隨做隨放、攜帶起來甚為方便的「針線活」。在京劇裏《探親相罵》的那位婆婆就「罵」她底不中用的媳婦，「一雙繡花鞋，繡了三年多！」我們安徽鳳陽花鼓裏那位妻運欠佳的老大便自歎他的老婆是「一雙大腳窩」。筆者作此文的前夕，侯榕生女士曾請夏志清和我一起去看紐約「雅集」票房公演的《烏龍院》。志清情不自禁地大叫「陳元香最好！」那位陳元香姑娘所扮演的「閻惜姣」用手指所表演的美妙姿態，便是在替「馬二娘」做「繡花鞋」。

總之，我國傳統小說裏和戲曲裏對繡花鞋的描繪真是無書無之，無檯無之——「繡花鞋」是我國傳統女性美的重點之一。繡花鞋的式樣自然以愈巧愈小愈美了。因此穿這繡花鞋的美女的腳，也就愈小愈美了。「小腳」也就成為我國美女顛倒眾生的「性感」之所寄。

何以我國老輩男人對「小腳」那樣瘋狂呢？這實在是一件不易以常理來判斷的事。宋代的大詩人蘇東坡就為它寫過「纖巧說應難，須從掌上看」的歌誦詩章。辜鴻銘這位近代的英國留學生可就更不得了，據說他「掌上看」之不足，還要跪下去用鼻子去「聞」，可能還要用嘴唇、用舌頭，亦未可知。

正因為辜鴻銘這一類的男人——不！可能傳統中國裏所有的男子「漢」、大丈夫——都歡喜它，所以傳統社會裏的少女要找個「好婆家」，她們一定要把腳裹得小小的——小到只有三寸長，那就最好了。終於裹得女孩子們旦夕哀啼，坐立不安，夜不能眠。為此，曾有一位女詩人——她可能為「大腳」所累，也可能是足部受重傷之後，痛定思痛——曾寫出一首咬牙切齒的恨腳詩來。她說：

三寸金蓮自古無，觀音大士赤雙趺。
若問纏足從何起？起自人間賤丈夫！

這位姑娘——可能是一位自梳女罷——沒有怪錯人。我國「固有文明」裏的「小腳」，的確是辜鴻銘這一類「賤丈夫」搞起來的。千把年來，我國士大夫階級裏的「賤丈夫」們對它底珍惜和愛護，真是無微不至，否則它也不會存在得這麼久——有人說「小腳」是南朝陳後主這個「賤丈夫」搞「步步生蓮花」搞起來的。據說唐朝的楊貴妃也是小腳呢！詩人們歎息說，「可憐一掬無三寸，踏盡中原萬里翻。」唐明皇的錦繡江山，便是被他娘娘的「三寸金蓮」踩翻了的。最近的「江娘娘」藍蘋，據說幼年在山東也裹過小腳，她不也是「踏盡中原萬里翻」嗎?!

儘管有「考據癖」的歷史家——像我的朋友周策縱——對上述這些小故事的真實性，都要「不疑處有疑」地，認為有重行「考證」的必要。但是從社會史學、文學、美學、生理學、民族學、民俗學、社會學、人類學等等多種不同的學術觀點來看，我敢斷定沒有哪個學者能否認「小腳」這一制度（institution），對我國傳統社會生活的各方面，如家庭、文娛、兩性生活……所發生的重大影響。至於它對我們「撐半邊天」的「女人」的心理、生理、生產、勞動等方面所發生的直接關係，那就更不必提了——小至夫婦情感，大至軍國大事，小腳有時都會發生決定性的作用。

在明朝末年，當努爾哈赤提七大恨伐明，明廷文武，主戰主和莫衷一是之時，一位名士瞿九思便提出一篇精采的小腳國防論。他認為滿虜入侵，無非是貪慕上國的子女玉帛，尤其是邊外的蠻夷婦女都是大腳，醜不可耐，所以才想入寇中原。如今和戎的正本清源之道，莫過於教授蠻夷裹腳，一旦他們女子亦學會裹腳之後，美女如雲，他們自然不會再對中原美女想入非非了。

這位謀臣的奇談怪論，說來是可笑了。但是用現代行為科學的學理來分析他，他也不過只是一位比佛洛伊德（Sigmund Freud, 1856-1939）早生三百年的「佛洛伊德主義者」罷了。他的錯，不錯在「性感救國論」，他的錯，是錯在「性感標準化」。因為用人為的加工辦法來增加性感，標準是非常主觀的——包括個人的主觀、時代的主觀、地域的主觀和民族的主觀。張三喜歡藍眼眶配假睫毛，李四說不定就感覺噁心。美國人歡喜「無上裝」再加個「血盆大口」；中國人則歡喜紅裳綠襖上面配著個「櫻桃小口」。漢族的臭男人都把老婆的「三寸金蓮」看成命根子，順治皇帝入關後便要「下詔放腳」。但是我們那批愛美重於愛國的祖先，則認為國可亡而腳不可放。終滿清之世，除極少數的「貳臣」，上書交心說「臣妻先放大腳」之外，其他市井小民，卻阿Q地誓死抗命到底，說我們是「男降女不降」❶！

這種由於主觀成分而影響到審美的客觀標準，不但困擾了我們在異族壓迫下的祖宗，它也困擾了那些在海外謀生的僑領，和與僑領們一起雜居的華裔海外留學生，包括我自己。

一九五六年秋季，筆者曾應聘在紐約華埠做了短期的報人。那時正值全美華僑社會在競選「華埠小姐」。我們那批腰纏萬貫、入境從俗的僑領們，也訂下了美人標準。認為「華埠小姐」應以「美國小姐」的「三圍標準」為標準。因而他們把我們的華裔美女也排列起來，脫光衣服，一一丈量一番。可是我這位小報人那時卻冒犯同行的行規，大聲疾呼，反對「用皮尺量美人」（文載一九五六年十月十六日，紐約《生活半月刊》第一二五期）。我認為我們中華美女一向是「樊素口、小蠻腰和三寸金蓮」。把洋人那樣一圍三十六吋的兩塊大肥肉，用來做我們華裔美女的「標準」，太煞風景、太不調和、也太不公平了！

經濟起飛了，農業社會逐漸轉移成工商業社會，工商業的社會中一切講求「標準化」（standardization）。這一來把我們美女的「性感」也標準化了，真是「現代化」發展過程中最大的「

文化污染」！

筆者一下寫了這許多，無非是想說明，在人身上加工的形體美和性感美，是因時空和體形而異，它是「標準化」不得的。這項主觀的審美觀念不特困擾了一些大腹便便的僑領和瘦骨嶙峋的留學生，它也困擾了我國傳統文壇上的第一位大作家曹雪芹先生。

筆者當年在防空洞讀《金玉緣》時，便覺得作者在描寫美人衣著時，出了漏洞，構思不夠完備。曹雪芹筆下的三十六釵，個個都衣飾華麗，但個個都是半截美人——這些漂亮的姑娘們、奶奶們，究竟穿的是什麼樣的高跟皮鞋呢？

大學生消夏納福跑警報，筆頭勤、工夫閒，我那時曾無聊而不憚煩地，把警幻仙子檔案室中正副三冊所載的美人兒的衣著，通統摘錄一遍，並寫了一篇〈《紅樓夢》和腳藝術〉的長文。可惜那時既無原子筆又無複寫紙，因此這篇拙抄原著，未及「藝增」一番去討好副刊編輯們，便被壁報讀者在半夜揭去了。其後三十多年的流浪便再也沒有這閒情逸致來關心黛玉、湘雲們穿什麼衣服了。但是今日就記憶所及，在書架上的新版《紅樓夢》裏，我仍可隨手抄出若干條來❷。

且看黛玉初到外婆家，第一次看到璉二嫂子那個「潑辣貨」是怎樣穿戴的：

這個人打扮與姑娘們不同，綵繡輝煌，恍若神仙妃子。頭上戴著金絲八寶攢珠髻，綰著朝陽

> 五鳳桂珠釵，項上戴著赤金螭蝦纓絡圈，身上穿著縷金百蝶穿花大紅雲緞窄褃襖，外罩五彩刻絲石青銀鼠褂，下著翡翠撒花洋縐裙；一雙丹鳳三角眼，兩彎柳葉掉梢眉。身量苗條，體格風騷。粉面含春威不露，丹唇未啟笑先聞。（第三回）

這樣一個美人兒，如果足下再穿一雙「殊紅點金尖頭圓口澳洲鱷皮二吋高跟鞋」，不就十全十美了。美人無鞋，豈不是美中不足嗎？

有人或者要說，鳳姐兒長裙拂地，她穿的是 evening gown 把腳遮住，穿啥高跟，就不必提了。

但是她們姑娘們、奶奶們並不是老是站著的，她們多半時間是坐著的。再看鳳姐兒怎樣坐著在等劉姥姥的：

> 靠東邊板壁立著一個鎖子錦的靠背（椅）和一個引枕，鋪著金線閃的大坐褥，傍邊有銀唾盒。那鳳姐家常帶著紫貂昭君套，圍著那攢珠勒子，穿著桃紅灑花襖、石青刻絲灰鼠披風、大紅洋縐銀鼠皮裙；粉光脂艷，端端正正坐在那裏，手內拿著小銅火箸兒，撥手爐內的灰。（第六回）

坐在椅子上也可以說看不見這位少奶奶家常所穿的「粉紅繡花白絨翻口睡鞋」。但是如坐在炕上，那可就非看見腳不可了。且看鳳姐的小妯娌、將來的「寶二奶奶」坐在炕上的儀容：

寶玉掀帘一步進去，先就看見寶釵坐在炕上做針線，頭上挽著黑漆油光的鬢兒，蜜合色的棉襖，玫瑰紫二色金銀線的坎肩兒，蔥黃綾子棉裙，一色兒半新不舊的，看去不見奢華，惟覺雅淡……（第八回）

試問寶釵姑娘的小腳哪裏去了呢？

寶釵沒有腳，林姑娘黛玉雖比她底情敵在書中的地位更重要，也是不穿鞋的。作者不供給她鞋穿，補書的高鶚也忍心看著她赤腳。一次黛玉在寫經，她那位「混世魔王」的表哥闖了進來，在她的香閨裏，東瞧瞧，西走走。

雪雁沏了茶來，寶玉吃著。又等了一會子，黛玉經才寫完，站起來道：「簡慢了。」寶玉笑道：「妹妹還這麼客氣。」但見黛玉身上穿著月白繡花小毛皮襖，加上銀鼠坎肩，頭上挽著隨常雲髻，簪上一枝赤金扁簪，別無花朵；腰下繫著楊妃色繡花棉裙。（第八十九回）

「棉裙」下面還有什麼？這是作者的疏忽呢？還是作者有意迴避呢？

姑娘們、奶奶們，平時都是飯來張口、衣來伸手的廢物，長裙搖曳，看不見腳，也就罷了。可是榮、寧二府中的中堅人物並不是姑娘奶奶而是數以百計的丫鬟，那群可以說出名字的大丫頭就有六十餘人，沒有她們終日奔波、勞動，那個長逾一英里的「大觀園」就要關門了。所以林語堂先生說，「《紅樓夢》是全世界唯一的一部以maids為中心的小說。」以前有人解釋我國的政府工作是「科員政治」。榮、寧二府的運行，也靠的丫鬟政治。

這群丫鬟們雖然也是遍身羅綺，她們究竟是要工作的。做工的勞動婦女，總該不能終日「長裙拂地」，我們也得看看她們的繡花鞋罷。在書中首先露出了「繡花鞋」的，是那位可愛而薄命的鴛鴦。且看：

> 寶玉坐在床沿上，褪了鞋，等靴子穿的工夫，回頭見鴛鴦穿著水紅綾子襖兒、青緞子坎肩兒，下面露著玉色綢襪、大紅繡鞋，向那邊低著頭看針線，脖子上圍著紫絹綢子。寶玉便把臉湊在脖項上，聞那香氣，不住用手摩挲，其白膩不在襲人以下。（第二十四回）

這位不爭氣的紈袴子，「摩挲」了幾下之後，便要湊上去kiss人家了。但是作者也未說明，鴛鴦的「大紅繡鞋」，究竟是「三寸」呢？還是「八寸」呢？要是八寸，那不就變成「鳳陽花鼓」裏那位仁兄的粗老婆了，寶二爺縱再饑不擇食，也不該去向她討胭脂吃的。

看《紅樓夢》，看到這兒，我不禁要把曹雪芹拖出來，問問他：「雪芹！雪芹！鴛鴦的腳究竟是幾寸？」

可是輪到可愛的襲人，作者又裝蒜了。話說賈芸為藉口向叔叔請安，而實際上卻是偷看叔

叔的姨太太。當他叔侄二人正說著話，

只見有個丫鬟端了茶來與他，那賈芸嘴裏和寶玉說話，眼睛卻瞅那丫鬟：細挑身子，容長面兒，穿著銀紅襖兒、青緞坎肩、白綾細折兒裙子。（第二十六回）

賈芸這個色鬼把襲人偷看個飽。但是我們小氣鬼的作者，偏不讓他瞧瞧襲人的小腳是個什麼樣子，雖然那「白綾細折」的並不是一幅拂地的長裙。

還有賈赦那個老色狼，他三妻四妾，吃喝嫖賭之不足，還要打他老媽媽的下女的主意。要討鴛鴦為妾。他那老婆邢太太知道此事了，理應打這老混帳兩個耳光才對，誰知這位邢夫人竟然是去替丈夫講親。她藉故打鴛鴦臥室前經過，把這妞兒好好看一看。真是：「我見猶憐，況老混帳乎?!」邢氏——

又渾身打量。只見他（鴛鴦）穿著半新的藕色綾襖、青緞掐牙坎肩兒，下面水綠裙子；蜂腰削背，鴨蛋臉，烏油頭髮，高高的鼻子，兩邊腮上微微幾點雀瘢。鴛鴦見這般看他，自己倒不好意思起來……（第四十六回）

邢夫人這位好老婆，為老頭子相親，相得這麼仔細，但是卻始終未看到這位美人兒的小腳，也是令人遺憾。回去老頭子問起來，如何交賬?!

疏忽的原不止邢夫人，她那聰明能幹、觀察能力最強的媳婦有時也會不見輿薪的。當襲人的媽媽病重之時，女兒請假回家探視。鳳姐兒要面子講排場，不希望榮國府的大丫頭在外面顯得寒傖，吩咐周瑞家的，叫襲人出園時穿幾件顏色好的衣服。襲人如命穿戴了。

鳳姐看襲人頭上著幾枝金釵珠釧，倒也華麗；又看身上穿著桃紅百花刻絲銀鼠襖、蔥綠盤金彩繡棉裙，外面穿著青緞灰鼠褂。（第五十一回）

鳳姐覺得這三件衣裳還不錯，只是「褂子」素了些，也不夠禦寒。便私下再送襲人一件「大毛的」皮大衣。穿起來在街上出現，逛百貨公司超級市場也會光鮮些。但是鳳姐兒這樣細心的人，竟然不問這大丫頭穿的是什麼鞋子。襲人如穿了一雙力士鞋，那成什麼樣子呢？

穿裙子的丫鬟們暫時別提罷。那些不穿裙子的呢？且說，芳官遭了國喪，戲唱不成了，落魄到怡紅院去當小丫頭。可歎這個丫頭命苦，被一個「乾娘」欺侮著要死不得活。她太標緻了，又會唱戲，弄得晴雯要攆她，麝月又譏笑她，寶玉心有不忍。

只見芳官穿著海棠紅的小棉襖，底下綠綢灑花夾褲，敞著褲腿，一頭烏油油的頭髮拋在腦後，哭得淚人兒一般。（第五十八回）

看著芳官一副可憐像，讀者能不和寶二爺一樣的心酸。她那敞著褲腿的夾褲底下，是赤著腳嗎？真是可憐的孩子。

不過芳官畢竟姿色非凡，在怡紅院內的群芳湊份子為寶玉做夜壽時，還是少不了她。在這個小巧的一男八女的生日派對中，她還是不穿裙子。

當時芳官滿口嚷熱，只穿著一件玉色紅青駝絨三色緞子拚的水田小夾襖，束著一條柳綠汗巾；底下是水紅灑花夾褲，也散著褲腿。頭上齊額編著一圈小辮，總歸至頂心，結一根粗辮，拖在腦後。右耳根內只塞著米粒大小的一個小玉塞子，左耳上單一個白果大小的硬紅鑲金大墜子，越顯得面如滿月猶白，眼似秋水還清。（第六十三回）

我們底作者費了這麼大的氣力來描繪芳官，連米粒大小的一個小玉塞子也不放過。為什麼一雙三寸大小的紅繡花鞋，卻隻字不提呢？曹霑！曹霑！我可把你問住了？

現代的時裝設計師們可能不同意我這一疑問，設計服裝的人是不管鞋子的。其實曹雪芹原是百能百巧、樣樣顧到的設計師。你看他替風騷的尤三姐如何打扮：

只是這三姐索性卸了妝飾，脫了大衣服，鬆鬆的挽個髻兒；身上穿著大紅小襖，半掩半開的，故意露出蔥綠抹胸，一痕雪脯，底下綠褲紅鞋，鮮豔奪目。忽起忽坐，忽喜忽嗔，沒半刻斯文，兩個墜子就和打鞦韆一般；燈光之下越顯得柳眉籠翠、檀口含丹。本是一雙秋水眼，

> 再吃幾杯酒，越發橫波入鬢，轉盼流光。真把珍璉二人弄得欲近不敢，欲遠不捨，迷離恍惚，落魄垂涎！（第六十五回）

放浪的尤三姐兒既然脫了大衣服，連個睡衣都是半掩半開的，作者既然已提起她的「綠褲」，「紅鞋」也就避免不掉了。避去不提，連「綠褲」也就缺少性感了。

曹雪芹不但知道女人的鞋有其重要性，他也體會到鞋在男性美上的重要性。他是個服裝設計師，他知道如何使顏色相配，使顏色反襯。且看寶玉——

> 一壁走，一壁便摘冠解帶，將外邊大衣服都脫下來，麝月拿著，只穿著一件松花綾子夾襖，襟內露出血點般大紅褲子來。秋紋見這條紅褲是晴雯針線，因嘆道：「真是『物在人亡』了！」麝月將秋紋拉了一把，笑道：「這褲子配著松花色襖兒、石青靴子，越顯出靛青的頭、雪白的臉來！」（第七十八回）

這雙「石青靴子」，對一個「小白臉」如何重要?!可是一雙「大紅繡花鞋」對一個雲鬢、桃腮、粉頸、透明的耳朵、秋水般的眼睛，不是更重要嗎？你為什麼隻字不提呢？真是氣死人。

更氣人的卻不是作者當提而不提，而是不當提而提。作者把寶玉的鞋，當成八股文題，大寫而特寫：

黛玉看他（寶玉）脫了蓑衣，裏面只穿半舊紅綾短襖，繫著綠汗巾子，膝上露出綠綢織花褲子，底下是掐金滿繡的棉紗襪子，靸著蝴蝶落花鞋。黛玉問道：「上頭怕雨，底下這鞋襪子是不怕的？也倒乾淨些呀。」寶玉笑道：「我這一套是全的。一雙棠木屐，才穿了來，脫在廊檐下了。」（第四十五回）

作者又提到探春替寶玉做了一雙極其精緻的鞋子，寶玉穿著「遇見了老爺，老爺就不受用，問『是誰做的？』」而探春卻不替她親兄弟賈環做鞋，結果賈環「鞋塌垃、襪塌垃」的見不得人，使趙姨娘生氣（第二十七回）。後來襲人在替寶玉做鞋，史湘雲看到了，也要替他做（第三十二回）。同時寶玉去看林妹妹，往往靸著鞋子就走（第二十一回）。其他諸如著靴脫靴的記載，那就更引不勝引、抄不勝抄了。

至於姑娘們的靴，全書中只有兩個例子，那都是下雨雪時所用的。第一位自然是美人兒林黛玉，她穿的是「紅香羊皮小靴」，身上卻——

罩了一件大紅羽縐、面白狐狸皮的鶴氅，繫一條青金閃綠雙環四合如意絛，上罩了雪帽。（第四十九回）

林姑娘就是這樣的與男友一道，踏雪而去參加眾姊妹的詩社。

另一位便是史湘雲了。湘雲這位歡喜女扮男裝的美人兒，打扮起來就像個「小騷韃子」：穿著賈母給他的一件貂鼠腦袋面子、大毛黑灰鼠裏子、裏外發燒大褂子。頭上戴著一頂挖雲鵝黃片金裏子大紅猩猩氈昭君套；又圍著大貂鼠風領……，裏面又穿著一件半新的靠色三廂領袖秋香色盤金五色繡龍窄褙小袖掩衿銀鼠短襖。裏面短短的一件水紅裝緞狐肷褶子；腰裏緊緊束著一條蝴蝶結子長穗五色宮絛，腳下也穿著鹿皮小靴。（同上）

這兩位美人兒實是《紅樓夢》全書中，穿戴得從頭到腳、一應齊全的唯一例外了。但是她們二人穿的只是踏雪用的「小靴」。這「小」靴，究竟有多「小」，讀者們也還猜不出來的。不過它既能獨力踏雪，想來也不可能太小就是了。

從以上所引這些例子看來，《紅樓夢》裏美人的「腳」是什麼個形式，便永遠是個謎，而這個謎不是作者在創作過程中的「疏忽」，而是作者有意迴避，和故弄玄虛！

可是在全書中，雪芹又似乎在若隱若現、有意無意之間，說出他美人兒的造型都是「小腳」的。在那百來個大小丫鬟之中指明說是「大腳」的，只有那「誤拾繡春囊」而闖禍的「傻大姐」一人。

原來這傻大姐年方十四，是新挑選上來給賈母這邊做粗活的。因他生得體肥面闊，兩隻大腳

，做粗活很爽利簡捷，且心性愚頑，一無知識，出言可以發笑。賈母歡喜，便起名為「傻大姐」。（第七十三回）

榮、寧二府之中，兩隻大腳、專做「粗活」的丫頭，似乎只有這麼一個。至於那些錦心繡口、標標緻緻的「副小姐」如襲人、晴雯、紫鵑、平兒……者流，看來也都是小腳了。「小腳」是美女的本錢，也是她們最值得驕傲的東西，可不能胡亂地把它糟蹋了。

且看那不重衛生的寶二爺一次在隨地小便之後，秋紋服侍他洗手，嫌天涼水冷，那奉命打水的小丫頭在被罵之後想攔路打劫，用點為老太太沖茶的滾水。可是那服侍老太太吃茶的老婆婆不肯。她說：「姐姐，這是老太太沏茶的。勸你自已去舀罷。哪裏就走大了腳呢?!」但是這老婆婆一看到秋紋，就只有改口陪笑了。把秋紋姑娘的腳走大了，那可不是好玩的！

我們這批忠實的《紅樓夢》的讀者們真是如墜五里霧中了。我們的作者是在玩些什麼花槍呢?足下如喜歡大腳，何不乾脆來個「婦解宣言」，提倡「天足」？足下如和蘇東坡、辜鴻銘迺至所有的男子漢、大丈夫一樣，歡喜三寸金蓮，為啥不痛痛快快的寫出來，而那樣婆婆媽媽、吞吞吐吐呢？

筆者在大學時代讀《金玉緣》便已發生了這樣的一個疑問。我為解決這一問題的「大膽假設」便是：曹雪芹這位「旗人」，動筆來寫「漢人」的歷史社會小說，碰到了內心不能解決的矛盾。

任何寫社會小說的作家都是不能擺脫他的文化傳統和社會環境來完全憑空虛構的。大作家巴金最近在他的《隨想錄》裏便寫得明明白白，他沒有哪一篇作品不是根據實際經驗加以誇大和戲劇化的。以此，白先勇、於梨華等臺北作家就不能寫「紅衛兵」。同樣的丁玲、浩然等大陸作家便不能寫「旅美學人」。各有界線，彼此都不能越雷池一步。林語堂把《逃向自由城》寫得個徹頭徹尾的失敗，便是他不安於位、誤觸禁區！

曹霑的祖先是漢人而歸化滿族入「旗籍」，後來又從龍入關，編在「漢軍旗」成為一種古怪的漢族「旗人」。而旗人終滿清十朝是吃糧當官的統治階層。滿漢各行其是，既不通婚，亦不雜居。但是漢家文化是遠邁旗人的，所以滿人入主中原之後便迅速漢化。但是在這漢化過程中，他們也有所取捨。中華文化之糟粕有時也是污染不了他們的，「小腳」便是個突出的例子。

旗人既然沒有接受漢人的「小腳」，「小腳」在旗人作家的審美觀念中，也就無「美」之可言了。但是曹霑是生在以漢族為主的文化環境中，《紅樓夢》的主要讀者也是漢人，他又怎能詬病「小腳」、甘犯眾怒呢？可憐的作者，無法消除他筆下和心頭的矛盾，所以他只好模稜兩可、避重就輕地迴避這個敏感性極大的文化問題了。

一九七二年春初，筆者在一個偶然機會之下，由哥倫比亞大學轉業至紐約市立大學。我轉業後的第一件要務便是替我的新僱主設計一個新的「亞洲學系」，而這個學系中三大學部之一，便是當時最時髦而人才最缺的所謂「民族學部」（ethnical studies）。這個學部的研究重點便是僑美亞洲移民史，以及和這主題有關的各項社會科學上的各種問題——如亞美文化衝突問題、美國少數民族社會問題、婦女兒童問題、主流文化與多重文化問題……。

為著擴展這一學部，為其設計各種課目和研究計畫，我自己也教授一堂有關「文化衝突」（bicultural conflict）的課，並認真的讀了些前所未讀過的行為科學上的新書。既讀之後，始覺其中別有天地！一般外交家、政治學家、法學家只知道「法律衝突」（conflict of law）的嚴重性，殊不知「文化衝突」的嚴重性實遠過之。

近三十多年來，國人送兒女留美已相沿成風，然近年來忽又看到「悔送兒女去美國」一類的文章，讀之也往往令人心酸氣餒。

天乎！這究竟是怎麼回事呢？

讀了些行為科學的名著，到亞美課程的班上來回答學生的問題，回答他們家長的問題，了解他們的問題，從而幫助解決他們的問題，從而冷眼旁觀唐人街社會上的各種問題，迺至祖國各種現代化過程中所發生的問題。我才體會到「文化衝突」這一概念的真義。

年輕時代讀《紅樓夢》，覺得作者寫書不夠細膩，故事中有闕筆，其實都不是；尋根究柢，原來只是作者精神生活中的一種文化衝突的問題。我是錯怪曹霑了。

生為胡適時代的大學生，我學會了「大膽假設」和「小心求證」。但是我也犯了胡適的毛病，不知道如何把求證的結果，根據新興的社會科學的學理來加以「概念化」（conceptualization）。為「求證」而「求證」來研究《紅樓夢》，那就只能步胡適的後塵去搞點紅樓「版本學」和「自傳論」了。

做這種「超胡適」（Post-Hu Shih）的言論，筆者可得千萬聲明，我絕不敢側身「紅學」之林，也無心鑽研紅學。但是我是個普通的中國知識分子。我們這一輩的中國知識分子往往是把《紅樓夢》背得滾瓜爛熟的。把一部書讀爛了的讀者，對那一本書總歸是有意見的。他的意見是從書本之本身出發的，並非另有額外的「深入研究」。

我國古代漢學家治經書，有時往往被注疏家弄得莫知所適，最後只好回到經書的白文上去找他自己的解釋。這種幹法古文家叫做「以經解經」。筆者不敏，《紅樓夢》雖然看得爛熟，正文以外的紅學注疏實在所知太少，偶發謬論，也就算是聊師古人「以經解經」之遺意罷。

一九八〇年四月十四日午夜

後記：本文所徵引各節，係根據購自紐約華埠的一九七四年版，曹雪芹、高鶚著《紅樓夢》。其他版本，則微有出入。

——原載《傳記文學》第三十六卷第六期

【註釋】

❶「纏足」這一社會制度，在我國歷史上雖然為害一千多年，但是在歷朝汗牛充棟的歷史紀錄上，幾乎文獻無徵。縱是「五四」以來那些有考據癖的新學人，對纏足的歷史，也從未寫過一篇可讀的文章。

筆者在管理圖書期間，曾把纏足文獻略事著錄，發現近百年來研究纏足史而值得一提的，只有一位日本學者那珂通世。那珂在日本明治三十一年（一八九八），在日本《史學雜誌》（第九編，第六號）上，寫過一篇〈支那婦人纏足の起原〉一文，引證甚為廣博。

近世國人所著有關纏足的論文，則有賈伸撰〈中華婦女纏足考〉，載於一九二四年十月份《史地學報》（第三卷，第三期）。賈文中雖亦有少數新史料，然大體說來，立論和引證，均未能超出那珂氏的研究範圍。近數十年來國內學人亦偶有涉及纏足史的論述，然仍多取自上述二文，甚少著錄價值。

筆者不敢掠美，本文所引故事，亦大致以二篇為底本。

那珂君之文引證極博。正史無徵，他便旁採前人筆記。如張邦基《墨莊漫錄》、韓偓《香奩集》、陶宗儀《輟耕錄》、楊慎《丹鉛總錄》、沈德符《野獲篇》、高士奇《天祿識餘》等十餘種。根據不同史料推斷，他認為「支那婦女纏足」，蓋起於晚唐五代之間。雖然，他亦不能完全否認纏足起自六朝之舊傳說。

賈伸亦認定「隋唐以前中華婦女沒有纏足」；不過賈氏所用史料，與那珂所用者，大半相同。並且將那珂所引、主張以纏足制夷的名士瞿九思誤為瞿思九——賈氏自述未見那珂之文，九思之名則引自另一日本作家，該作家引瞿君之妙論以證明「中國人之妥協性」云。

賈氏另引自《東坡長短句》中一闋「詠足」的〈菩薩蠻〉，以證明北宋時代，纏足便已風行。雖據近人曹樹銘君的考據，此闋〈菩薩蠻〉在東坡詞中為「誤入詞」，原作者不是蘇軾而是楊繪（見曹樹銘編《東坡詞》，香港萬有圖書公司，一九六八年版）。不過楊繪（九九五—一〇三九）比東坡（一〇三六—一一〇一）大四十一歲。如此則北宋初年纏足已盛行之說，初不因此詞非東坡所作而有異也，故本文仍從舊說。這或許是對我們東坡居士有點冤枉了。

據那珂所引《東華錄》，清順治入關後，曾下詔放腳，康熙三年再申前令。唯滿族初主中原，對漢族臣民，不願以「放腳」小事來「擾民」，以故「放腳」之詔，始終未認真執行。然終滿清之世，旗人迄未染上漢人纏足之惡習。曹雪芹對小腳隱約其詞，高鶚對小腳幾乎是深惡痛絕（見註❷），也是很自然的事了。

再者，《紅樓夢》作者，在故事的時代上，故意模糊，使人摸不透這故事發生在哪個朝代。然以賈家有西洋鐘錶一事來說，這故事無論怎樣造作，也不可能早過北宋，而北宋以後歷朝皆有小腳。作者斷不能以美人腳型大小不定而使讀者有猜不透時代之感也。

❷《紅樓夢》吾人今日可接觸的版本蓋多至數十種。就以「抄本」這一系統來說罷，據大陸紅學家最近的統計蓋有十二種之多，它們是：「庚辰本」、「己卯本」、「甲戌本」、「戚（蓼生）本」、「蒙古王府本」、「寧本」（南京圖書館現藏抄本）、「揚州靖氏藏本」、「甲辰本」、「乾隆百二十回抄本」、「己酉本」、「鄭振鐸藏本」、「蘇聯列寧格勒藏本」（見文雷著〈《紅樓夢》版本淺說〉，載一九七四年《文物》第九期）。

自從程偉元和高鶚於一七九一和一七九二年開始槧刻《紅樓夢》——胡適把這兩個最早的刻本分別取名為「程甲本」和「程乙本」——之後，兩百年來的翻刻，正如雨後春筍。值得一提的是清末翻刻由王希廉作序的《金玉緣》，是為「王本」；和以「戚蓼生抄本」為底本而翻印的《紅樓夢》是為「戚本」。

近年大陸和台灣兩地翻印舊有「刻本」之外，更影印各種「抄本」，尤使人耳目一新。由於研究資料的便利，研究紅學的職業紅學家和非職業紅學家亦隨之增多。筆者於六十年代中，曾為哥倫比亞大學中文圖書館略做統計——存歿、老少紅學家，有著錄可考者，蓋不下三百家；不足收者，尚不在其中也。

當時校中因經費充裕，我曾立志要把《紅樓夢》抄、刻兩個系統下的不同版本，以及和紅學有關的著作「收全」！無法購置的孤本、珍本、善本、罕有本等，則設法以縮微膠片影印之。愛書的人，自己貧無立錐，一卷難收，然身懷鉅款，一擲萬金；慷他人之慨，收盡天下奇書；其中樂趣，亦不可為外人道也。

筆者本擬「收全」之後，再編一註釋書目，撰一長序，以就教於同文。後來雖被洋人轟出書市場，而壯志未酬——其實筆者當年為大學所收的孤本、珍本，今日都價值連城，是該大學今日的「校寶」——我們為哥大所收的「紅學」書目，仍不失為當今世界名藏之一。年前當周策縱先生告我，渠有志召集一世界紅學會議，並囑我撰文隨喜之時，我曾抽空專程去哥大一訪舊藏。我發現雖然有些斷爛舊籍因乾碎過甚為館方抽去，和少數淪入雅賊之手者外，館藏鈔、刻兩系統不同版本尚有二十三種之多。其他輔助著作亦不下百餘件，足供一紅學「待贈博士」完成其論文初稿，而毋需旁求。

在本稿屬筆之初，我本想用一九六三年北京人民文學出版社影印的「乾隆百二十回抄本」做底本的。這抄本顯然是原程高刻本的底稿，一書兼鈔、刻兩宗之長。因為我所要的只是故事的本身，脂硯齋系統下的多家評註原與本篇立論無直接關係也。

但是此影印抄本是個「善本」，不忍加以勾劃，加以一般讀者對此種版本也很難查對，所以我就決定改用私藏一九七四年北京人民文學出版社出版的程高本《紅樓夢》了。這部書雖是四人幫時代的出版品，但是書中正文倒是規規矩矩的與各種不同版本互校過，每回都附有「註腳」和「校記」。雖然這些校記也很粗糙，但全書倒不失為一部可用的底本。

本篇的引文便以此書為底本，曾與其他版本互校。原意凡校出異文與本篇立論有不侔者，當勾出而申論之；無關者，則從略。至於重要異文，值得一提者，則註釋之，以表明拙作引文，於其他版本上，亦有其重大互異之處也。不意遍校其他版本，竟未發現一條異文，足以推翻、至少是修正拙作之立論也。

至於無關本篇痛癢的各版異文，則多至引不勝引——如「程甲本」和「程乙本」，這兩個姊妹篇的異文即有兩萬一千五百零六字；其他各版就不必提了——不過這些異文雖與拙文無關，但是它們在《紅樓夢》版本學上都有極重要的意義的。它們可以幫助版本學者來判定各版的遲早和真偽，故亦頗值一提。今謹將本文所引諸條，異同之點，做一綜論如後：

第三回。作者描寫鳳姐衣飾。拙引與一般程乙本，都說鳳姐像「神仙妃子」。而「甲戌」、「庚辰」等脂系抄本、「戚本」和「嘉慶甲戌刻本」（哥大藏）等，則是「神妃仙子」。「乾隆百二十回抄本」則根本沒有這一句。「神妃仙子」，顯然是比較接近曹氏原稿的。

又同一回說鳳姐穿的是「大紅雲緞窄『褃』襖」，各本皆同；獨「甲戌本」作窄「褃」襖。「褃」歟？「褃」歟？全書其他部分，各種版本亦時見「褃」、「褃」互出。筆者個人則以「褃」為然，而「褃」非也。這一點，正確的答案，恐怕要留待專攻清代服飾史的專家來決定了。

第六回，鳳姐坐待劉姥姥那段引文，亦各版互異。如鳳姐所坐的「褥子」。「甲戌本」和若干其他抄本，乃至「嘉慶甲戌刻本」均作「金心線閃緞大坐褥」，拙引暨「戚本」、「王本」等，則缺一「線」字。少個「線」字，似乎就不對了。研究中國刺繡史的藝術史家或可有更正確的解釋。

還有鳳姐所穿的皮衣，各本皆作「石青刻絲灰鼠披風」，「戚本」則是「皮褂」。這點異文之間，顯然也有大學問。

第八回。關於對寶釵的形容，各本分成兩大陣容。程高本一系的與拙引大同小異。脂評系的各抄本和「乾隆百二十回抄本」則都多了幾句，在「看去不見奢華」之後，另有「唇不點而紅，眉不畫而翠；臉若銀盆，眼若水杏；罕言寡語，人謂藏愚；安份隨時，自云守拙。」（「乾隆百二十回抄本」內則稍異：「人謂安份隨時，自云藏愚守拙。」）這些句子顯然是接近曹雪芹原稿，為高鶚在刊行「乙本」時所劃掉。

筆者幼年即常聽我家中的「老北京」們說，旗人喜歡「銀盆大白臉」，而漢人則喜歡「鵝蛋臉」。這大概與婦女服裝設計有關係。戴「鳳冠」穿「霞帔」，大概「鵝蛋臉」顯得較漂亮；旗人婦女本來便修長白皙，加以旗裝上的「旗袍」、「盆底鞋」、「燕尾高髻」——如京戲上的「鐵鏡公主」，三長相接，自然以一個圓臉顯得較漂亮了。

曹雪芹和高鶚雖然都是「旗人」，雪芹畢竟出身貴族，在他短短的四十餘年的生命中，交遊顯然仍限於旗人，旗味仍重。高鶚在「補」《紅樓》期間，已是個深入漢人社區的光蛋，在他身上的雙重文化衝突，有時似在雪芹之上。在這段裏，他勾掉「臉若銀盆」這一節。後來在談尤三姐那一段，他又把三姐的「一對金蓮」給劃掉了。

第八十九回。在「乾隆百二十回抄本」上，黛玉只「簪了一支金簪」，但是在後來的刻本上，都被畫蛇添足地換成「簪上一支赤金扁簪」，有好多讀者詬病這支「扁簪」。這是高鶚先撰後改歟？不過對一位「淡淡梳粧薄薄衣」的美人來說，扁簪又有何不好呢？

第二十四回。談寶玉要吃鴛鴦的胭脂那一段，我深覺「百二十回抄本」中的原文，是高鶚據以排「程甲本」的原稿，二者是完全相同的。在原文中鴛鴦穿的是：「桃紅綾子襖兒、青緞子背心，束著白縐綢汗巾兒，臉向內低著頭看針線，脖子上帶著扎花領子……其白膩不在襲人之下。」

在這一段裏，鴛鴦沒有穿「大紅繡鞋」，其他的抄本均與「程甲本」同。但是在「乾隆百二十回抄本」的原文上，高鶚卻改了些字，如「桃紅」被改成「水紅」，「背心」改成「坎肩」，汗巾下面又加上「露著玉色綢襪、大紅繡鞋」。在一般老本子上，鴛鴦都未穿鞋，這雙鞋顯然是高鶚叫她穿上去的。還有其他的本子上，鴛鴦帶的都是「扎花領子」，在乾隆抄本上，高鶚要鴛鴦改紮一條「紫紬絹子」。

我個人便覺得高鶚改的好，「扎花領子」太俗氣了，鴛鴦應該「俏」一點。

更有趣的是最後一句「白膩不在襲人之下」。早一點的本子，都是「之下」，「程乙本」以下的程高系刻本，都變成「白膩不在襲人以下」。前一句在文法上說，是既「通」且「順」的，這顯然是雪芹原文。後一句則「通」而不「順」，顯然是手民之誤，因為曹、高二人皆不會寫出這樣「通而不順」的句子。

第二十六回。賈芸「溜瞅」襲人那一段，所有的本子上（包括「程甲本」）都說襲人穿的是「背心」。可是在「乾隆百二十回抄本」上，高氏則把原文裏的「背心」改成「坎肩」。以後「程乙本」，便一律用「坎肩」了。

我對高氏這一改倒發生了興趣。細查一下，在曹氏筆下，幾乎所有的美人兒穿的皆是「背心」；到高氏筆下，她們又多改穿「坎肩」。在我們南方人的印象裏，「背心」與「坎肩」原是一回事。但是按說在旗裝中二者是有分別的。是耶？非耶？就只有請教專家了。

《紅樓夢》是個無底洞。專門問題，一定要靠專家來答覆，通才先生是不能信口胡吹的。

第五十一回。談襲人穿的「裙子」。「程乙本」和一些脂批本，都說她穿的是「蔥綠盤金綵繡棉裙」，唯「戚本」則作「錦裙」。這兩個系統的本子原是真偽互見的。在這兒筆者則覺得「錦裙」是，而「棉裙」非也，襲人穿的彩繡輝煌，外加皮大衣，毛烘烘的，底下穿一條「棉裙」總感到不對稱。

第五十八回。談芳官的頭髮。脂系抄本、「戚本」、「程甲本」、「王本」等都說是「烏油似的」，「乾隆百二十回抄本」原文也是「烏油是的」。可是在這一抄本上，高鶚把「是」字塗掉，再加個「油」字，就變成「程乙本」上的「烏油油」的了。

從這些小例子，我們可以看出「程甲本」和「程乙本」之間的兩萬多字的異文，可能多半是高鶚改動的筆墨。他在「程甲本」上，還沒有動太多的手腳，「乙本」上改動的就多了；「甲」「乙」之差，亦即芹溪、蘭墅之別也。

第六十三回。作者說芳官所穿的「一件玉色紅青駝絨三色緞子拼的水田小夾襖」。「程乙本」作「拼」的；「王本」作「鑲的」。早期抄本包括「脂評本」、「戚本」和「乾隆百二十回抄本」均作「閂的」。我想「閂的」是雪芹原文。「鑲的」和「拼的」都是後人改的。所謂「三色緞子『閂的』」，今日南京一帶尚有此土語，意即是「拼的」。北方是否亦有此土語，筆者不敢妄斷。但是他曹家在揚州南京一帶住了六十餘年，雪芹便是在南京出世的，抄家後北返，帶回去的老僕、乳媪等，可能也多的是南京人。老祖宗和兒子吵架，動不動就要回金陵去，也是作者習於以南京為家的心理的反映。《紅樓夢》裏還可找出很多的南京土話來，曹霑的兒時第一語言可能就是南京話——至少他是能說南京方言的。他寫起白話文來，「不避俗語俗字」，便把南京土話寫進去了。後來的校書者如高鶚等人不懂這句南京方言，把「閂」字改成「拼」字或「鑲」字，就失其原貌了。

又同回。有關芳官的辮子，各抄本和「戚本」都說它有「鵝卵粗細的」。高鶚在「百二十回抄本」上把「鵝卵」二字劃掉，簡化成「一根粗辮」。至於方官「右耳『眼』內塞著個米粒大小的玉塞子……」在「程乙本」上也被錯成「右耳『根』內」，那就顯然是手民之誤了。她右耳眼內既已有個玉塞子，則右耳就不能再帶墜子了；所以芳官的左耳便「『單帶』著一個白果大小的硬紅鑲金（「戚本」作映紅；嘉慶「甲戌刻本」作祺紅）的大墜子……」，俗語所謂「偏墜」。後來校書的人不留心，「戚本」和「程乙本」，都在「單帶」

二字上出了毛病。

一位美人如髮型設計得好，帶個「偏墜」會益發顯出她的標緻來——會使她更俏、更媚。曹雪芹是位第一流的美容師。林青霞、胡茵夢諸女士實在要多多看看《紅樓夢》，以免把自己打扮得太俗氣。

第六十五回。有關尤三姐戲弄賈珍、賈璉的故事。脂系各抄本、「戚本」和「乾隆百二十回抄本」，都說尤三姐穿的是「綠褲紅鞋。一對金蓮或翹或並，沒半刻斯文。」高鶚在「百二十回抄本」中，「綠褲紅鞋」之下，加「鮮豔奪目」四字。但是在後來他校刻的本子——「甲本」和「乙本」上，他把這「一對金蓮」乾脆給刪掉了。

這「一對金蓮……」是否是雪芹原文？或是後來在過錄程序上，被好事者加上去的，後來才又被高鶚刪掉的，就有待紅學家們去繼續考證了。不過這八個字縱為雪芹原著，則全書一百多位女子，就只有一個尤三姐被講明是小腳。其他美女則仍然是「妾足未分明」也。

至於這位也有嚴重的「雙重文化衝突」的韃虜高鶚，他不能欣賞我們這個「需從掌上看」的漢家文化，那也是很肯定了。大觀園內一百多名美女，只有這麼一雙金蓮，他還要把她搞掉，高鶚！高鶚！你真是個劉姥姥的大倭瓜。

第七十八回。脂本描寫賈寶玉脫了外衣「露出血點般大紅褲子來。秋紋見這條紅褲是晴雯手內的針線，因嘆道：『這條褲子以後收了罷。真是物在人亡了。』麝月忙也笑道：『這是晴雯的針線。』也嘆道：『真是物在人亡了。』秋紋將麝月拉了一把……」。

這一段在「戚本」和「乾隆百二十回抄本」的原文裏都是大同小異的。高鶚顯然是嫌她二人太嚕嗦、太不夠靈精（sensitive），所以把麝月後說的那一句刪了；同時把「秋紋將麝月拉了一把」，改成「麝月把秋紋拉了一把」。

這一種改法，今日中西寫作界的文學編輯（literary editors）們還是視為當然的。高鶚改的的確比原文簡潔而更富韻味——這兩個鬼靈精的丫頭，一個無心脫口而出，另一個忙拉了她一把，並立刻換了個話題，以免觸動那位仁兄心裏的瘡疤。這種筆法，真是細膩之極！

筆者稱道高鶚的改作，並不是說蘭墅之才勝於芹溪。高之比曹，真如寶玉常說的，連提鞋都不夠呢！《紅樓夢》後四十回中最可看出高氏補作痕跡的莫過於第八十九回「人亡物在公子填詞」中那幾節了。這一回顯然是先有回目，高鶚才「補」了兩闋詞的。

且看晴雯死後，寶玉一個人關上門來祭奠晴姐的那首雙調〈憶江南〉：

隨身伴，獨自意綢繆。誰料風波平地起，頓教軀命即時休，孰與話輕柔？

東逝水，無復向西流。想像更無懷夢草，添衣還見翠雲裘，脈脈使人愁。

老實說，《紅樓夢》中的「詞」，置諸《花間集》中，也是上品。而高鶚這兩首偽託，其格調之低，真令人不忍卒讀。一個格調過低的詩人，無論他如何錘鍊推敲也是高不起來的，高鶚就是這種詩人。

作家亦然，一個格調甚低的作家也是高不起來的。你要他來對一個格調極高的作家（如曹霑）的作品，補件、續作、改作，讀者是可以一目了然的。以比，筆者斷不相信《紅樓夢》後四十回是「高鶚偽作」。因為後四十回中好壞之間太不調和了——好的太好，壞的太壞！後四十回原稿可能正如程偉元所說的「漶漫不可收拾」，高鶚循程之請，把這些「漶漫之處」「補」了起來，而高鶚的「補綻」，細心的讀者們是可以一塊塊地揭起來的。「續貂」的「狗尾巴」，究竟與原物不同。

不過高鶚雖不是第一流的作家、第一流的詩人，他卻是個第一流文學校改人（literary editor）。literary editing 是寫作和出版界的一種特殊行業。幹這門行業的人，對文學寫作要有相當修養，和相當的眼光，但他自己不一定要是個好作家、好詩人。真正的好作家、好詩人卻反而吃不了這行飯。

在今日美國，所有出版商都僱有這種寫作技術人才。紐約的「黃皮電話簿」中，一翻便可找到幾十人——高鶚便是這樣一種的第一流的文學技術人才也。

還有，任何大小作家——包括曹霑——往往都有些他個人不自覺的某些缺點。他需要另一個高手來對他的作品參加意見的，所以曹、高二人也可說相得益彰了。

第四十九回。黛玉穿的雨鞋，在「程乙本」上是「紅香羊皮小靴」；「脂本」是「小鞋」，被校稿人誤為「小褂」；「戚本」作「小韡」。「靴」和「韡」本是一個字，雪芹可能用的是「韡」字，過錄時被誤改成「小鞋」。

同回，湘雲穿的是「鹿皮小靴」。「脂本」作「麀皮小靴」。「麀」（音憂）是雌鹿。雌鹿皮可能更細、更軟。清初旗人貴族穿雨靴，可能是有這種考究的。俗語說，「發財三代，才會穿衣、吃飯。」高鶚中進士前是個窮韃子，考究不到這一層上來，所以就「鹿皮」一下算了。筆者雖然是望文生義，但也可說是個「大膽假設」。

第七十三回。談傻大姐。所有抄本，都說她「年方十四五」，「程甲本」亦然。高鶚在「程乙本」上乾脆改成「年方十四」。我看這個「五」字，不是「抄脫」而是校者故意刪掉的。試看京戲舞臺上的臺詞：「小生年方十八，尚未娶妻。」「年方」二字之下，最好用個肯定的數目字才好。刪掉「五」字，亦見校稿人的匠心。

還有，抄本上都嚕嚕囌囌地說傻大姐「行事出言，常在規矩之外」，高氏一古腦兒勾掉，只說「出言可以發笑」。「出言可以發笑！」也就夠「傻」了。高鶚改得好。

第五十四回。當秋紋姑娘所率領的一些小丫頭在路上向一位替賈母泡茶的老婆婆攔路搶水之時，那位老婆婆叫她們「哥哥兒……」各系抄本皆同。高鶚卻在「乾隆百二十回抄本」上把「哥哥兒」劃掉，改寫成「姐姐！」宋淇先生認為這些小丫鬟因為年紀太小，穿著像男孩子，所以老婆婆叫她們「哥哥兒」，亦可自成一說。

總之，《紅樓夢》這部奇書，在程高刻本出現之前，傳鈔、傳閱，似乎只限於旗人社區。旗人的貴族在那時本是個自我孤立的享有特權的小圈圈。《紅樓夢》似乎就是這個小圈圈之內的專用讀物。一直等到程高刻本流傳至南方翻刻之時，這部旗人的小說才真正的國家化了。

關於這方面，在「乾隆百二十回抄本」裏就可找出許多線索來。這個抄本，原來即是「旗下人所抄」，在原本上還寫了一些滿文。後來為著轉售，售者乃設法把這些滿文洗掉，但餘跡猶存，這個本子的後期收藏人楊繼振（字又雲，也是一位旗人）在第七十二回末的批語上便說得很明白。

這個抄本一部分是程高二人所修訂的手稿，蓋無疑義。只是在七十八回末的硃筆側記「蘭墅閱過」四字，似非高鶚手筆，而為收藏者楊又雲所書。睹三十七回首頁那條「又雲記」的側批可知二者是出於一人手筆也。

《紅樓夢》是個無底洞。希望將來有大批專家，通力合作，把各種版本集合一起，來逐字逐句做過總校再做出最精闢的詮釋來，那就是我們讀者之福了。

海外讀紅樓

《紅樓夢》這部奇書，讀者們不論年齡大小、時代先後、地域差異、政治社會制度不同、讀後都會有不同的領悟。

一個讀者個體。他從小到老、從華南到華北、從小學到大學、從國內到海外、從大陸到臺灣、從資本主義到社會主義……，由於生活經驗的變換、知識面接觸的擴大，他每次再讀《紅樓》也會「別有一番滋味」。

一

筆者幼讀《紅樓》，亦嘗為「焚稿」墮淚，為「問菊」著迷。它是青年人情竇初開時的愛情寶庫，也是學習古今文學的初階——論舊詩詞，則「盛唐」而後、《花間》之前，芹溪之作品亦足以亂真。論白話文，則胡適、魯迅亦難望其項背。老實說，在筆者這輩「五四」以後出生的「作家」，它對我們都是新舊文學習作的啟蒙教科書。

大學時代，在防空洞再細讀《紅樓》，筆者便覺得它在「文學」之外，實在也是一部社會史鉅著——是反映我們那個兩千年未嘗有基本變動的儒家宗法社會的綜合紀錄。

食色性也。「寶黛之戀」，兩千年來，何代無之？而「金玉之緣」，因「父母之命」而「終成眷屬」——在筆者這一輩以上的老人，除了「私奔」之外，亦絕無他途可循。結兩千年婚姻制度之總賬，曹霑真是第一枝筆。

做為一個對社會科學剛才啟蒙的大學生，筆者在大學時代便體察出「社會科學」上所揭出的「文化衝突」的概念，便是曹雪芹這位第一流天才服裝設計師，終使「大觀園」中諸姑娘、奶奶都變成「半截美人」的癥結所在。滿人天足，也可說痛恨「纏足」。康熙帝曾下詔禁止「纏足」，然終以入關不久，為使漢族臣民，休養生息，「不願擾民」而中止。

入關百年後，滿人已泰半漢化，入境從俗，一切從漢家制度，唯獨「纏足」一項，以其太痛苦、太野蠻，而終未接受。曹氏本漢家子而早入旗籍，從旗俗。入關恢復漢家舊儀，一切心悅誠服，獨對「纏足」一項，《紅樓》作者發生了心理上的「文化衝突」而無法處理。芹溪若使寶、黛、春、雲諸美，盡纏其足，豈非人間慘事？而雪芹述筆之初，「脂硯」以次讀者或男或女，幾全係滿人，對此慘事，何能接受？

反之，若使晴雯、芳官、鴛鴦、琥珀……，在粉白黛綠之間，盡成「鳳陽」大腳婦人，豈不煞盡風景？因此最佳辦法，則唯有秉筆不書，馬虎了事。

芹溪為之，反而求之，不得吾心，而社會科學家，諸「夫子言之」、「概念化」（conceptualize）之，使吾心有戚戚焉！淺通之、深索之，始知鑽研《紅樓》，亦固有「社會科學處理」之一道也。

大學中期，膽大心粗，不自藏拙，竟於史系學刊上撰寫萬言長文曰：〈淺論我國腳藝術的流變〉以申述之。大觀園中，諸姑娘、奶奶之「腳」，固均在詳細玩摩之列也。惜戰時印刷不易，拙文迄未流傳，終至遺失，迄今念之。

大學結業後，留學美國，亦嘗與愛好文藝之同學合組「白馬文藝社」自娛。斯時適亦僑居紐約之胡適之先生，曾戲呼之為「海外第三個中國文藝中心」。同仁每談《紅樓》，予亦屢提「社會科學處理之方法」（social science approach），應為探索《紅樓》方式之一。「新紅學」之「考證派」，只是研究者之起步，為一「輔助科學」（auxiliary science），而非研究學術之終極目標也。其時海內「階級分析」之說正盛極一時。「階級分析」亦「社會科學處理」之一重要方面也，偏好之，何傷大雅；罷黜百家，則托拉斯矣。

七十年代「文革」以後，海峽兩岸文禁頓解。前白馬社舊人周子策縱，竟能重集海外同好，醵資於美國威斯康辛大學，於一九八〇年間召開「第一屆國際紅樓夢學術討論會」，而徵文及於下走。予因將數十年久積心頭之「社會科學處理方法」以治「紅學」之法螺，舉例再吹之。因撰拙文：〈曹雪芹的文化衝突〉，以就正於同文，時以限於篇章，書未盡意。

二

其實「文化衝突」一概念，於時與「社會科學」上並不只限於兩族（滿漢）之間也。文化衝突亦有古今之時限。新史學上有所謂以「現時觀念」（present-mindedness）處理古事物之大忌，亦即時代不同而引起觀念衝突之一種也——斯於「美學」則尤為顯而易見者。雪芹之撰《紅樓》放諸主角服飾之設計，此一「衝突」即彰明較著，而每為一般讀者，迺至為紅樓男女「繡像」之藝術家所忽略，舉例以明之：

《紅樓》第三回，黛玉初見寶玉時，且看這位「偤內」所穿的衣服：

（黛玉一看）卻是位青年公子：頭上戴著束髮嵌寶紫金冠，齊眉勒著二龍戲珠金抹額，一件二色金百蝶穿花大紅箭袖，束著五彩絲攢花結長穗宮絛，外罩石青起花八團倭緞排穗褂，登著青緞粉底小朝靴；面若中秋之月，色如春曉之花……

寶玉這位貴公子這時所穿的是一套傳統中國自唐及明的「古裝」。我國「古裝」，經過兩千年以上的不斷改進，在設計上對「美」的研究，加上絲綢製造業在發展中的配合，真可說是登峰造極。它對一個以農業經濟為基礎的官僚大帝國中，上層社會中士女的打扮，真是美不勝收——和邊疆的少數民族相比。我們實在是太高級了、太美了。

古人所謂「上國衣冠」，所謂「滿朝朱紫」、「襟袖飄香」……「裙拖六幅湘江水，鬢聳巫山一段雲」，都不是空吹的形容詞。它和「四夷」的服飾相比，那「上國衣冠」確是太高雅了。後來滿族入主中原，原曾有「易服」之議，可惜「美學」終於敵不過統治者的「自尊心」，而使「馬蹄袖」、「豬尾巴」把我們醜化了兩百多年。

所以我國「古裝」的設計也確有其超越時代底「客觀的美」。時至民國，還有個酷愛古裝的留學生馬君武歌頌它是：「百看不厭古時裝」。服裝設計師曹雪芹，他顯然與馬君武有同好，致使榮寧二府的主子穿的幾乎（著重「幾乎」二字）都是「古裝」，賈寶玉這位貴公子初見表妹，便是個（夾雜少許胡服的）古裝公子——他底高雅華貴之像也被所有替他「造像」的畫家，從清末的版畫、石印到二十世紀七八十年代的水彩畫，幾乎「造」出千篇一律的古裝之像。

其實賈公子原是曹霑筆下的「旗人」，他平時家居，頭上是吊著條辮子的。

且看上引同回，寶玉見過妹妹之後，遵祖母之命，去看過媽媽，回來時的穿著，便從「古裝」，變成「時裝」了。

（黛玉見他）一回再來時。已換了冠帶：頭上周圍一轉的短髮，都結成小辮，紅絲結束，共攢至頂中胎髮，總編一根大辮，黑亮如漆（垂在腦後）（此四字為筆者所加），從頂至梢，一串四顆大珠，用金八寶墜腳；身上穿著銀紅撒花半舊大襖；仍舊戴著項圈、寶玉、寄名鎖、護身符等物；下面半露松綠撒花綾褲、錦邊彈墨襪、厚底大紅鞋；越顯得面如傅粉，唇若施脂；轉盼多情，語言若笑；天然一段風韻，全在眉梢；平生萬種情思，悉堆眼角……

這一下，豈不槽糕？原來天下第一美男子、古今美女夢中的「白馬王子」，原來腦殼之後還拖了一條怪模怪樣的「豬尾巴」（pigtail），這成何事體？所以一切「繡像畫家」、「水彩畫家」——包括北京出版的英文版「紅樓插圖」和名家題詠的「紅樓月曆」，都辛亥革命起來，把美男子賈寶玉的「豬尾巴」剪掉了。

你說寶玉因年經，初見林妹妹時還拖條「辮子」，長大了就沒有了。那麼，讀者賢達，您就錯了。賈公子在「怡紅院」一天到晚，都拖著辮子呢！

不信且看第二十一回，那個小無賴，看到漂亮的表妹史湘雲剛梳完了頭、洗完了臉。他不但要使用湘雲用過的髒水，還要湘雲替他梳頭。那個爽快的丫頭湘雲不幹。

寶玉道：「橫豎我不出門，不過打幾根辮子就完了。」說著又千「妹妹」萬「妹妹」的央告。湘雲只得扶過他的頭來梳篦。原來寶玉在家並不戴冠，只將四圍短髮編成小辮，往頂心髮上歸了總。編一根大辮，紅絛結住。自髮頂至辮梢，一路四顆珍珠，下面又有金墜腳兒。湘雲一面編著、一面說道：「這珠子只三顆了，這一顆不是了，我記得是一樣的，怎麼少了一顆？」寶玉道：「丟了一顆。」湘雲道：「必定是外頭去，掉下來，叫人揀去了，倒便宜了揀的了。」黛玉旁邊冷笑道：「也不知是真丟，也不知是給人鑲了什麼戴去了呢！」寶玉不答……

如此看來，寶二爺不但「不出門」時，在家中總拖著辮子——湘雲替他梳辮子也不是第一次了——他出得園去，和一些小戲子、小相公胡來時，也拖著辮子，並把辮子上珍貴的飾物偷偷地送人了。

賈寶玉拖辮子是肯定的了。問題是曹雪芹把他（她）們一切「古裝化」矣，為什麼卻捨不得把美男子寶二爺的「豬尾巴」割掉呢？須知雪芹雖愛「古裝」，他也愛他那十八世紀滿清極盛時期高級社會裏的「時裝」，雖然這條「松花大辮子」的男人「時裝」，在我們有「現時觀念」作祟的讀者們看來是「七醜八怪」，但是縱在二十世紀初元，它還是「美」得很呢。請聽「我的朋友」李宗仁先生剪辮子之前的回憶：

> （宣統元年，一九〇九，廣西陸軍小學）的制服全是呢料子，還有一套嗶嘰的。冬季則有呢大衣。每人每學期發兩雙皮鞋……。當時我們的服飾是十分別致的，學生多數拖著一條長辮

子，卻穿著現代式的陸軍制服和皮鞋。今日回想起來，雖有不調和之感，但在那時是覺得十分神氣美觀的。我們的留日返國的教官，以及少數得風氣之先的梧州籍同學，間或有將辮子剪去的；也有少數將後腦剃光或剪短，把前面頭髮編成辮子，再把辮子盤成一個餅，貼在頭頂上，然後戴上軍帽的。但他們在寢室內或操場上脫掉軍帽時，卻倍覺難看（見《李宗仁回憶錄》第三章、第三節）。

李宗仁在二十世紀初年，穿洋服、戴洋帽、上洋操，還覺得「豬尾巴」「十分神氣美觀」；我們底美學大師曹霑，在十八世紀中葉，不肯在美男子寶玉頭上「割愛」，是十分可以理解的。這條嵌珠大辮子，在十八世紀的曹雪芹看來，是其美無比呢。但是在二十世紀八十年代，還要把我們底大眾情人賈寶玉的頭上加上一條「豬尾巴」，那就不成話了。所以我們底紅樓畫家諸同志便全體動員，把賈公子的辮子割掉了。

三

綜上所述，不過舉一反三。蓋新興社會科學中諸「法則」與「概念」，極多均可引入做研討新紅學之新方向。佛洛伊德之唯性論、馬列恩史之階級分析說、社會學、倫理學、經濟學、心理學研究中之種種成果，均可引為借鏡。

憶早年讀中國文學史如新興諸大家中之胡適、胡小石，胡雲翼等人以及專論傳統小說之周氏兄弟——樹人、作人——等等無不以「說部」為「明清文學」之主流。

然唐詩、宋詞、元曲之後，何以異軍突起，「章回小說」頓成兩朝文學之中堅，時至清末，書目竟多至一千六百餘種，直如野火之燎原，一發不可收拾？諸文學史家則均瞠目不知所對。晚近諸大家粗通漢籍、論文海外，竟以兩朝顯學，比之歐西作品，直是糟粕之與珠玉，簡直不屑一顧，則尤為不可思議。

需知「戲曲」、「小說」均為構成人類文明社會生活成分之一部，深受社會經濟「供需律」（law of supply and demand）之支配。戲曲、小說，古已有之，然其「大眾化」（socialization）則有待於現代都市化工商業社會（urbanization）之崛起。有都市化之工商業社會，始有小市民階級之壯大；有壯大之小市民階級，始有小市民精神文明之「需要」，有此小市民之「需要」，始有應運而生之「供應」。

「戲曲」、「小說」之興起，必以「小市民」之「需要」為基礎——否則只限於貴族之「梨園」、宮廷之「秘籍」（今日吾人於海外仍可欣賞鉅冊繪圖足本殿版《金瓶梅》即屬後者之一種）——無小市民之社會基礎，則戲曲、小說便無大眾化之可能。吾人熟讀歐洲史，固知此理，中外皆然也。

西歐中小城市之興起，約始於十五六世紀哥倫布發現美洲之前後，小市民有此「精神食糧」之需要，西班牙空前名著之《唐吉訶德》始應運而生。《唐吉訶德》之前，西班牙非無小說也；《唐吉訶德》之後，西班牙更是作品備出，而《唐吉訶德》之所以一枝獨秀者，百年創作，沙裏淘金，千枝一秀之成果也。

十六世紀之初，西、葡兩國中分天下，沿海城鎮領先都市化，而平民文學亦隨風而起。非偶然也。然西葡兩國好景不長。後來居上則英吉利也、法蘭西也。無十八九世紀西歐之重商主義、工業革命，即無蓬勃之西歐說部文學，可斷言也。文學為時代之產品，所反映者為當世之社會生活與人民心態。故治西洋文學史者，如對西洋史學與西方社會之發展狀況初不經心，而一味以文論文，則未有不緣木求魚者也。治中國文學史者，如對「中國社會發展史」毫無概念，只一味批卷子看文章，而臧否作者，則批者縱滿腹洋文、全盤西化，亦終不免八股習氣也。

四

我國社會經濟之都市化實始於南宋。殘趙雖偏安一隅，然其在工商業經濟上之成就則遠邁漢唐。其經濟中心則為運河南段、長江下游、太湖沿岸之三角地區。

蒙人入主，中原諸省備受荼毒，獨於揚州及蘇杭一帶優渥有加，未遭嚴重損失，國史與私人記述紀錄均詳。西人馬可孛羅亦親見之。

元去明來，江南遂為國家經濟首善之區，中小城鎮俱已漸次都市化，手工業之蓬勃，古所未有。有此豐裕小市民之社會基礎，則大眾化之戲曲、小說乃應運而生。暇時每讀明人筆記，事例萬端，此信念乃益堅信不移。

滿人南侵，雖經「揚州十日」、「嘉定三屠」，而江南在全國經濟上之領導地位並未動搖；再經康熙六十年（一六六〇－一七二二）與民休息的昇平之治，則十七八世紀間，我國江南手工業中小城鎮，與夫小市民階級之興起，可能為全球之冠（更深入比較非關本題，故「可能」之），有此小市民階級之基礎，「說部文學」始漸成氣候，「供需律」規範之也。斯時不但書賈之業大盛，與書賈血肉相關之職業批書人，與職業作家乃一時俱起，「市場經濟」使然也。

金聖嘆（一六〇八－一六六一）便是職業文學批評家之一代奇才，置金君於世界任何文學批評圈內，其才亦不多讓，金某如不中年被害，則渠在文學批評上之成就，當更不可限量。然何以十七世紀中期，中國文學批評史上，姑蘇能出一金聖嘆，斯亦社會經濟發展之結果也。

聖嘆死後之百餘年，歷經雍正、乾隆兩朝（一七二三－一七九五），正值西曆之十八世紀，亦清室之極盛時代，帝王與上層士大夫之沉緬於金石書畫、四庫典籍；而民間之沉迷於言情小說、悲喜戲曲，不特時人有紀錄明文，吾人亦可於想像中得之。斯時江南出版業之盛極一時，毋庸贅言；小市民之愛好讀品，亦舉手可得，讀小說自是一時風氣。

曹雪芹祖孫三代寄居江南六十餘年（一六六三—一七二八），原是「南人」。富而有暇，平時聲色犬馬之外，群居終日，言不及義，而男女教育又均超人一等，其闔府上下，沉溺於時尚之小說，亦不難想像——大觀園中偷讀「傳奇」，即有明證。

再者，以創作《儒林外史》而馳名後世之吳敬梓（一七〇一—一七五四）亦以皖人而寄居南京，《外史》十九即成書於南京。敬梓亦紈袴子而有才華，少年豪縱，不事生產，不求富貴，而以憤世嫉俗、著書罵人為樂，結果雖非「淚盡」，然亦以中年貧病而死，頗類雪芹。

敬梓、雪芹，同時、同鄉（雪芹南京人，說南京話，《紅樓夢》中辭例至多；敬梓安徽全椒人，寄居南京。全椒實南京之「郊區」也，口音相似。胡適每好說：「我的安徽同鄉吳敬梓。」其實胡適的「徽州」土話，吳敬梓聽來，一句不懂也。而吳敬梓倒是曹雪芹的真正「同鄉」）。二人又有同好，性格狂狷、反抗，亦復相同。雙方均中年「食粥」而死，也大同小異，可惜一南一北，正如莊周之與孟軻，兩位才人，終無一面之緣。然二人均以不求之名，而名垂後世。斯蓋當時知識分子，風氣使然。清末文人有評梅巧玲、梅蘭芳祖孫之言曰：「所操至賤，而享名獨優！」

著稗官野史，寫言情小說，在十八世紀的中國，雖非「至賤」，終非「高尚」職業。文人學士才人如曹雪芹、吳敬梓者，竟願破產為之，蓋從所好，而群眾亦好之——亦如清末民初，京戲界之「票友」，爾自好之，台下好之者亦眾也。

爬格子、寫文章的窮朋友，你爬出來，沒人看，你爬他作甚？爬出來，雖「賒酒食粥」，只要有人看，能膾炙人口，自得其樂，也就顧不得許多了——這就是阿Q之所以為阿Q，曹雪芹、吳敬梓之所以為曹雪芹、吳敬梓罷。

五

前文已敘明，言情與社會小說古已有之，何獨盛於都市小資產階級興起之後歟？說來亦無啥深文大義。

蓋以耕耘為本的農業經濟大帝國之內，農民勞動力為從事生產之最大資本。農村三月閒人少！抽出時間為富有勞動力之青年子弟，入學讀書是為最大之浪費。對日出而作、日入而息之農民來說，在生產勞動上，無此必要也。子弟三人，有一人入學，則損失三分之一之勞動力。在機器生產之前，農民一人之勞作，尚不足夠供應三五人之食用，胼手胝足，自顧之不暇，哪得餘資遣子弟上學讀書？

加以我國古代，啟蒙求學，非為生產之必需，而為謀求進學、中舉、陞官而發財也。然陞官發財，豈可倖致？為此希望極微之彩票，而影響舉家衣食之犧牲，有實際生活體驗之農民不願為也。筆者近年返鄉，細訪農村，仍見有此反教育之現象，遑論千百年前！

以舉國務農之大帝國，偶有城鎮，包括其國都，均為文盲麇集之農村市集而已，與現代經濟之都市化，在性質上則迥然有別矣。農民原亦有其精神文化之需要，此需要則由職業化之「講書人」、「講古人」、「說書人」及夏志清教授所謂之「說話人」（見夏著《中國古典小說導論》）以供給之。

「說書人」時亦有其「腳本」，書商間亦以此腳本，售諸少數市集讀書人以牟利。此但為少數有此需要者做有限度之供應，非今日市場經濟上之所謂通用商品（commodities）也。

此種「說書人」之「腳本」，雖亦為「讀」書人所喜愛，然其撰寫體例與特色，則著重於「聽」眾也。「聽眾」情緒之反應，為著作者最原始、最緊要之考慮，至於個體「讀者」之如何反應，則初不在編書者慎重考慮之列也。

以故當我國農業經濟逐步進入都市化了的工商業經濟時，小說作者之體例乃逐漸由著重「聽眾」團體之反應，而轉向「讀者」個體之反應矣。

蓋都市社會與農業社會迥異。教育在純農業社會中為「浪費」；而教育在工商業社會中則為「必需」。小市民對「深文大義」之作品，在工作上無追求之必要；而小市民對「讀書識字」則為謀生求職之必需。既讀書識字矣，則工餘之暇，讀說部以自娛，民有所「需」，市有所「供」，則章回小說氾濫矣。

我國沿海城鎮之大規模都市化，始於「南京條約」後之五口通商。既有千萬麇集五口之小市民，章回小說氾濫至一千六百餘種，則亦是市場商品興旺之常情，不足怪矣。

以故我國傳統小說實自顧慮聽眾情緒之「聽的小說」始，而以顧慮個體讀者情緒反應的「看的小說」終。

為顧慮「聽眾」團體之情緒，則「聽的小說」之佈局有時且有「說」有「唱」（提提精神，以免聽眾打瞌睡），有高潮，有起伏，以便當眾收錢（洋人叫 pass the hat，用帽子收錢），或暫時收場，下次請早。

但為個體「讀者」著眼的「看的小說」，則上述一切，皆可豁免，而重新設計佈局矣。而此設計佈局亦以千百萬「讀者」之興趣為依歸。若只顧「作者」雅興如敬梓、雪芹者，作者遂不免賒酒食粥矣。

可是在二者過渡期間的十八世紀的中國作者，他們往往都從「聽的小說」的舊傳統動筆，但斯時個體「讀者」已逐漸比「聽眾」團體重要了，他們的筆鋒，乃逐漸過渡，走入現代小說之形式矣。

這一過渡期之名著以《儒林外史》開其端，而以《紅樓夢》定其型。經過「十年辛苦」撰寫的《紅樓夢》，前些回還有些傳統「聽的小說」的習氣，其後（包括高鶚的補綴）就完全是以「看的小說」現代化的新姿態出現了。

所以我們敢說，《紅樓夢》實是我國小說走向現代化文學的第一部鉅著。她沒有受外界

——尤其是「西方」作品的任何影響；其「格調」之高亦不在同時西方、乃至現代西方任何小說之下。豈非特作者曹雪，天才突出，花樣翻新。亦是傳統農業經濟之社會，逐漸向現代化工商業都市轉移之自然成果。曹氏，亦如百餘年後繼起之胡適、魯迅，是時代潮流衝激下之英雄也。

六

抑有進者，我國傳統「看的小說」，既以江南及沿海和內地日益興起的工商業城鎮中之小市民階級為基礎，而城鎮商賈四集，言語複雜（如古今馳名的「揚州鹽商」多半係安徽人），如此，則不管「聽的小說」或「看的小說」，勢必以流行的「普通話」（清代叫「官話」）為標準。《儒林外史》之語言，南京官話而夾以皖中皖北之方言；《水滸》則山東土話；《紅樓》脂本南京土話至多，程本則經校書人高鶚以北方官話校改之也。

所以中國白話小說，由於市場經濟關係，非精通「官話」（普通話）者，不能執筆也。胡適之先生為一純文化史家，對社會經濟之發展而加於文化變動之影響，既無興趣，亦無研究。渠每以「白話文」之易於推行、易於學習，實由於早已有通俗白話小說如《紅樓》、《水滸》等為之先驅。他說來似乎事出偶然。對推行白話，是天助我也。所以白話文一經渠提倡，則群眾以此等通俗小說為教科書，風行草偃，遂遍傳天下矣。殊不知白話小說之興起，實市場經濟之發展有以促進之。非我安徽老鄉吳敬梓、山東老漢施耐庵之才，足以壓倒狀元滾滾、名士如潮之蘇杭才子也——經濟發展帶動社會發展之文化進步使然也。

今日名重海外之蘇州才子夏志清教授，講學著書，英語之外，亦非用「江北話」不可。此非夏氏忘本，不愛其「吳儂軟語」——軟語吳儂，夏教授愛之深、慕之切也，捨之而用「江北話」著書者，亦市場經濟之發展使然也，設夏氏亦以其鄉賢之《九尾龜》文體述稿，則志清亦難免「賒酒食粥」矣。

近年來吾友「滿洲國人」、「歸化」入「臺灣籍」之劉添財君，每與「臺獨作家」做血肉模糊之筆戰，然雙方戰書所用之文體，仿似《水滸》、《紅樓》為範本而相互肉搏之。設「臺獨」諸子捨我江北土語不用，而用其「臺灣（福佬）國語」以敵添財，則諸公固早已棄甲曳兵矣，「獨立」云乎哉。

一言以蔽之，我國明清以來，「白話小說」之發展，為社會經濟發展之必然結果，非偶然也。由於城市經濟之發展，始促使「聽的小說」轉化為「看的小說」。十年辛苦不尋常，一百二十回中體例變動之軌跡固斑斑可見也。

七

傳統「白話小說」不特語言之使用有其必然性，其文章體裁發展之規律亦隱然可見。滿清末季之章回小說多至一千六百餘部（筆者不敏，幼年即讀過數十部），然就西方文學標準看來，除《紅樓》、《水滸》等數種之外，幾無可讀之篇。吾友夏志清教授熟讀洋書，以夷變夏，便以中國白話小說藝術成就之「低劣」為可恥（見夏著一九六七出版英文《中國古典小說史》導論），並遍引周作人、俞平伯、胡適之明言暗喻，以稱頌「西洋小說態度的嚴肅與技巧的優異」。

志清並更進而申之，認為「除非我們把它（按指中國白話小說）與西洋小說相比，我們將無法給予中國小說完全公正的評斷……一切非西洋傳統的小說，在中國的相形之下都微不足道……我們不應指望中國的白話小說以卑微的口述出身，能迎合現代高格調的口味……」（見夏著前篇中文版）

此一論調，實為「五四」前後，我國傳統文明轉入西化的「過渡時代」，一般青年留學生，不論左右，均沉迷西學、失去自信、妄自菲薄的文化心態之延續——只是志清讀書滿箱，西學較為成熟，立論亦較當年浮薄少年更為精湛，其言亦甚辯而已。然其基本上不相信，由於社會經濟之變動，我國之「聽的小說」亦可向「看的小說」方向發展，如《紅樓》者，自可獨創其中國風格；而只一味堅信，非崇洋西化不為功之態度則一也。

志清昆仲在海外文學批評界之崛起，正值大陸上由「批胡（適）」、「反胡（風）」、「反右」、「四清」、而「文化大革命」、雷厲風行之時，結果「極左」成風，人頭滾滾；海外受激成變，適反其道而行之——由崇胡（適）、走資、崇洋而極右。乘此海風而治極右「時文」，適足與大陸上極左之教條相頡頏，因形成近百年來中國文學批評史上「兩極分化」之局。

在此兩極分化之階段，夏氏昆仲（濟安、志清）以西洋觀點治中國小說，講學海外，桃李滿門，加以中英文字之掌握均屬上乘。「好風憑藉力，送我上青雲！」兄終弟及，儼然海上山頭；兩本書出，竟成圭臬，以海外極右崇洋之言論，與大陸極左普羅之教條相對抗，亦是「以一人而敵一國」，不才亦時為吾友志清之豪氣而自豪焉。

此一「兩極分化」之可悲者，則為雙方均否定傳統、爭販舶來而互相詆辱，兩不相讓。可悲之至者，則為彼此均對對方之論點與底牌，初無所知，亦不屑一顧，只是死不交通，以為抵制。因此偶有辯難，均知己而不知彼，而隔靴搔癢矣。

八

不才落筆至此，必須鄭重指出，值此文化過渡期間，他山之石，可以攻錯。「崇洋」、「學洋」、「西化」……並非壞事。此一崇洋傾向，豈獨「文學批評」而已，「政治改革」尤然。試問當年政治革命時期，不論「偏左」、「偏右」，何一而非「崇洋」、「學洋」、「西化」也哉。胡適之說得好：「我們事事不如人！」吾豈好變於夷者也？吾不得已也！但是不論「政治改革」也好，搞「文學批評」、「文學創作」也好，「崇洋」、「學洋」都只是「過渡期間」的事。如一味認為非「洋」不可，則佛家所謂「著相」、革命家所謂「教條」，則不足取矣。

須知世界各民族，各自有其特殊的文化傳統、獨特底社會發展之取向——「經濟發展」（有別於「階級鬥爭」）實為推動社會文化變革之主要因素。「經濟發展」（由農業及小手工業向大企業式的經濟發展）之過渡期如不幸停滯，則一切社會變革，均屬枉然。此一關如能順利闖過，則一切體制之「現代化」均可迎刃而解——文學不能例外也。

憶某次筆者與一加籍同文，共乘一國人自辦之國際航機往大陸旅行，見其糟亂，內心亦頗有崇洋自卑之心，而同行友人之見識則高余一籌。渠以為機中之糟亂，航空公司固應負責，然乘客之低水平，亦是致「亂」之源，而乘客之低水平，則由於其平時家居生活水平落後有以致——斯真一語破的！

同樣的，我國的「卑微的口述出身」之白話小說（如今日在大陸仍一枝獨秀的《小五義》）之不能「迎合現代高格調口味」，其取決於「作者」之水平者寡，而取決於「讀者」之水平者多也。然讀者水平之低，則「經濟發展」之未過關，實有以致之也。

試問雪芹、敬梓之作，置於現代任何語言、任何說部之間，汝能因其以「卑微的口述出身」，便不能「迎合現代高格調口味」乎？雪芹為之，「食粥」而死，敬梓為之，老病窮愁，吾皖人以為「子弟之戒」！文學上接班無人，經濟發展未能突破，有以致之也。

反觀英國維多利亞時代之查理・狄更斯（Charles Dickens, 1812-1870）以一失學失業、「塊肉餘生」、饔牖繩樞之子，卻能以文筆高雅、天才橫溢，其年初逾雙十，便暴得大名，一生榮華富貴，至死方休！

東西相較，何曹氏、吳氏命途之多舛，而狄氏則幸運若斯也？社會經濟之發展，推動一般讀者「高格調口味」，有以致之也。

須知「維多利亞時代」之英帝勢傾全球，倫敦一城便遍地黃金，其都市化之發展，史無前例。經濟發展推動社會前進，其勢猛、其進速，世無其匹——吾人但知今日海外「五條小虎」經濟發展之速；殊不知較之「維多利亞時代」之英倫老虎，仍相去遠甚。

十九世紀末期之英國，由於經濟發展，而推動文教之前進，致使倫敦一城便紳士淑女（ladies & gentlemen）滿街。高帽沖天、長裙拂地。失意之士亦可潛往諸殖民地，其尊榮亦擬於當地貴族（見湯恩比自述）——衣食足，禮義興，而「現在高格調的口味」，遂與之俱來。狄更斯之屬四起，而《小五義》型之作品相形見絀，日久乃為時代淘汰之矣。十九世紀之末，歐美「低劣」之說部，亦豈下一千六百部哉？只是過眼雲煙、經不起時代淘汰而已。當年我國歐美留學生但取其「高格調口味」者而讀之，於低劣草根作品不屑一顧，結果見賢思齊，乃「崇洋」「西化」，而認為「一切非西洋傳統小說，在中國的相形之下，都微不足道」了——此種向善之心，亦文人之恆情也。

吾人今日如試翻當前歐美子弟所閱讀、年出千種之色情、暴力小說（筆者家中地庫即藏有百餘種），而喟然嘆曰：歐美當代以其「卑微的」暴力色情「出身」的「紙背小說」，不合我中華《紅樓》、《水滸》讀者之「高格調口味」，豈不大謬哉？

總之，《紅樓夢》為我國近代最偉大之文學鉅著，不可全以西洋「標竿」（yardstick）做測量之準繩也。誤以洋人之皮尺，量我黛玉之「三圍」，而謬說林姑娘「一圍」及第，「兩圍」落榜，我終為瀟湘妃子不平也。

一九八六年三月十一日清晨於北美洲

原載《傳記文學》第四十八卷第五期

國家圖書館出版品預行編目(CIP)資料

史學與紅學 / 唐德剛作. -- 二版. -- 臺北市 : 遠流,
2013.01
面； 公分. -- (唐德剛作品集)
ISBN 978-957-32-7129-1(平裝)

1.史學 2.紅學

601 101025775